SEJA UM OBREIRO APROVADO

CURSO PARA FORMAÇÃO DE LÍDERES

LIVRO 5

Dados Internacionais de Catalogação na Publicação (CIP)
(Câmara Brasileira do Livro, SP, Brasil)

Barrat, Terrick John
  Seja um obreiro aprovado: livro 5: curso para formação de líderes
Terrick John Barrat; tradução Ann Hemminger, John Broughton.
2.ª edição revisada. São Paulo: Vida Nova, 2011.

Título original: Compêndio de teologia pastoral

ISBN 978-85-275-0471-3

1. Bíblia. N.T. - Compêndios I. Título.

11-04843   CDD-226.207

Índices para catálogo sistemático:

1. Mateus : Evangelho : Estudo bíblico 226.207

© SEAN Internacional
Título do original: *Compêndio de Teologia Pastoral*
Traduzido da edição publicada pelo Seminário por Extensión
a las Naciones (Viña del Mar)

1.ª edição: 1983
Reimpressões: 1989, 2001

2.ª edição revisada: 2011

Publicado no Brasil com a devida autorização
e com todos os direitos reservados por
SOCIEDADE RELIGIOSA EDIÇÕES VIDA NOVA,
Caixa Postal 21266, São Paulo, SP, 04602-970
www.vidanova.com.br

Proibida a reprodução por quaisquer meios (mecânicos, eletrônicos,
xerográficos, fotográficos, gravação, estocagem em banco de
dados, etc.), a não ser em citações breves com indicação de fonte.

ISBN 978-85-275-0471-3

COORDENAÇÃO DE PRODUÇÃO EDITORIAL
Sérgio Siqueira Moura

REVISÃO
Aldo Menezes

REVISÃO DE PROVAS
Mauro Nogueira

DIAGRAMAÇÃO
Assisnet Design Gráfico Ltda.

ILUSTRAÇÕES
Cybele de Souza Carneiro de Moraes

CAPA
Souto Crescimento de Marca

SUMÁRIO

Revisão	7
101. Jerusalém e o Templo	9
102. A Páscoa em Jerusalém	23
103. A entrada triunfal	37
104. A figueira estéril: a nação judaica	47
105. As parábolas do Reino	57
106. A personalidade humana	65
107. A controvérsia: o intelecto consagrado	75
108. Jesus denuncia os escribas e fariseus	85
109. Técnica de Avaliação	95
110. Lamentação por Jerusalém (as emoções consagradas)	105
111. Os sinais do fim	113
112. A vinda do Filho do Homem	121
113. As dez virgens	133
114. Os talentos	141
115. O juízo das nações	151
116. Judas Iscariotes: as finanças da igreja	161
117. A instituição da Ceia do Senhor	173
118. O significado da Ceia do Senhor	183
119. O Sermão do Cenáculo (João 13—17)	191
120. Getsêmani (a vontade consagrada)	197
121. Os julgamentos (judeu e romano)	205
122. A morte e sepultura	217
123. O significado da morte de Cristo (1)	227
124. O significado da morte de Cristo (2)	235
125. Análise comparativa dos quatro evangelhos	243
Apêndices	261
Provas das lições	269

REVISÃO

Preencha as seguintes tabelas de revisão:

ANÁLISE DE MATEUS	LUGAR ASSOCIADO	CAPÍTULOS
Int _____ Inf _____ Ano de _____ Ano de _____ Ano de _____ Vi _____ re _____	B _____ N _____ C _____ J _____ Todas as _____	_____ _____ _____ e (_____) (_____) a _____ _____ a _____ _____

	SEMESTRE DE RE _____	TRÊS JORNADAS FORA DA _____
1.	Lugares visitados Jornada a Be _____	Episódios Morte de J _____ B _____ Alim _____ dos _____ Jesus acalma a t _____
2.	Jornada a F i _____ (T _____ S _____)	Choque com os _____ sobre _____ Jesus cura a filha de _____ Alim _____ dos _____ Choque com os _____ sobre s _____
3.	Jornada a Ce _____ Fi _____ e ao monte H _____	Conf _____ de p _____ A tr _____ Jesus cura _____
	DESPEDIDA DE G _____	

	SEMESTRE DE _____	TRÊS VIAGENS A _____
	João	Lucas (Mateus)
1.	Festa dos t _____ comemorava-se _____	Primeira viagem
2.	Festa da d _____ comemorava-se _____	Segunda viagem (Mateus – primeiro episódio).
3.	Visita imprevista a _____	Viagem imprevista a b _____
4.	Festa da p _____ comemorava-se _____	Terceira viagem (Mateus – 6 episódios)

LIÇÃO 101

Jerusalém e o Templo

Bem-vindo ao Livro 5! Visto que Jerusalém é o cenário dos dramáticos acontecimentos da última semana do Ano da Paixão, nas duas lições seguintes nos familiarizaremos com essa bela cidade milenar.

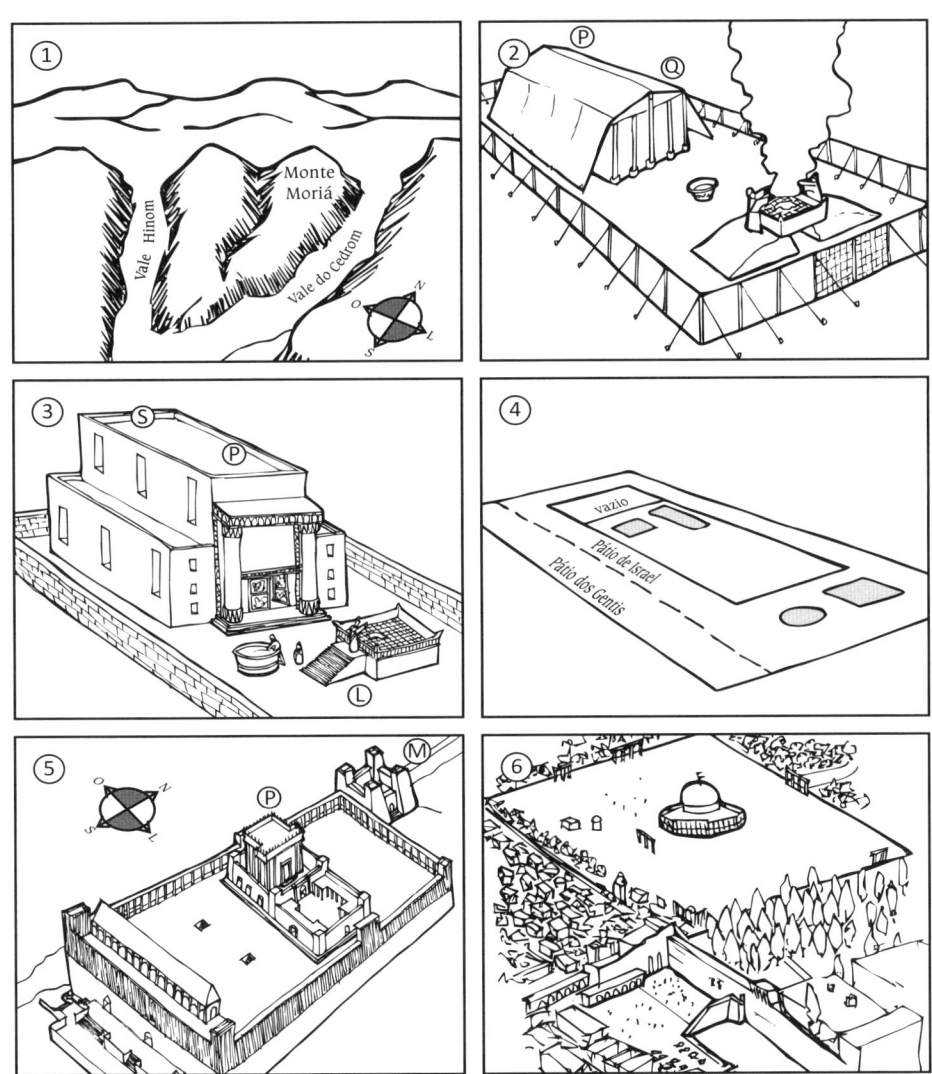

1. Indique ao lado a data que corresponde ao tempo de:
   a) Abraão _____
   b) Davi e Salomão _____
   c) Exílio para Babilônia _____

2. A primeira vez que Jerusalém é mencionada na Bíblia, embora não tivesse esse nome, é no tempo de Abraão. Quantos anos antes de Cristo a Bíblia menciona Jerusalém pela primeira vez? _____

JERUSALÉM NO TEMPO DE ABRAÃO

3. São **dois** os acontecimentos na vida de Abraão que estão relacionados com o local da futura cidade de Jerusalém. Leia as passagens em Gênesis e preencha os espaços conforme o conteúdo de cada um.

Primeiro acontecimento
(*Leia Gênesis 14.18-19*)

   a) Abraão encontrou-se com _____, rei de _____ (uma abreviatura do nome _____). Esse rei de Jerusalém ofereceu a Abraão os mesmos símbolos que Cristo ofereceu na Ceia no *mesmo lugar* 2000 anos depois, ou seja, os elementos _____ e _____.

Segundo acontecimento
(*Leia Gênesis 22.1-2; 10-13*)

   b) Deus pôs Abraão a prova para ver se ele estaria disposto a oferecer em sacrifício seu único filho _____, porém, no ultimo momento, providenciou um substituto que morreu em seu lugar: um _____. Em 2Crônicas 3.1 lemos que (1000 anos depois) Salomão edificou o templo em _____ sobre o mesmo monte _____. Então, vemos que o *Moriá* de Abraão era o antigo local de Jerusalém onde, 2000 anos depois, Deus ofereceu seu próprio filho Jesus Cristo como perfeito _____ pascal que tira o pecado do mundo.

4. Observe de novo esses dois acontecimentos.
   a) Melquisedeque ofereceu a Abraão os dois símbolos da Ceia do Senhor, a Páscoa do Antigo Testamento, que são _____ e _____.
   b) Deus ofereceu a Abraão, como substituto de Isaque, um símbolo da Páscoa, ou seja, um _____.
   c) Esses dois acontecimentos se deram no mesmo lugar, o antigo local da cidade de _____.

Escreva nos quadrinhos do *Apêndice 39*, que correspondem ao "Monte Moriá", os seguintes dados: Abraão, 2000 a.C.

5. Procure na Introdução desta lição o desenho "1" que corresponde ao antigo local de Jerusalém no tempo de Abraão.
   a) Como se chama o monte que está no centro do desenho? _____
   b) É o antigo local do que seria mais tarde que cidade? _____

6. O monte sobre o qual mais tarde foi construída Jerusalém ergue-se entre dois vales, dando a impressão de que a cidade repousa entre os braços de um gigantesco vale na forma da letra "U". Veja-o no desenho 1 da Introdução e responda:
   a) Como se chama o vale que separa o monte de Jerusalém do monte das Oliveiras? _____
   b) A que lado de Jerusalém, *oeste* ou *leste*, está situado:
      i. O vale do Hinom? _____
      ii. O vale do Cedrom? _____

7. Que vale rodeia o monte de Jerusalém,
   a) Pelo oeste? _____
   b) Pelo leste? _____

8. Quais são os símbolos da morte de Cristo que foram apresentados no antigo local de Jerusalém no tempo de Abraão, 2000 anos antes de Cristo?
   a) Melquisedeque ofereceu a Abraão _____ e _____.
   b) Deus ofereceu a Abraão um _____ como substituto do seu filho _____.
   c) Tanto um como o outro fato aconteceram no antigo local de _____.

"O TEMPLO AMBULANTE": O TABERNÁCULO

9. Os descendentes de Abraão foram ao Egito, onde permaneceram 400 anos na escravidão.
   Na noite da primeira Páscoa foram libertados dessa escravidão e, saindo do cativeiro, vaguearam 40 anos no deserto antes de chegarem à Terra Prometida.
   a) Quem foi o líder humano durante estes 40 anos? _____
   b) Em que data? _____ a.C.

10. Visto que o povo vivia no deserto em *tendas*, Deus mandou que Moisés construísse um "templo ambulante", que, semelhante às residências do povo, não era nada mais que uma grande _____.

> **TAREFA**
> Escreva nos quadrinhos correspondentes ao "'Templo ambulante': o Tabernáculo", no apêndice 39, as palavras: "Moisés, 1400 a.C."

11. Responda:
    a) Que nome tinha o "templo ambulante" dos judeus? _____
    b) Quem construiu, seguindo as indicações dadas por Deus? _____
    c) Em que data aproximadamente? _____

12. O Tabernáculo foi construído como morada para a Arca do Concerto ou da Aliança, um pequeno cofre, recoberto de ouro, que simbolizava a própria presença de Deus entre o seu povo. O que simbolizava a presença de Deus entre o seu povo? A _____ do _____.

13. O Tabernáculo consistia de uma tenda retangular, dividida ao meio por uma cortina, ou véu, de linho fino, que separava o "Lugar Santíssimo" do "Lugar Santo". A tenda era levantada dentro do seu pátio privativo, ficando assim rodeada por uma cerca de postes e cortinas. (Veja o desenho 2 na Introdução.) Agora, responda: Quais são as três partes do Tabernáculo?
    a) O Lugar _____.
    b) O Lugar _____.
    c) O _____.

14. Responda:
    a) O Lugar Santíssimo continha somente um móvel, a Arca do Concerto, onde habitava a glória de Deus aqui na terra. No desenho ao lado, qual letra representa o Lugar Santíssimo? _____
    b) O Lugar Santo continha três móveis. Que letra marca o Lugar Santo? _____
    c) O Pátio continha dois móveis. Que letra marca o pátio? _____

15. Entre os seis móveis (do Tabernáculo) havia dois altares. Localize-os no desenho.
    a) O *altar do incenso* era colocado dentro da tenda, diante do véu no chamado Lugar _____.
    b) O *altar do holocausto*, para sacrifício dos animais, encontrava-se logicamente ao ar livre, no _____.

16. Utilizando o mesmo desenho, responda:
    a) Que nome tinha o lugar que continha somente *um* móvel e como se chamava esse móvel? _____
    b) Como se chama o lugar que tinha *dois* móveis e quais são esses dois móveis? _____
    c) Como se chama o lugar que tinha *três* móveis e quais são esses móveis? _____

17. Na Introdução, observe o desenho 2, que não podemos ver dentro da tenda, contudo, por sua localização, podem ser identificadas as três partes em que se divide o Tabernáculo. Indique ao lado a letra que marca a parte:
    a) Onde está a Arca do Concerto? Aproveite e responda: Como se chama essa parte? _____
    b) Onde estavam a mesa, o candelabro e o Altar do incenso? Aproveite e responda: Como se chama essa parte? _____
    c) Onde estão a pia e o altar do holocausto. Aproveite e responda: Como se chama essa parte? _____

JERUSALÉM E O PRIMEIRO TEMPLO (DE SALOMÃO)

18. Uma vez que o povo estava estabelecido na Terra Prometida, o rei Davi sentiu a necessidade de ter uma capital onde pudesse edificar um templo que fosse lugar permanente da Arca do Concerto. Leia 2Samuel 5.6 (deixe a Bíblia aberta nessa referência).
    a) Contra que cidade o rei Davi marchou? _____
    b) Quem ocupava a cidade naquele tempo? _____

19. Os jebuseus haviam fortificado Jerusalém com fortes muros que, elevando-se por cima dos vales que a rodeavam, fazia da cidade uma fortaleza difícil de conquistar.
    a) Qual vale, o Hinom ou o Cedrom, protegia a cidade pelo oeste? _____
    b) Qual vele protege a cidade pelo leste? _____
    c) Que outra defesa tinha Jerusalém além de sua altura natural? _____

20. Responda:
    a) Quais são os dois novos nomes para Jerusalém em 2Samuel 5.7? _____
    b) A que lado de Jerusalém, leste ou oeste, estava o vale de Hinom? _____
    c) A que lado de Jerusalém, leste ou oeste, estava o vale de Cedrom? _____

21. Davi descobriu um túnel secreto dos jebuseus, que corria de uma fonte d'água fora dos muros até o centro da cidade. Leia 2Samuel 5.7-8.

a) Em que ano aproximadamente Davi conquistou a cidade de Jerusalém? _____
b) Como o exército entrou na cidade amuralhada? _____

22. Com a tomada de Jerusalém, era natural que Davi desejasse substituir o "templo ambulante", o Tabernáculo, por outro fixo. Esse grande, porém, lhe foi negado. Leia 2Crônicas 3.1.
    a) Quem edificou este primeiro templo? _____
    b) Que parentesco tinha ele com Davi? _____
    c) Onde o edificou? Em _____, no monte _____.

23. Quais dos seguintes nomes correspondem a Jerusalém?
    a) Cidade de Davi.
    b) Nazaré.
    c) Monte Hermom.
    d) Sião.
    e) Monte Moriá.

24. Embora o templo fosse construído com o melhor material da época, ultrapassando assim o modesto Tabernáculo feito de tábuas e couros, basicamente tinha o mesmo desenho que o Tabernáculo. Localize o desenho 3 do Templo de Salomão, na Introdução, e indique que letra marca:
    a) O Lugar Santíssimo _____.
    b) O Lugar Santo _____.
    c) O pátio _____.

25. O Templo também tinha os mesmos móveis do Tabernáculo. Como se chama a parte do Templo onde estavam:
    a) A Arca do Concerto (a presença de Deus) _____.
    b) O altar de incenso (para queimar incenso) _____.
    c) O altar do holocausto (para o sacrifício) _____.
    d) A pia (para lavar) _____.
    e) A mesa (para os pães) _____.
    f) O candelabro (para a luz) _____.

26. Escreva o nome dos móveis que se encontravam em cada um dos três lugares do Templo.
    a) No lugar Santíssimo: _____ do _____.
    b) No lugar Santo: _____, _____ e _____ de _____.
    c) No pátio: _____ e _____ do _____.
    d) O _____ dividia o Lugar Santíssimo do Lugar Santo.

27. A diferença principal entre o Tabernáculo e o Templo era o material empregado na construção de cada um. Qual dos dois foi construído de:
    a) Madeira e couro? _____
    b) Pedra? _____

28. Assim, em vez de ser ambulante como o Tabernáculo, o Templo foi construído no lugar mais proeminente da cidade de Jerusalém. Procure o Templo no desenho da Introdução 102 (a próxima lição) e responda: Sobre qual dos dois vales, o Hinom ou o Cedrom, está o local permanente do Templo? _____

Preencha os quadros correspondentes ao primeiro templo no apêndice 39, escrevendo na coluna intitulada: "Construindo", as palavras: "Salomão, 1000 a.C."

A destruição de Jerusalém

29. Já sabemos que 400 anos mais tarde, a cidade de Jerusalém e o Templo de Salomão foram totalmente destruídos pelo império _____, no ano _____ a.C., e os judeus foram exilados para aquele país estrangeiro. Entre eles estava o profeta _____, que mais tarde seria lançado na cova dos leões.

A data exata foi 587 a.C., porém, neste Curso, vamos considerar somente as datas arredondadas, neste caso, 600 a.C. Estamos pensando mais em épocas que em datas exatas.

30. Um dos seguintes personagens foi o rei da Babilônia que destruiu Jerusalém e o Templo. Quem pode ser?
    a) Daniel.
    b) Nabucodonosor.
    c) César Augusto.

31. Responda:
    a) Como se chama o grande rei da Babilônia que destruiu Jerusalém e o Templo de Salomão? (Nota: Escreva esse nome várias vezes para adquirir prática.) _____
    _____
    b) Em que data isto aconteceu? _____ a.C. (data aproximada).

Complete os quadros que correspondem ao primeiro Templo sob o título "Destruído" no apêndice 39, escrevendo: "Nabucodonosor, cerca de 600 a.C."

32. Depois de 70 anos, os judeus exilados voltaram a Jerusalém. Em 500 a.C., aproximadamente, reconstruíram o _____, que havia sido destruído pelo rei _____.

O SEGUNDO TEMPLO (DE ZOROBABEL)

33. Quem era o líder que iniciou a construção do segundo Templo em Jerusalém? (Leia Esdras 5.2) _____

34. Responda:
    a) Quem construiu o primeiro Templo e em que ano? ___ _____
    _____
    b) Quem construiu o segundo Templo e em que ano? _____ _____
    _____

No apêndice 39 preencha os quadrinhos abaixo do título "Construído e habilitado", que correspondem ao segundo templo, escrevendo: "Zorobabel, 500 a.C."

Primeira diferença

35. Lembre-se de que a construção do segundo Templo, em 500 a.C., foi uma das causas do *ódio* entre os judeus e os:
    a) Samaritanos.
    b) Romanos.
    c) Ingleses.

36. Devido à ameaça dos samaritanos, foi feita uma modificação no *pátio* do segundo Templo. Puseram uma barreira que impedia a passagem dos *gentios*.
    a) Desde então, o pátio exterior se chamou:
        i. Lugar Santíssimo
        ii. Pátio dos Gentios.
        iii. Lugar Santo
        iv. Pátio de Israel
    b) Veja o desenho 4, do Templo de Zorobabel na Introdução. Onde ficam o altar do holocausto e a pia?
        i. No Pátio dos gentios.
        ii. No Lugar Santo.
        iii. No Pátio de Israel.
        iv. No Lugar Santíssimo.

37. O *segundo* Templo foi feito usando o mesmo desenho e no mesmo local do primeiro. Contudo, por causa das ameaças dos samaritanos, tinha quatro áreas em vez das três do primeiro templo. Quais são?
    a) _____
    b) _____
    c) _____
    d) _____

38. Responda:
    a) Em qual dos templos apareceu pela primeira vez o Pátio dos Gentios? _____
    b) Por que achavam necessário separar o Pátio dos Gentios? _____
    c) Qual dos templos não tinha o Pátio dos Gentios? _____

Segunda diferença

39. Quando o Templo de Salomão foi destruído pelo rei Nabucodonosor no ano 600 a.C. aproximadamente, a *Arca do Conserto* desapareceu.
    a) Em quais duas das seguintes construções o Lugar Santíssimo estava vazio?
        i. Tabernáculo.
        ii. Templo de Salomão.
        iii. Templo de Zorobabel.
        iv. Templo de Herodes.
    b) Então, o segundo Templo, o de Zorobabel, diferentemente do primeiro, o Lugar Santíssimo estava _____.

40. Quais são as duas diferenças entre o primeiro e o segundo Templo? _____
_____
_____
_____

A CONTAMINAÇÃO DO SEGUNDO TEMPLO

41. Lembre-se de que Judas Macabeu fez a grande façanha de purificar o Templo no ano 200 a.C. aproximadamente.
    a) Com que animal os sírios haviam contaminado o Templo? _____.
    b) Que fez Judas Macabeu? _____.
    c) Em que ano aproximadamente? _____.
    d) Como se chama esse período e por quê? _____.
    e) Que historiador relata este episódio? _____.
    f) Em qual dos Templos sucedeu isto? _____.
    g) Em qual das festas religiosas judias se comemora essa façanha? _____.

42. Esse ato de contaminação do segundo Templo foi cometido aproximadamente no ano 200 a.C. pelas tropas sírias, sob o comando de um dos seguintes reis:
    a) Davi.
    b) Nabucodonosor.
    c) Antíoco Epifânio.

43. Como se chama o rei que contaminou o Templo com suas tropas sírias e em que data ocorreu essa profanação? _____

No apêndice 39, preencha os quadros que correspondem ao segundo Templo, sob o título: "Destruído ou contaminado" com: "Antíloco Epifânio, 200 a.C."

O TERCEIRO TEMPLO DE HERODES

44. O *terceiro* Templo era o que Jesus visitou e foi construído por _____, o _____. Foi feito de material muito luxuoso, como _____ e _____.

45. Na realidade o Templo de Zorobabel não foi destruído, mas foi *totalmente* renovado por Herodes, o Grande, a tal ponto que o luxuoso terceiro Templo nem parecia com o modesto segundo Templo.
    A. O segundo templo foi destruído.
    B. O terceiro templo era na realidade uma modificação superior do segundo.

    Qual é certo?
    a) Somente A.
    b) Somente B.
    c) Ambos.
    d) Nenhum.

No apêndice 39 preencha os quadros sobre o título "Construído e habilitado" correspondente ao terceiro Templo com "Herodes, o Grande, ano zero".

46. Complete:
    a) O Templo de Herodes, igual ao de Zorobabel, além do Pátio de Israel, tinha o Pátio dos _____.
    b) O Lugar Santíssimo também estava completamente _____.

47. Tanto o Tabernáculo como os três templos tinham separado pelo véu o Lugar Santo do Lugar Santíssimo. Agora, responda:
    a) Que sucedeu com o véu do Templo de Herodes no momento da morte do Senhor Jesus Cristo? (Leia Mateus 27.51) _____
    b) Isto significou que Jesus abriu caminho à própria presença de _____. (Leia Hebreus 10.19, 22)

48. Havia também outra diferença entre o Templo de Herodes e o de Zorobabel. Herodes, o Grande, não somente o edificou para agradar aos judeus, mas também edificou ao lado do Templo uma tremenda torre militar para agradar aos romanos, chamada *Torre de Antônia*. Agora, responda:
    a) O que Herodes edificou para agradar aos romanos? _____
    b) O que Herodes edificou para agradar aos judeus? _____

49. Faça os seguintes exercícios:
    a) A Torre de Antônia estava localizada junto ao muro do norte do Templo de Herodes. No desenho 5 da Introdução 101, a letra que marca o local do Templo é a _____ e a que marca a Torre de Antônia é a letra _____.
    b) Conforme o desenho, o Templo de Herodes tinha o Pátio dos _____.

50. Por intermédio de túneis subterrâneos, os romanos puderam passar tropas de reforço de fora do recinto até o próprio Pátio do Templo. Então, para os judeus, a Torre de Antônia era:
    a) Objeto de orgulho nacional.
    b) Objeto de grande ódio.
    c) Objeto de indiferença.

DESTRUIÇÃO DO TERCEIRO TEMPLO

51. Neste livro você aprenderá que a profecia da destruição do terceiro Templo foi cumprida ao pé da letra no ano 70 d.C. (não a.C.) pelo general romano Tito, que destruiu o Templo de tal maneira que não ficou pedra sobre pedra. A cidade também foi tomada e arrasada. Por agora, basta retomar três detalhes desse terrível acontecimento histórico.
    a) Como se chama o general romano que destruiu Jerusalém e o Templo? _____
    _____
    b) Em que ano se deu isto? _____
    c) Qual dos três Templos foi destruído nesta ocasião? _____

No apêndice 39 preencha os quadros correspondentes ao terceiro templo, sob o título "destruído", escrevendo: Tito, 70 d.C. (não a.C.).

52. Na Jerusalém moderna não ficou do Templo nada mais que um pequeno fragmento do muro de uma parte dos alicerces onde os judeus se congregam para lamentar com angústia a destruição do Templo no ano 70 d.C. Como se chama esse único fragmento do Templo na Jerusalém moderna?
   a) Templo de Salomão.
   b) Muro das Lamentações.
   c) A Torre de Antônia.

A JERUSALÉM MODERNA E A MESQUITA DE OMAR

53. Atualmente, na Jerusalém moderna, uma mesquita maometana está localizada sobre o mesmo local dos templos. Qual é o nome dessa mesquita? (Procure-o no Apêndice — é o último nome registrado.) _____

54. Observe o desenho 6 da Mesquita de Omar na Introdução. É fácil distinguir de qualquer dos templos, porque eles tinham o teto *quadrado*, enquanto a *mesquita* tem o teto _____.

55. Como se chama na Jerusalém moderna:
   a) O edifício que ocupa na atualidade o local do Templo? _____
   _____
   b) O único fragmento do Templo original? _____

56. Consideremos as seguintes épocas da história do Templo:
   A. Jerusalém de Abraão.
   B. Tabernáculo.
   C. Templo de Salomão.
   D. Templo de Zorobabel.
   E. Templo de Herodes.
   F. Mesquita de Omar.

   Escreva a letra maiúscula (ou letras) da lista acima que correspondem a cada uma das seguintes situações (atenção: às vezes é mais de uma):
   a) O véu foi *rasgado* quando Jesus morreu. _____.
   b) Tinha o Pátio dos Gentios. _____ e _____.
   c) Tinha o Lugar Santíssimo vazio. _____ e _____.
   d) O véu separava o Lugar Santíssimo do Lugar Santo. _____, _____, _____ e _____.
   e) Tinha dois altares, um do incenso e outro do holocausto. _____, _____, _____ e _____.
   f) Tinha a Arca do Concerto no Lugar Santíssimo. _____ e _____.
   g) Não tinha a Arca do Concerto. _____ e _____.
   h) Era um templo ambulante. _____.
   i) Tinha três partes. _____ e _____.
   j) Tinha quatro partes. _____ e _____.

k) Tinha candelabro e altar do incenso no Lugar Santo. _____, _____, _____ e _____.
l) Melquisedeque ofereceu pão e vinho. _____.
m) Deus ofereceu um cordeiro como substituto para Isaque. _____.

57. Escreva o *nome* da lista anterior (não a letra) que corresponde a cada uma das seguintes datas:
    a) 2000 a.C. _____ de _____.
    b) 1400 a.C. _____.
    c) 1000 a.C., construção do _____ de _____.
    d) 600 a.C., destruição do _____ de _____.
    e) 500 a.C., construção do _____ de _____.
    f) 200 a.C., contaminação do _____ de _____.
    g) Ano zero, construção do _____ de _____.
    h) 70 d.C. destruição do _____ de _____.
    i) Hoje em dia _____ de _____.

58. Escreva abaixo a data para cada caso, fazendo uso do Apêndice quando necessário.
    a) Jerusalém de Abraão _____ a.C.
    b) Tabernáculo _____ a.C.
    c) Construção do primeiro Templo (Salomão) _____ a.C.
    d) Destruição do primeiro Templo por Nabucodonosor _____ a.C.
    e) Construção do segundo Templo (Zorobabel) _____ a.C.
    f) Contaminação do segundo Templo por Antíoco Epifânio _____ a.C.
    g) Construção do terceiro Templo (Herodes o Grande) _____ _____.
    h) Destruição do terceiro Templo por Tito _____ d.C.

PARA OS ENCONTROS:

Cada parte do Templo simboliza um aspecto da salvação de um crente.
1. Justificação — Entrando na vida cristã.
   a) Altar do holocausto – Sacrifício de Cristo.
   b) Pia – Limpeza e perdão.

2. Santificação — Crescendo na vida cristã.
   a) Altar do incenso – Oração.
   b) Mesa (de pães) – Leitura da Bíblia.
   c) Candelabro – Luz e testemunho.

3. Glorificação — perfeição na vida cristã.
   a) Arca do Concerto – na presença de Deus, na glória sem mais pecado

GABARITO

1. a) 2000 a.C. - b) 1000 a.C. - c) 600 a.C **2.** 2000 anos **3.** a) Melquisedeque - Salém - Jerusalém - pão - vinho — b) Isaque - cordeiro - Jerusalém - Moriá - cordeiro **4.** a) pão - vinho - b) cordeiro - c) Jerusalém **5.** a) Moriá - b) Jerusalém **6.** a) Cedrom - b) i. Oeste - ii. leste **7.** a) Hinom - b) Cedrom **8.** a) pão-vinho — b) cordeiro ou carneiro - Isaque — c) Jerusalém **9.** a) Moisés - b) 1.400. **10.** tenda **11.** a) Tabernáculo - b) Moisés - c) 1400 a.C. **12.** Arca do Concerto **13.** a) Santíssimo - b) Santo - c) pátio **14.** a) a - b) B - a) C **15.** a) Santo - b) pátio **16.** a) Lugar Santíssimo - Arca do Concerto — b) pátio - pia (uma fonte de água) - altar do holocausto — c) Lugar Santo - altar do incenso - candelabro (para a luz) - mesa (para os pães). **17.** a) P - Lugar Santíssimo - b) Q - Lugar Santo - c) Y - Pátio **18.** a) Jerusalém - b) os jebuseus **19.** a) Hinom - b) Cedrom - c) Os muros **20.** a) Fortaleza de Sião - Cidade de Davi - b) Oeste - c) Leste **21.** a) 1000 a.C. - b) Por um túnel para água **22.** a) Salomão - b) Era seu filho - c) Jerusalém - Moriá **23.** a - d - e **24.** a) S - b) P - c) L **25.** a) Lugar Santíssimo - b) Lugar Santo - c) Pátio - d) Pátio - e) Lugar Santo - f) Lugar Santo **26.** a) Arca do Concerto — b) mesa - candelabro - altar de incenso — c) pia - altar do holocausto - d) véu **27.** a) Tabernáculos - b) Templo **28.** Cedrom **29.** babilônico - 600 a.C. - Daniel **30.** Nabucodonosor **31.** a) Nabucodonosor - b) 600 a.C. **32.** templo - Nabucodonosor **33.** Zorobabel **34.** a) Salomão - 1000 a.C. - b) Zorobabel - 500 a.C. **35.** a **36.** a) ii - b) iii **37.** a) Lugar Santíssimo - b) Lugar Santo - c) Pátio de Israel - d) Pátio dos Gentios **38.** a) segundo ou de Zorobabel - b) repelir os samaritanos - c) primeiro ou de Salomão **39.** a) iii - iv - b) vazio **40.** Ao segundo foi acrescentado o Pátio dos Gentios e o Lugar Santíssimo estava vazio **41.** a) Porco - b) Purificou o Templo - c) 200 a.C. - d) Intertestamentário, porque fica entre o Antigo e o Novo Testamento - Josefo - f) Segundo ou de Zorobabel - g) Festa da Dedicação **42.** c **43.** Antíoco Epifânio, aproximadamente 200 a.C. **44.** Herodes, o Grande - ouro - mármore **45.** b **46.** a) Gentios - b) vazio **47.** a) Foi rasgado - b) Deus **48.** A Torre de Antônia - b) O Templo **49.** a) P - M - b) Gentios **50.** b **51.** a) Tito - b) 70 d.C. (não a.C.) - c) terceiro ou de Herodes **52.** b **53.** Mesquita de Omar **54.** redondo **55.** a) Mesquita de Omar - b) Muro das Lamentações **56.** a) E — b) E - D — c) D - E — d) B - C - D - E — e) B - C - D - E — f) B - C — g) D - E — h) B — i) B - C — j) D - E — k) B - C - D - E — l) A — m) A **57.** a) Jerusalém de Abraão - b) Tabernáculo - c) Templo de Salomão - d) Templo de Salomão - e) Templo de Zorobabel - f) Templo de Zorobabel - g) Templo de Herodes - h) Templo de Herodes - i) mesquita de Omar **58.** a) 2000 - b) 1400 - c) 1000 - d) 600 - e) 500 - f) 200 - g) ano zero - h) 70 d.C.

LIÇÃO 102

A Páscoa em Jerusalém

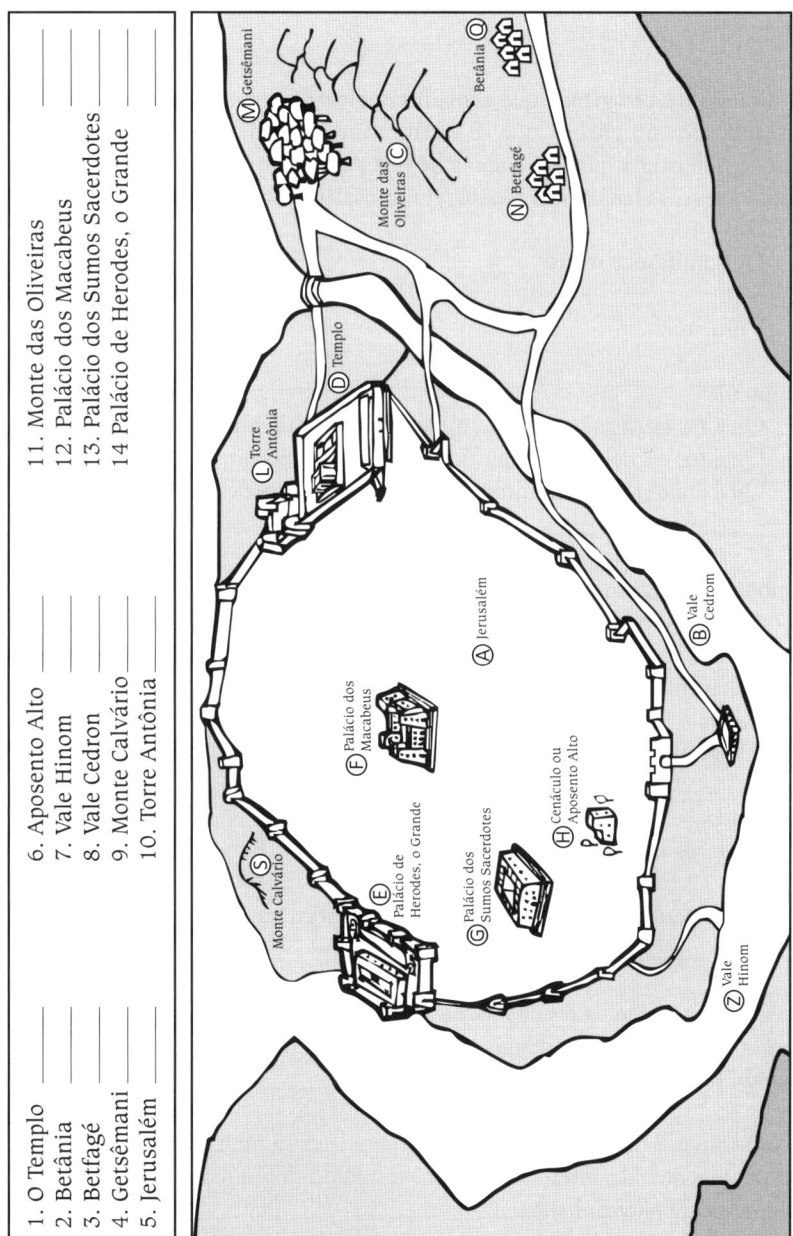

1. O Templo
2. Betânia
3. Betfagé
4. Getsêmani
5. Jerusalém
6. Aposento Alto
7. Vale Hinom
8. Vale Cedron
9. Monte Calvário
10. Torre Antônia
11. Monte das Oliveiras
12. Palácio dos Macabeus
13. Palácio dos Sumos Sacerdotes
14. Palácio de Herodes, o Grande

1. Chegava ao fim o Ano da Paixão, e o calendário hebreu marcava a chegada da grande festa nacional, a _____.

2. O nome de Jesus passava de boca em boca entre os grupos de peregrinos que, aos milhares, subiam para a Páscoa desde os mais distantes pontos do mundo. Aproveitando o transporte romano, alguns viajavam por mar, enchendo os convés dos grandes _____; outros usavam as estradas _____. Os que viajavam desde o norte evitavam a província de _____, atravessando pela província da _____.

3. O número de peregrinos que subiam era elevadíssimo. Podemos fazer um cálculo baseando-nos no fato de que se sacrificavam cerca de 250.000 cordeiros em cada Páscoa e se exigia que não menos de dez pessoas comessem cada cordeiro. Então, quantas pessoas havia, pelo menos, em Jerusalém para a Páscoa? Basta fazer a conta: 250.000 x 10.
   a) Dois milhões e meio.
   b) Mil.
   c) Vinte mil.

4. Responda:
   a) Quantas pessoas havia, pelo menos, em Jerusalém para a Páscoa? _____
   b) Quantos cordeiros essa multidão de peregrinos comia? _____
   c) Qual era o número mínimo de pessoas para comer cada cordeiro? _____

5. Embora fosse costume na Páscoa que cada família de Jerusalém cedesse lugar gratuitamente aos peregrinos, muitos dos dois milhões e meio de visitantes ficavam sem casa. O que acontecia então com essas pessoas?
   a) Voltavam desiludidas às suas cidades.
   b) Ficavam alojadas na Torre de Antônia.
   c) Alojavam-se em tendas estendidas sobre o monte das Oliveiras.

6. Responda:
   a) Quantos dias antes da Páscoa Jesus chegou a Betânia vindo de Jericó? (Leia João 12.1) _____
   b) Como teria parecido a Jesus o monte das Oliveiras? Densamente coberto com as _____ dos peregrinos.

7. Desde que as solenidades da Páscoa começavam na quinta-feira, e sabendo que Jesus chegou seis dias antes, podemos calcular que era um dia de _____ quando Jesus chegou na cidadezinha de _____.

8. Jesus subiu a Betânia acompanhado de uma imensa multidão de peregrinos da qual ele era o centro de interesse. Isto era resultado dos milagres que Jesus havia feito recentemente na vizinhança.
   a) Em Jericó havia curado o cego que se chamava _____.

b) Em sua viagem imprevista a Betânia havia ressuscitado seu amigo _____ _____.

9. Responda ou complete:
   a) Jesus tinha amigos em Betânia e não houve necessidade de que ele se alojasse em uma _____, porque podia hospedar-se a semana toda na casa de _____, _____ e _____.
   b) Que dia da semana chegaram a Betânia? _____.
   c) Como chegaram? Acompanhados de uma grande _____.

10. Parece que Jesus e seus amigos ficaram descansando na casa de Lázaro, Marta e Maria em Betânia durante o dia de sábado. Na noite do mesmo dia, isto é, do sábado, o que os amigos de Jesus preparam em sua honra, conforme João 12.2? _____

11. Então podemos dizer que:
   a) Na *sexta-feira* (antes da Páscoa) Jesus e seus apóstolos, acompanhados por uma grande _____, chegaram até a cidadezinha de _____, onde se alojaram na casa de seus amigos _____, _____ e _____.
   b) No *sábado* (antes da Páscoa) Jesus descansou em casa e, nessa noite, seus amigos lhe preparam uma _____.
   c) As atividades do que chamamos *Última Semana* ou *Semana Santa* começaram no dia seguinte, ou seja, no _____.

12. Durante toda a "Última Semana" Jesus e seus discípulos ficaram em Betânia, porém cada dia de manhã (menos quarta-feira), fizeram a viagem de meia hora até a capital para ensinar, voltando de noite ao mesmo lugar sobre o monte das Oliveiras. Agora, responda:
   a) Quantos quilômetros tinham de caminhar de Betânia para chegar a Jerusalém? _____
   b) Quantos minutos levavam a viagem a pé? _____
   c) Como se chama a cidade na qual Jesus ensinou cada dia da Semana Santa? _____
   d) Em que cidade ficavam para passar a noite? _____
   e) Com que frequência Jesus fazia essa viagem durante a semana? _____
   f) Qual é a letra maiúscula que marca o local do monte das Oliveiras, no desenho da Introdução? _____
   g) Qual a letra que marca o local de Betânia? _____

13. O caminho de Betânia a Jerusalém subia margeando a ladeira sul do monte das Oliveiras até passar a encosta, de onde se observava um impressionante espetáculo. (Veja a Introdução.)
   a) Que cidades veriam como se estivesse suspensa no ar em cima de seu alto monte? _____
   b) Sobre que profundo vale olhariam para ver a cidade? _____
   c) Quantos palácios Jesus teria visto na Cidade Santa conforme a "Introdução"? _____

14. A Jerusalém daquela época era uma cidade de palácios extravagantes, todos incrivelmente vistosos e luxuosos. Quais eram estes três palácios? Observe o nome de cada um na "Introdução".
a) _____
b) _____
c) _____

Pinte de vermelho os três palácios de Jerusalém que aparecem na "Introdução"

15. Sobrepujando a tudo em magnificência, estava o enorme edifício cujas muralhas davam sobre o rio Cedrom. (Localize-o na "Introdução").
a) Que edifício era este? _____
b) Quem o havia construído? _____
c) De que materiais brilhantes havia sido construído? _____
_____

16. Diferente dos templos anteriores (o de Salomão e o de Zorobabel), o de Herodes tinha ao seu lado uma forte torre militar.
a) Como se chamava essa torre? _____
b) Que letra a marca na Introdução? _____

No desenho da "Introdução", pinte de *vermelho* a Torre Antônia; de azul, os muros do Templo.

Antes de estudar o que sucedeu em cada dia da Semana Santa, faça os seguintes trabalhos práticos:

1. Jerusalém
Volte à "Introdução" da Lição 102 e medite profundamente sobre o desenho de Jerusalém. Observe os números e a localização dos diferentes edifícios e lugares, tentando

imaginar o panorama da cidade tal como o Senhor Jesus teria visto da encosta do monte das Oliveiras.

Uma vez gravada a cena, escreva a letra maiúscula de cada edifício e local ao lado do número correspondente no quadro da "Introdução".

2. A Última Semana

Escreva em sua Bíblia os seguintes dias da semana no lugar indicado para cada um.

Em cima de:
- Mateus 21.1 — Domingo.
- Mateus 21.12 — Segunda-feira.
- Mateus 21.23 — Terça-feira.
- Mateus 26.1 — Quarta-feira.
- Mateus 26.17 — Quinta-feira.
- Mateus 26.57 — Sexta-feira.

Para completar a semana até a ressurreição, escreva em cima de:
- Mateus 27.57 — Sábado.
- Mateus 28.1 — Domingo.

Há alguns acontecimentos da Última Semana dos quais não se sabe com certeza a ordem cronológica. Conhecendo a tendência de Mateus de "agrupar" material sem dar muita importância à cronologia, seguimos a cronologia de Marcos, como o faz a maioria dos comentaristas.

Agora vamos analisar a Semana Santa dia por dia, observando os acontecimentos principais de cada um. Ao chegar ao fim da lição espero que você tenha dominado esses acontecimentos e todos os lugares marcados no desenho de Jerusalém.

17. Utilizando os títulos em sua Bíblia marcada, escreva abaixo o dia da semana Santa durante o qual se deu cada um dos seguintes acontecimentos:
    a) Entrada triunfal em Jerusalém (Mateus 21.1) _____.
    b) Purificação do Templo (Mateus 21.12) _____.
    c) Maldição da figueira (Mateus 21.18) _____.
    d) Controvérsias no Templo sobre a autoridade de Jesus (Mateus 21.23) _____.
    e) Sinais do fim (Mateus 24.3) _____.
    f) Judas trai Jesus (26.14) _____.
    g) A Ceia do Senhor (Mateus 26.17) _____.
    h) A crucificação de Jesus (Mateus 27.32) _____.

DOMINGO

18. Qual foi o grande acontecimento da Semana Santa que ocorreu durante o *primeiro* dia, o *domingo*, conforme os quatro evangelhos? (Leia Mateus 21.1; Marcos 11.1; Lucas 19.28; João 12.12.) Em cada caso, o *título* acima do versículo lhe dá a resposta. (Atenção: observe a "Tarefa" anterior antes de responder.) _____.

Escreva o título "Última Semana" por cima de:

- Mateus 21.1
- Marcos 11.1
- Lucas 19.28
- João 12.12

19. Podemos imaginar a entusiasmada multidão que acompanhava Jesus em sua entrada triunfal em Jerusalém. O cortejo deveria ter passado à encosta do monte das Oliveiras, descendo ao seu lado até atravessar o vale de Cedrom, que, no tempo da Páscoa, se tornava um rio torrencial.

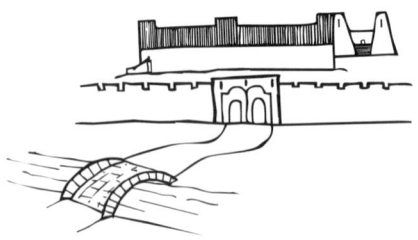

   a) Como poderiam atravessar o torrentoso rio Cedrom conforme o desenho? (Logo, teriam subido a encosta que, embaixo da sombra do enorme Templo, conduzia aos muros da cidade.) _____
   b) Como teriam passado esses muros, conforme o desenho? _____
   _____

20. Na Palestina, toda a chuva cai nos seis meses de inverno e primavera, ou seja, do mês de outubro até o princípio de abril.
   a) Em que mês se celebra a Páscoa? _____
   b) Como estavam as figueiras no tempo da Páscoa? (Leia Mateus 21.19) _____
   _____
   c) Como estava a relva (gramado) do tempo da Páscoa? (Leia João 6.10) (Lembre-se: a alimentação de 5.000 aconteceu na Páscoa, exatamente um ano antes.)
   _____

21. Responda:
    a) Em qual das estações do ano cai a Páscoa na Palestina? (Lembre-se: é o oposto da América Latina.) _____

    b) Então podemos imaginar a paisagem no monte das Oliveiras na primavera quando Jesus chegou para celebrar sua última Páscoa. Teria estado:

        i. Coberto de pasto verde.
        ii. Seco e amarelado.
        iii. Cheio de flores.
        iv. Cheio de árvores.
        v. O Cedrom repleto de água.
        vi. Coberto de tendas.

22. Responda:
    a) Em que edifício em Jerusalém Jesus entrou, terminada sua entrada triunfal? (Leia Marcos 11.11) _____
    b) Que fez Jesus nessa ocasião no Templo? (Leia Marcos 11.11) _____
    c) Para onde regressou a fim de passar a noite? _____

SEGUNDA-FEIRA

23. De acordo com Mateus, ocorreram dois episódios depois da entrada triunfal em Jerusalém. Para descobrir quais são, escreva os títulos que se encontram por cima de
    a) Mateus 21.12. _____
    b) Mateus 21.18. _____

24. Responda:
    a) Em que dia Jesus fez sua entrada triunfal em Jerusalém? _____
    b) De acordo com Marcos 11.12, em que dia houve a purificação do Templo e a maldição da figueira estéril? _____

25. Mateus não especifica o dia em que se deram esses acontecimentos, porém conforme Marcos 11.11, entre a entrada triunfal e a purificação do Templo, Jesus e seus apóstolos foram passar a noite em _____.

TERÇA-FEIRA

26. Leia Mateus 21.23 e complete:
    a) A terça-feira foi um dia de fortes controvérsias no Templo com os principais _____ e seus amigos.
    b) Eles desafiaram Jesus quanto a sua _____ para purificar e ensinar no Templo.

27. O Templo era servido por três ordens de ministérios.
    1. O sumo sacerdote (o sacerdote principal).
    2. Os sacerdotes.
    3. Os levitas.

    a) Membros de qual dessas ordens desafiaram a autoridade de Jesus quando purificou e ensinou no Templo? _____

    b) Representantes de duas dessas ordens figuravam na parábola do bom samaritano em Lucas 10.31-32. Quais são? _____

28. Quem eram os dois sumos sacerdotes durante o ministério de Jesus? (Leia Lucas 3.2)
    _____

29. Oficialmente só um sumo sacerdote podia ministrar em Israel por vez. Durante o ministério de Jesus, quem exercia esse ofício era Caifás. Contudo, todo mundo sabia que o sogro de Caifás era quem exercia o verdadeiro poder atrás de seu genro, pois havia sido sumo sacerdote em seu tempo, depois dele vieram seus quatro filhos, e agora no tempo de seu genro Caifás. Por isso, Lucas menciona os dois. Agora, responda: Como se chama o sogro de Caifás? _____

30. Anás e Caifás viviam em seu luxuoso palácio dentro do bairro residencial de Jerusalém. Na Introdução, que letra marca o local de seu palácio? _____

31. Responda:
    a) Oficialmente quantos sumos sacerdotes podiam ministrar cada vez em Israel? _____
    b) Quem era o sumo sacerdote oficial do tempo do ministério de Jesus? _____
    c) Como se chamava o outro? _____
    d) Que parentesco havia com o sumo sacerdote oficial? _____
    e) Por que Lucas disse que havia dois sumo sacerdotes? _____

32. O sogro de Caifás tinha enorme poder e era o dono do mercado do Templo que Jesus havia purificado no dia anterior.
    a) Como se chamava o dono do mercado do Templo? _____
    b) Como se chamavam os dois sumos sacerdotes que desafiaram a autoridade de Jesus de purificar o Templo? _____
    c) Por que se aborreceram com Jesus? _____

33. Toda terça-feira, um após o outro, os sumos sacerdotes, os fariseus e os saduceus, com toda a sua pompa oficial de orgulho social e de celebridade popular, se puseram

contra o simples Galileu, lançando contra ele uma astuta e prolongada controvérsia. Quem saiu triunfante de todos esses sutis ataques verbais? (Leia Mateus 22.46) _____

34. Ao terminar aquele dia tão longo e duro, cheio de controvérsias no Templo, Jesus voltou de novo a Betânia. Atravessando a ponte sobre o rio Cedrom e subindo a encosta do monte das Oliveiras, parou com seus discípulos do outro lado do vale, e olhando outra vez para o Templo que há pouco havia deixado, pronunciou seu sublime sermão do monte das Oliveiras. Qual era o assunto principal desse sermão? (Veja o título acima de Mateus 24.3.) _____
_____

35. Nessa mensagem Jesus profetizou a destruição total do Templo, o que se cumpriu no ano _____ d.C. por intermédio do general romano _____.

36. Recordemos:
    a) No domingo Jesus fez sua _____ triunfal em _____.
    b) Na segunda purificou o _____ e amaldiçoou a _____.
    c) Na terça teve sua controvérsia com os _____
       ___ no _____; depois, sobre o monte das Oliveiras, pronunciou sua bela mensagem sobre o tema: O _____ das _____.

QUARTA-FEIRA

37. Parece que Jesus, das duras controvérsias da terça-feira, descansou em Betânia toda a quarta-feira. Porém, enquanto ele descansava:
    a) Que fizeram os sumos sacerdotes e seus sequazes? (Mateus 26.3-4) _____
    _____
    b) Que fez Judas? (Mateus 26.14-15) _____
    _____

38. Responda:
    a) Que fez Jesus na quarta-feira? _____
    b) Que fez Judas na quarta-feira? _____
    _____

QUINTA-FEIRA

39. Durante toda a quinta-feira, Jesus ocupou-se na preparação da Páscoa. Mateus informa que a preparação ficou a cargo de *dois* dos discípulos. Lucas fornece o nomes deles. Quem são eles? (Leia Lucas 22.8) _____

40. Onde Pedro e João tinham de fazer os preparativos para comer o cordeiro pascal? (Leia Marcos 14.15) _____

41. Embora os judeus comessem o cordeiro pascal em suas casa ou tendas, cada cordeiro tinha de ser sacrificado no Templo. Qual é a letra na "Introdução" que marca o lugar onde:
   a) Jesus e seus apóstolos comeram o cordeiro pascal? _____
   b) Se sacrificava o cordeiro pascal? _____

42. Complete:
   a) Assim, Pedro e João primeiramente compraram o cordeiro no mercado de Anás no _____.
   b) Depois o levaram ao altar do holocausto no _____, onde era sacrificado.
   c) Em seguida o levaram ao lugar no qual iriam comê-lo, ou seja, ao _____, onde horas mais tarde se celebraria a primeira Ceia do Senhor.

43. Dentro do Templo a cerimônia do sacrifício dos cordeirinhos era impressionante. O sumo sacerdote lia a história da Páscoa em Êxodo 12, concluindo com as palavras, "e toda a congregação de Israel o imolará [o matará]". Ao chegar à palavra "imolará", os levitas levantavam a cabeça dos animais e, com um só golpe de cutelos afiadíssimos, cortavam a garganta dos _____.

44. Para cumprir o regulamento cerimonial da Páscoa, era preciso matar o cordeiro dum só golpe de cutelo para que não escapasse da boca da vítima nem um só balido. Com base nessa informação, em que a morte de Jesus pareceu com a do cordeiro pascal? (Leia Mateus 27.12-14) _____

45. Os sacerdotes, de pé em longas filas, recebiam o sangue de cada animal num vaso de ouro, passando-o de mão em mão até chegar ao último sacerdote que atirava o sangue sobre a pedra do altar do holocausto. Quem oferecia a Deus o sangue do sacrifício sobre o altar, os sacerdotes ou os levitas? _____

46. Das três ordens do ministério no Templo, consideramos uma: o sumo sacerdote. Quais são as outras duas? _____

47. O dever dos sacerdotes era oferecer *os sacrifícios* a Deus da parte do povo, representando assim o povo diante do Todo-Poderoso. Quantos cordeiros os sacerdotes sacrificavam durante o dia da Páscoa? _____

48. O número de sacerdotes que servia no Templo era verdadeiramente impressionante: 7.000 sacerdotes trabalhavam em três turnos para poder oferecer em sacrifício os 250.000 cordeiros no dia da Páscoa. Agora, responda: Qual era o dever de um sacerdote? Oferecer _____ a _____ da parte do _____.

49. Responda:
   a) Oficialmente, quantos sumos sacerdotes deviam ter cada vez? _____
   b) Quantos sacerdotes serviam sob sua direção? _____

50. Podemos fazer diferença entre o ministério dos sacerdotes e o dos levitas. Ambos os grupos trabalhavam no Templo, porém um em oferecer os sacrifícios a Deus, o outro como simples ajudante. Qual dos dois grupos exercia o ministério de:

a) Oferecer os sacrifícios a Deus da parte do povo? _____
   b) Simples ajudantes, dedicado mais ao asseio do Templo ou a matar os animais?
   _____

51. Pedro e João levaram o cordeiro morto do Templo ao cenáculo onde o assaram inteiro.
    a) Na noite da quinta-feira celebraram no cenáculo a Festa da Páscoa, comendo o _____.
    b) Jesus também instituiu a Páscoa do Novo Testamento na Ceia do Senhor, entregando os símbolos do _____ e do _____ para que eles participassem espiritualmente do cordeiro de Deus que tira o pecado do mundo, isto é, ele mesmo.
    c) Aqui vemos o cumprimento de ambos os símbolos na pessoa de _____.

52. Há 2.000 anos antes desse acontecimento, nesse mesmo lugar:
    a) Melquisedeque oferecera a Abraão os dois símbolos. Quais eram? _____
    _____
    b) Em vez de Isaque, o que Deus ofereceu a Abraão para o sacrifício? _____
    _____
    c) Ambos esse símbolos se cumpriram em que pessoa? _____
    _____

53. Depois da Ceia, Jesus saiu de novo com os apóstolos (menos Judas), dessa vez até o Getsêmani, onde depois os inimigos o prenderam.
    a) Qual é a letra que marca o local do Getsêmani na "Introdução"? _____
    b) Ao pé de que monte estava localizado o Getsêmani? _____
    c) Que vale (e rio) atravessavam para chegar lá? _____

SEXTA-FEIRA

54. Responda:
    a) Passada a meia-noite e durante as primeiras horas da sexta-feira, Jesus foi levado diante dos sumos sacerdotes, as autoridades máximas religiosas. Como eles se chamavam? _____
    b) Ao amanhecer, foi levado diante das autoridades máximas políticas da Palestina. Quem eram? (Leia Lucas 23.12) _____

55. Responda:
    a) Lembre-se de Herodes Arquelau, por suas grandes injustiças, fora desterrado e substituído por um governador romano. Como se chamava esse governador?
    _____
    b) O Herodes mencionado aqui era Antipas da Galileia. Por que Antipas, o "rei dos judeus", estava em Jerusalém naquele tempo?
       i. Porque a Judeia era da sua jurisdição.
       ii. Para participar da Páscoa com os outros muitos judeus da Galileia.
       iii. Para visitar seu irmão Arquelau.

c) Em que dia da semana Jesus foi levado diante destes juízes? _____
_____

56. Pilatos também não tinha residência permanente em Jerusalém, mas em Cesareia de Samaria (de Filipo), sobre a encosta do mar Mediterrâneo. Responda: Por que Pilatos, um romano, estava em Jerusalém para a Páscoa?
    a) Para participar da festa dos judeus.
    b) Para assegurar a ordem dos milhões de judeus.
    c) Para visitar os sumos sacerdotes.

57. Durante suas visitas ocasionais a Jerusalém nem Pilatos nem Antipas tiveram de ficar em tendas, porque ambos tinham à disposição belos palácios. Observe os três *palácios* pintados de vermelho na "Introdução". Escreva o nome do palácio que correspondia a:
    a) Antipas (estava no centro da cidade). _____
    b) Pilatos (estava sobre o vale do Hinom). _____

58. Complete:
    a) Observe como Pilatos substituiu Arquelau como governador da Judeia e Samaria e por isso lhe *competia* ocupar o palácio que Arquelau, e seu pai antes dele, tinham em Jerusalém, ou seja, o palácio de _____, o _____.
    b) Como Antipas não era o governador da Judeia, mas da Galileia e Pereia, ele teve de ocupar o outro palácio, ou seja, o palácio dos _____.

59. Na realidade, Pilatos tinha de escolher entre *duas* residências porque competia a ele o palácio que antes ocupou Arquelau e a torre ao lado do Templo. Entre quais edifícios podia escolher Pilatos?
    a) O palácio de _____, o _____.
    b) A Torre de _____.

60. Como a festa da Páscoa sempre apresentava uma perigosa ocasião para haver distúrbios, Pilatos estabeleceu sua residência, nessa ocasião, no lugar mais forte, ou seja, a _____ de _____.

61. Pilatos tomou outra preocupação durante a Páscoa: aumentou o número de tropas na cidade para poder controlar qualquer distúrbio. Onde estava aquartelado o aumentado número de tropas romanas durante a Páscoa? _____ de _____

62. Quais foram as duas precauções tomadas por Pilatos durante essa Páscoa?
    a) Alojar-se na _____ de _____ em vez de no palácio de _____.
    b) Aumentar o _____ de _____, as quais foram aquartelados na _____ de _____.

63. Na Introdução, qual é a letra (ou letras) que marcam a (s) residência (s) de:
    a) Caifás _____
    b) Anás _____

c) Pilatos _____
d) Antipas _____

64. Das quatro autoridades máximas em Jerusalém durante a Páscoa escreva o nome das duas autoridades
    a) Políticas: _____ e _____.
    b) Religiosas: _____ e _____.

65. Qual era o ofício de
    a) Caifás e Anás _____ e _____.
    b) Pilatos, Governador da _____ e _____.
    c) Antipas, Governador da _____ e _____.

66. Diante da provocação de Caifás e Anás, e pela hostilidade de Antipas, Pilatos viu-se obrigado a entregar Jesus à morte da crucificação. Assim, Jesus, o verdadeiro cordeiro de Deus, foi morto *fora dos muros* de Jerusalém, ao extremo *norte* da cidade.
    a) Qual a letra marca o local da crucificação na "Introdução"? _____
    b) Jesus foi crucificado sobre o monte Calvário, na tarde do dia do seu julgamento por Pilatos. Que dia foi? _____

67. Em que dia da Semana Santa se deu:
    a) A entrada triunfal em Jerusalém. _____
    b) A purificação do Templo e a maldição da figueira. _____
    c) A controvérsia no templo e o sermão sobre os sinais do fim. _____
    d) O descanso de Jesus e a traição de Judas. _____
    e) A última Ceia? _____
    f) Os julgamentos e a crucificação? _____

68. Escreva o acontecimento da lista abaixo ao lado do dia correspondente.
    A. A Última Ceia.
    B. A controvérsia no Templo e o sermão sobre os sinais do fim.
    C. A entrada triunfal em Jerusalém.
    D. Descanso e traição de Judas.
    E. Os julgamentos e a crucificação.
    F. A purificação do Templo e a maldição da figueira.

    a) Domingo _____.
    b) Segunda _____.
    c) Terça _____.
    d) Quarta _____.
    e) Quinta _____.
    f) Sexta _____.

PARA OS ENCONTROS

Trace os passos do Senhor e seus apóstolos durante as horas da quinta e da sexta-feira da Semana Santa, levando em conta os seguintes acontecimentos:

A. Pedro e João compram e matam o cordeiro e o levam ao cenáculo.
B. Jesus e seus outros apóstolos vão diretamente ao cenáculo.
C. Vão ao Getsêmani.
D. Jesus levado à casa dos sumos sacerdotes.
E. Jesus levado diante de Pilatos na Torre de Antônia.
F. Jesus levado diante de Antipas no Palácio dos Macabeus e devolvido a Pilatos (Lucas 23.6-7).
G. Jesus levado ao Calvário.

GABARITO

1. Páscoa **2.** barcos - pavimentadas - Samaria - Pereia **3.** a **4.** a) 2.500.000 - b) 250.000 - c) 10 **5.** c **6.** a) Seis - b) tendas **7.** sexta-feira - Betânia **8.** a) Bartimeu - b) Lázaro **9.** a) tenda - Lázaro - Marta - Maria - b) Sexta-feira - c) multidão **10.** ceia **11.** a) multidão, Betânia, Lázaro, Marta, Maria - b) ceia - c) domingo **12.** a) Dois quilômetros e meio - b) Trinta - c) Jerusalém - d) Betânia - e) Todo dia (menos quarta-feira) - f) C - g) Q **13.** a) Jerusalém - b) Cedrom - c) três **14.** a) de Herodes, o Grande - b) dos Macabeus - c) dos Sumos Sacerdotes **15.** a) O Templo - b) Herodes, o Grande - c) Ouro e mármore **16.** a) Antônia - b) L **17.** a) Domingo - b) Segunda - c) Segunda - d) Terça - e) Terça - f) Quarta - g) Quinta - h) Sexta **18.** Entrada triunfal **19.** a) Por uma ponte - b) Por um portão **20.** a) Abril - b) Só tinha folhas - c) Abundante **21.** a) Primavera - b) i - iii - iv - v - vi **22.** a) O Templo - b) Olhou todas as coisas - c) Betânia **23.** a) A purificação do templo - b) A figueira sem fruto **24.** a) Domingo - b) "No dia seguinte", ou seja, na segunda-feira. **25.** Betânia **26.** a) sacerdotes - b) autoridade **27.** a) Sumo sacerdote - b) sacerdotes e levitas **28.** Anás e Caifás **29.** Anás **30.** G **31.** a) Um - b) Caifás - c) Anás - d) Sogro - e) Anás compartilhava o poder (ou palavras semelhantes). **32.** a) Anás - b) Anás e Caifás - c) porque usurpou o mercado do templo **33.** Jesus **34.** O princípio das dores **35.** 70 - Tito **36.** a) entrada - Jerusalém — b) Templo - figueira — c) sumos sacerdotes - Templo - princípio - dores **37.** a) Planejaram matar Jesus (ou palavras semelhante) - b) Ofereceu-se para entregar a Jesus **38.** a) Descansou - b) Ofereceu-se para entregá-lo **39.** Pedro e João **40.** cenáculo **41.** a) H - b) D **42.** a) Templo - b) Templo - c) cenáculo **43.** cordeiros **44.** Emudeceu ou não falou **45.** Os sacerdotes **46.** sacerdotes e levitas **47.** 250.000 **48.** sacrifício a Deus, povo **49.** a) 70 - b) 7.000 **50.** a) os sacerdotes - b) os levitas **51.** a) cordeiro - b) pão - vinho - c) Jesus **52.** a) pão - vinho - b) cordeiro - c) Jesus Cristo **53.** a) M - b) das Oliveiras - c) Cedrom **54.** a) Anás e Caifás - b) Pilatos e Herodes **55.** a) Pilatos - b) ii - c) Sexta-feira. **56.** b **57.** a) Palácio dos Macabeus - b) Palácio de Herodes, o Grande **58.** a) Herodes, o Grande - b) Macabeus **59.** a) Herodes, o Grande - b) Antônia **60.** Torre de Antônia **61.** Torre de Antônia **62.** a) Torre de Antônia - Herodes - b) número de tropas - Torre de Antônia **63.** a) G - b) G - c) E e L - d) F **64.** a) Pilatos - Antipas — b) Anás - Caifás **65.** a) Sumo sacerdote - b) Judeia e Samaria - c) Galileia e Pereia **66.** a) S - b) Sexta-feira **67.** a) Domingo - b) Segunda - c) Terça - d) Quarta - e) Quinta - f) Sexta **68.** a) C - b) F - c) B - d) D - e) A - f) E

LIÇÃO 103

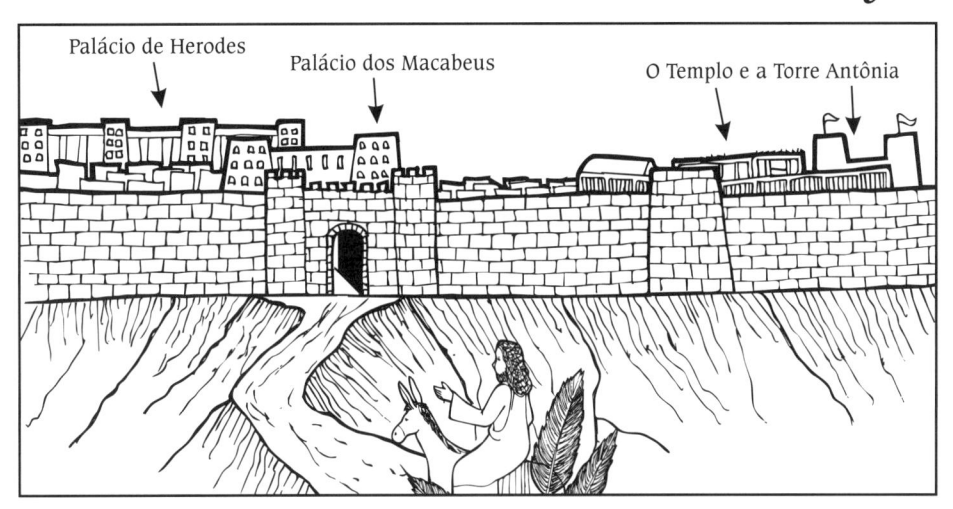

A entrada triunfal

Palácio de Herodes   Palácio dos Macabeus   O Templo e a Torre Antônia

JESUS: REI, PROFETA E SACERDOTE

QUADRO DE RECAPITULAÇÃO
Em sua última viagem a Jerusalém para assistir à festa da _____ (1), Jesus saiu da província da _____ (2), atravessando o rio _____ (3), e chegou até a primeira cidade na estrada para Jerusalém, chamada _____ (4). Nessa cidade, ele viu o chefe dos publicanos em cima de uma árvore para vê-lo passar. Jesus importou-se com esse homem chamado _____ (5) e hospedou-se uma noite na casa dele. No dia seguinte, na saída da cidade, Jesus curou um cego chamado _____ (6), e logo seguiu viagem para chegar à casa de seus amigos, _____, _____ e _____ (7), na cidadezinha de _____ (8), localizada no monte das _____ (9). Chegou ali seis dias antes da Páscoa, ou seja, na _____ (10). Descansou ali durante o dia de _____ (11), onde fizeram, em sua honra, uma _____ (12). Na manhã seguinte, num _____ (13), saiu rumo à _____ (14).

1. Responda:
   a) Que aconteceu no *domingo*, o primeiro dia da Semana Santa? _____
   b) Quantos dos evangelhos relatam esse acontecimento? _____
   c) Em que capítulo e versículos Mateus o relata? _____

DOMINGO — A ENTRADA TRIUNFAL
(*Leia Mateus 21.1-11*)

2. No domingo de manhã, Jesus dirigiu-se de Betânia para a capital.
   a) Aproximando-se de Jerusalém, em que lugar chegaram? _____
   b) Que letra marca esta cidade no desenho da "Introdução" da Lição 102? _____
   c) Em que monte está localizada? _____
   d) Que animais Jesus ordenou trazer de lá? _____
   e) Isto se fez para se cumprir o que fora dito pelo profeta _____ (*Nota:* caso não se recorde dessa profecia messiânica do Livro 2, use as referências em sua Bíblia.)
   f) Sobre que animal Jesus montou para entrar em Jerusalém? (Veja Lucas 19.33-35) (*Nota:* observe que Lucas abrevia o relato e só menciona o jumentinho.) _____
   g) O que espalhava a multidão em seu caminho? _____
   h) Uma vez em Jerusalém, para onde se dirigiu Jesus? (Leia Marcos 11.11) _____
   i) Depois de ter observado tudo, o que ele fez, conforme o versículo anterior? (Marcos 11.11) _____

QUADRO DE REVISÃO BASEADO NA LIÇÃO 102

Jesus, na manhã do _____ (1) saiu da casa de Lázaro em _____ (*letra* ___) (2), e dirigiu-se para Jerusalém. Quando chegou na cidadezinha de _____ (*letra* ___) (3), ele mandou seus discípulos buscarem uma _____ e um _____ (4). Montou no jumentinho e atravessou a encosta do monte das _____ (*letra* ___) (5), de onde pode ver o maravilhoso espetáculo da cidade de _____ (*letra* ___) (6), resplandecendo abaixo dos raios do sol matutino. Devido ao fato de muitos peregrinos não poderem ter alojamento na cidade de Jerusalém na época da Páscoa, o monte das Oliveiras estava repleto de _____ (7), de onde saia seus ocupantes para aplaudir Jesus e espalhar diante dele _____ e _____ (8). O cortejo desceu o vale de _____ (*letra* ___) (9) e atravessou o ribeiro por meio duma _____ (10); logo subiu a encosta até os muros de _____ (11). Uma vez dentro da cidade, Jesus e a multidão se dirigiram ao _____ (*letra* ___) (12).

Agora estamos em condições de estudar o tremendo significado desse acontecimento que havia sido profetizado séculos antes por Zacarias.

3. Conforme as palavras que Mateus reproduz de Zacarias, a quem se dirige o profeta? (Leia Mateus 21.5) _____

> Sublinhar a palavra "Rei" em Mateus 21.5 com lápis vermelho.

4. Ao dirigir-se à filha de Sião, Zacarias estava falando poeticamente aos moradores da cidade que estava situado sobre o monte _____, isto é, se dirigia aos habitantes de _____.

5. A quem estava se dirigindo Zacarias ao dizer "Filha de Sião"? Aos _____ de _____.

6. Mateus cita a profecia de Zacarias para fazer ver que Jesus cumpriu as Escrituras ao entrar montado num jumentinho em Jerusalém, a cidade que era a _____ do reino.

7. O fato de ele ser considerado um rei é refletido na atitude da multidão que estendia seus mantos e palmeiras diante de Jesus como uma homenagem que se faz a um _____ e aclamavam-no dizendo: "Bendito o que vem em nome do Senhor" (Lucas 19.38) ou "Bendito o que vem em nome do Senhor, o _____ de Israel!" (João 12.13).

8. Nas repetidas aclamações da multidão, "Hosana ao Filho de Davi", também vemos essa mesma verdade. Leia 2Samuel 7.12-13 e responda:
   a) A quem Deus levantaria como rei depois da morte de Davi?
      i. Um descendente de Davi.
      ii. O irmão de Davi.
      iii. Um estrangeiro.
   b) Por quanto tempo duraria seu reino? _____

9. Em primeiro lugar, essa promessa se referia a Salomão, o filho e sucessor de Davi. Mas sabemos que ele não reinou para sempre; portanto, a promessa tem um sentido mais amplo e se refere a alguém muito maior que Salomão, ao verdadeiro rei eterno, chamado _____.

10. Vejamos algumas das muitas profecias que tratam do Messias como Rei:
    a) Que profeta falou da vinda do Messias como Rei a Sião? _____.
    b) Isaías 32.1 diz que Cristo seria um _____ que reinaria com _____.
    c) Isaías 9.6-7, diz que Cristo reinaria com justiça sobre o trono de _____.
    d) Isaías 9.7 diz que esse reinado justo de Cristo seria para _____.
    e) Salmos 2.6 diz que Deus coloca o seu rei sobre o monte _____.

11. Em síntese, à luz do Antigo Testamento, podemos ver o profundo significado messiânico da entrada triunfal de Jesus em Jerusalém. O Messias seria um _____ que reinaria para _____ com _____, sentado no trono de _____, sobre o santo monte _____, onde chegaria montado sobre um _____.

12. O "monte Santo de Sião" é também um belo símbolo na Bíblia que representa o nosso lugar celestial na glória. Sião é o lugar do Templo da Arca do Concerto, da própria presença de Deus.
    a) Onde se encontra o Cordeiro (Jesus) em Apocalipse 14.1? Sobre o monte _____ _____.
    b) Em qual "Sião" se dará o cumprimento perfeito da profecia segundo a qual o Rei reinará em Sião: da Palestina ou da Glória?_____.

13. Responda:
    a) O que caracteriza o reino de Cristo? _____
    b) Em que trono ia senta-se para reinar? _____
    c) Sobre que monte santo? _____
    d) Por quanto tempo? _____
    e) Em que Sião esse reino estenderá seu cumprimento perfeito? _____
    f) Sobre que animal ia chegar o Messias à capital Jerusalém? _____

14. Para nós o jumento é um animal que simboliza algo torpe, ignorante, e baixo, não é? No Oriente não é assim. Se um rei oriental chegava a uma cidade montado num **cavalo**, simbolizava que vinha com propósitos de **guerra**. Se, vinha à cidade montado num jumentinho, simbolizava **paz**.

    Então, que simbolismo há no fato de ter Jesus entrado em Jerusalém montado num jumentinho? Que vinha com o propósito de_____

15. É muito provável que milhares de pessoas que aclamavam Jesus em sua entrada triunfal em Jerusalém esperava que ele expulsasse os romanos e estabelecesse um reino independente, e quando gritavam "Rei de Israel, Hosana, Hosana" (que significa "Salva-nos"), pensavam nisto e não na salvação de suas almas. Mas esse não era o propósito de Jesus; ao contrário, sua entrada triunfal está carregada de simbolismo messiânico. Ele chegou à capital, como havia profetizado _____, montado num _____, que simbolizava a _____, para estabelecer-se como _____, que reinaria para _____ com _____, sentado no trono de _____, sobre o monte _____.

16. Responda:
    a) Leia Marcos 11.11. A que edifício foi Jesus em Jerusalém? _____
    b) Depois de observar a situação do Templo, que fez Jesus? _____

SEGUNDA-FEIRA — JESUS PURIFICA O TEMPLO
(Leia Mateus 21.12-17)

> **NOTA:** Mateus não diz o dia em que Jesus purificou o Templo, e conforme sua maneira de agrupar a matéria poderia dar a impressão de que o fez no mesmo dia da entrada triunfal. Marcos, contudo, indica claramente que foi no dia seguinte, ou seja, na segunda-feira.

17. Jesus, o Rei, o filho de Davi, havia chegado à cidade-capital para estabelecer seu reino. Como disporia e confirmaria seu reino conforme Isaías 9.7? Com _____ e _____.

18. Muitos líderes neste mundo querem trazer *justiça* ao seu próprio povo, porém querem ganhá-la com *violência*. Jesus, em vez disso, entrou na cidade sobre um jumentinho em sinal de que vinha em _____.

19. No caso da purificação do Templo, Jesus indica a única maneira de conseguir justiça para o reino.
    a) Que fez Jesus no Templo? (Mateus 21.12) _____
    b) O que disse? (Mateus 21.13) _____

20. Muitos acham que o único modo de conseguir justiça social no mundo é através da revolução violenta. Alguns deles querem aproveitar-se desse acontecimento e apresentar Cristo como modelo do revolucionário violento. Mas não é assim, pois se Jesus tivesse vindo a Jerusalém para estabelecer um reino terrestre, como esperavam muitos dos seus acompanhantes judeus, deveria ter derrotado primeiramente as forças armadas dos seus inimigos, tomando de forma violenta:
    a) A fortaleza onde estavam aquartelados Pilatos e os soldados romanos, chamada a _____ de _____.
    b) O palácio onde estava Antipas e seus guardas: o Palácio dos _____.
    c) O palácio onde Anás e Caifás estavam com seu corpo policial: o Palácio dos _____ _____.

21. Ao contrário, Jesus em vez de dirigir-se às forças políticas, dirigiu-se ao _____, que era *o coração espiritual de Israel*. Agora, responda:
    a) Em que haviam transformado o Templo, conforme Jesus em Mateus 21.13? _____
    b) O que deveria ser o Templo, conforme o mesmo versículo? _____

22. Jesus, depois de derrubar as mesas dos cambistas e expulsar os mercadores corruptos, que exploravam os milhares de peregrinos que iam ao Templo, estava dando uma lição prática da única maneira de se poder ter um reino de justiça.

    A ação de Jesus (a de expulsar a corrupção) = ato símbolo de limpeza do templo = símbolo do coração de israel.
    Que ensino Jesus quis nos dar quando purificou o Templo? Fez um ato simbólico de_____ do _____

23. Responda:
    a) Que pessoas desprestigiadas foram beneficiadas com a chegada do Rei à capital? (Leia Mateus 21.14) _____
    b) De que outro grupo de pouca importância para os grandes, Jesus se agradou em receber louvor? (Leia Mateus 21.15-16) _____

24. Que interpretação errônea fazem alguns revolucionários quanto à ação violenta de Jesus na purificação do Templo? _____

25. Temos visto três provas claras que tiram todo o mérito desses falsos ensinos. Se Jesus quisesse iniciar uma revolução violenta:
    a) Ele teria montado num _____ em vez de num _____.
    b) Ele teria atacado *Pilatos* e os romanos na _____ _____, *Antipas* no Palácio dos _____ e *Anás* e *Caifás* no palácio dos _____ _____. Em vez disso, o que realmente fez foi um ato simbólico no _____.
    c) Ele teria recrutado em suas fileiras um exército guerreiro em vez de dedicar-se a ganhar _____ e _____, além de receber louvores das _____. *Que exército revolucionário!*

26. Qual o verdadeiro significado espiritual da ação de Jesus quando purificou o Templo? Era um ato símbolo de _____ do _____.

27. Em suas próprias palavras, dê três razões que destroem o argumento de que Jesus poderia iniciar uma revolução violenta quando purificou o Templo. _____

28. Ao tomar uma atitude tão drástica como a de purificar o Templo, Jesus fez um ato *simbólico de limpeza de coração*. Lamentavelmente, o coração da nação permaneceu endurecido e uns quarenta anos mais tarde, em 70 d.C., Jerusalém e o Templo foram arrasados pelo exército romano. Enquanto isso, que reino havia se estabelecido permanentemente no coração de muitos? _____

29. O que simboliza a purificação do Templo? _____

30. Responda:
    a) Lembre-se de que em João 2 é relatado como Jesus havia purificado o Templo ao iniciar seu ministério. Então, em que ano de seu ministério Jesus fez a primeira purificação? _____
    b) De que ano do ministério de Jesus trata Mateus 21? _____
    c) Então, Mateus 21 trata da *primeira* ou da *segunda* purificação do Templo? ____

31. Quais foram os dois acontecimentos que marcaram a chegada do Rei Jesus a Jerusalém?
    a) Sua _____ _____ no dia de _____, montado num _____, simbolizando que chegava em _____.
    b) Sua _____ do _____ na _____-_____, que simbolizava a _____ do_____.

> *Até este ponto vimos como Jesus cumpriu, passo a passo, aquilo que foi predito pelos profetas. Agora, nesta segunda parte, veremos mais a respeito.*
> *Se desejar descansar, faça-o agora.*

32. A Bíblia diz que Cristo teve um triplo ministério e o Antigo Testamento predisse que o Messias viria como *profeta*, *sacerdote* e *rei*. Responda:
    a) Qual desses ministérios estudamos na primeira parte desta lição? Seu ministério como _____.
    b) Qual dos ministérios falta ser visto? Seu ministério como _____ e _____.

33. Leia Mateus 21.12-13 e responda:
    a) O versículo 11 relata que o povo dizia que Jesus era o _____.
    b) O versículo 12 diz que Jesus entrou no Templo e o purificou. Quem ministra no Templo são os _____.

34. Esses três ministérios tinham muita importância no Antigo Testamento entre o povo judeu.
    a) O rei governava o povo da parte de Deus.
    b) O profeta entregava mensagens da parte de Deus ao povo.
    c) O sacerdote oferecia orações e sacrifícios a Deus da parte do povo.

    O ministério do...
    a) **Rei** era _____ o _____ da parte de _____.
    b) **Profeta** era representar _____ diante do _____.
    c) **Sacerdote** era representar o _____ diante de _____.

35. Escreva debaixo de cada desenho o nome do ministério correspondente:

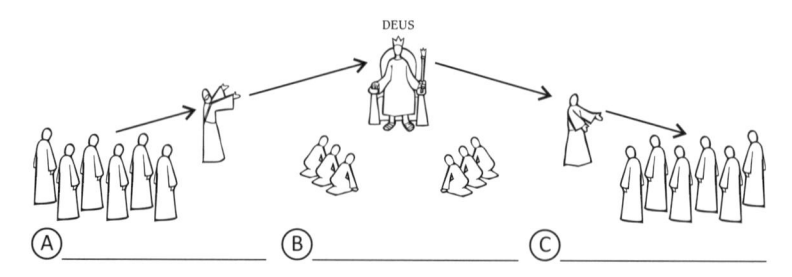

    Ⓐ _____   Ⓑ _____   Ⓒ _____

36. Complete:
    a) O rei _____ o _____ da parte de _____.
    b) O profeta _____ Deus diante do _____.
    c) O sacerdote _____ o _____ diante de _____.

37. Tudo isto foi anunciado por Deus a seu povo séculos atrás por intermédio de seus servos profetas. Vejamos algumas dessas profecias.
    a) Isaías 9.6-7; Zacarias 9.9 — Deus levanta um grande _____. **Cumprimento:** Quando Jesus entrou em Jerusalém cumprindo a profecias de Zacarias que disse: "Filha de Sião teu _____ vem a ti sentado sobre _____".
    b) Deuteronômio 18.15 — Deus levantaria um grande _____. **Cumprimento:** Quando Jesus entrou em Jerusalém aclamado pelo povo como o _____ (Mateus 21.11).
    c) Salmos 110.4 — Deus levantaria um _____. **Cumprimento:** Jesus é nosso _____ _____ (Hebreus 4.14).

38. Quando Jesus se apresentou ao iniciar a Semana Santa, veio para cumprir em sua pessoa estes *três ministérios*. Ele é o perfeito: _____, _____ e _____.

PARA OS ENCONTROS

O que nos ensinam os seguintes versículos com relação aos três ministérios de Cristo?

1. **De rei** (Salmo 2.6-11; Isaías 9.6,7; Romanos 14.17; Mateus 21.5-9)
2. **De profeta** (Deuteronômio 18.15; Lucas 7.16; 24.19; Atos 3.23; Mateus 21.11,46).
3. **De sacerdote** (Salmo 110.4; Hebreus 9.23-26; Hebreus 4.14 a 5.10; Mateus 21.12-13).

- Que tipo de reino Cristo estabelece? Que provas temos de que Cristo é o verdadeiro rei prometido?
- Que é um profeta e que provas temos de que Cristo era o profeta prometido?
- Que distinção existe entre um sacerdote e um profeta? Que provas temos de que Cristo é o sacerdote prometido?

GABARITO

QUADRO DE RECAPITULAÇÃO — (1) Páscoa - (2) Pereia - (3) Jordão - (4) Jericó - (5) Zaqueu - (6) Bartimeu - (7) Lázaro, Marta - Maria - (8) Betânia - (9) Oliveiras - (10) sexta - (11) sábado - (12) ceia - (13) domingo - (14) Jerusalém

1. a) Entrada triunfal - b) Todos - c) 21.1-11 **2.** a) Betfagé - b) N - c) Oliveiras - d) Uma jumenta e um jumentinho - e) Zacarias - f) Um jumentinho - g) Mantos e ramos - h) Ao Templo - i) Foi a Betânia

QUADRO DE REVISÃO BASEADO NA LIÇÃO 102 — (1) domingo - (2) Betânia - Q - (3) Betfagé - N - (4) jumenta - jumentinho - (5) Oliveiras - C (6) Jerusalém - A - (7) tendas - (8) mantos e ramos - (9) Cedrom, B - (10) ponte - (11) Jerusalém - (12) Templo - D

3. À filha de Sião **4.** Sião - Jerusalém **5.** habitantes - Jerusalém **6.** capital **7.** rei - rei **8.** a) i - b) Para sempre **9.** Jesus **10.** a) Zacarias - b) rei - justiça - c) Davi - d) sempre - e) Sião **11.** rei - sempre - justiça - Davi - Sião - jumento **12.** a) Sião - b) na glória **13.** a) Justiça - b) No de Davi - c) Sião - d) Para sempre - e) Sião da Glória - f) Em um jumentinho **14.** paz **15.** Zacarias - jumento - paz - rei - sempre - justiça - Davi - Sião **16.** a) Ao Templo - b) Foi para Betânia **17.** juízo - justiça **18.** paz **19.** a) Expulsou os vendedores e compradores, derrubou as mesas dos cambistas e cadeiras dos vendedores de pombas (ou frases semelhantes) - b) "Está escrito: A minha casa será chamada casa de oração; vós, porém, a transformais em covil de salteadores". **20.** a) Torre de Antônia - b) Macabeus - c) Sumos Sacerdotes **21.** Templo - a) Em covil de ladrões - b) Casa de oração **22.** limpeza de coração **23.** a) Cegos e coxos - b) Crianças **24.** revolução **25.** a) cavalo - jumentinho - b) Torre Antônia - Macabeus - sumos sacerdotes - templo - c) cegos, coxos, crianças **26.** limpeza - coração **27.** Compartilhar nos encontros **28.** O Reino de Deus **29.** Limpeza do coração **30.** a) Ano de Preparação - b) Ano da Paixão - c) Segunda **31.** a) Entrada triunfal - domingo - jumento - paz — b) purificação - Templo - segunda-feira - limpeza - coração **32.** a) rei - b) profeta - sacerdote **33.** a) profeta - b) sacerdotes **34.** a) governava - povo - Deus — b) Deus - povo — c) povo - Deus **35.** a) sacerdote - b) rei - profeta **36.** a) governava - povo - Deus — b) representava - Deus - povo — c) representava - povo - Deus **37.** a) rei - rei - jumentinho — b) profeta - profeta — c) sacerdote - Sumo sacerdote **38.** rei - profeta - sacerdote

LIÇÃO 104

A figueira estéril: a nação judaica

O juízo sobre a nação

A necessidade de limpeza do

Durante toda sua vida, Jesus dedicou-se a salvar seu povo. Apesar disso, num dia, na segunda-feira, mostrou duas vezes com toda sua força a ira de Deus contra a falsa religiosidade da sua nação.

Importante
Antes de fazer a lição, preencha os espaços do quadro "Domingo" no Apêndice 40.

SEGUNDA-FEIRA – A FIGUEIRA ESTÉRIL
(A NAÇÃO JUDAICA)
Leia Mateus 21.18-22

1. Responda:
   a) Que tipo de árvore Jesus viu ao lado do caminho? _____
   b) O que Jesus procurou na árvore? _____
   c) O que ele descobriu? _____
   d) O que aconteceu com a árvore depois que Jesus a amaldiçoou? _____
   _____
   e) Em que dia da semana se deu isto? _____

2. Quanto aos acontecimentos sucedidos na segunda-feira, parece que Mateus não observa a ordem cronológica, porque Marcos 11.12 informa que a maldição da _____ estéril aconteceu *antes* da purificação do _____, quando Je-

sus estava saindo de _____, na _____-_____, em seu caminho para _____, rumo ao Templo.

Interpretação

3. Alguns encontram dificuldades em entender e explicar essa maldição lançada contra a figueira estéril. Perguntam por que Jesus amaldiçoou a figueira por não ter fruto, quando, conforme Marcos 11.13, não era _____ de _____. O fruto não *amadurecia* antes de maio, e este caso se deu durante a festa da Páscoa, ou seja no mês de _____.

4. Contudo, o fruto da figueira *aparece antes* da formação das folhas. Assim, a presença das _____ devia indicar que havia também _____.

5. Na figueira, o que aparece primeiro, o fruto ou as folhas? _____

6. Em outras palavras, essa figueira, por suas folhas, *dava a aparência* de ter algo que na realidade não tinha. Agora, indique qual dos seguintes é certo:
   a) A figueira indicava por fora o que tinha por dentro.
   b) A figueira enganava, indicando por seu aspecto externo algo que não era certo.
   c) A figueira tinha mais a oferecer do que o que aparentava pelo seu aspecto externo.

7. Outro problema é que esse milagre é *diferente* dos outros milagres de Cristo.
   a) Quando lhe traziam os enfermos, o que fazia Jesus? _____.
   b) Quando faltava comida para o povo num lugar deserto, Jesus *multiplicava* os pães e peixes de modo que todos _____ e se _____, conforme Mateus 14.20.
   c) Em vez disto, agora amaldiçoou a figueira, de forma que:
      i. Ia dar pouco fruto para comer.
      ii. Não ia mais dar mais fruto naquele ano.
      iii. Ninguém nunca mais comeria do seu fruto.

8. O milagre da maldição da figueira *difere* de todos os milagres de Cristo, pois os demais eram para *bênção*, para o bem, enquanto o da figueira era um milagre de:
   a) _____Saúde   b) _____Multiplicação   c) _____Castigo.

9. Então a maldição da figueira é o *único milagre* de _____ mencionado nos evangelhos.

10. Qual foi a causa da maldição da figueira? Ela não tinha _____.

11. Em Lucas encontramos uma *parábola* do Senhor com assunto muito semelhante ao desse milagre. Leia Lucas 13.6-9 e responda:
    a) O que buscava o dono da figueira? _____
    b) O que se faria com a figueira se mesmo depois de ter tido mais atenção não desse fruto?_____

12. A maldição da figueira é como *uma parábola em ação*, com o mesmo assunto que o da parábola de Lucas 13, isto é, a figueira tem um só propósito ou função, que é dar _____, e se não cumpre esse propósito está inutilizando a terra e não vale nada; só merece ser cortada e ser _____.

13. Em que livro e capítulo se encontra uma parábola com o mesmo assunto que o da história da maldição da figueira de Mateus 21? _____

14. O milagre da figueira é o único milagre de _____ nos evangelhos; porém, está apoiado pelo ensino de uma parábola encontrada em _____ ____.

15. Não é a primeira vez que encontramos esse assunto em Mateus. Leia também as parábolas de Jesus em Mateus 7.15-20 e responda:
    a) Que tipo de árvore dá bom fruto? _____
    b) Que se faz com a árvore que não dá bom fruto? _____
    _____

16. Pensemos um momento no que simboliza o *fruto*. João Batista havia buscado "frutos dignos de arrependimento". A *Nova Tradução na Linguagem de Hoje* (NTLH) verte assim o texto: "Façam coisas que mostrem que vocês se arrependeram dos seus pecados" (Mateus 3.8). Isso indica claramente que uma definição simples do *fruto* que Deus requer de nós é uma vida _____.

17. Então podemos dizer que *fruto* quer dizer _____ _____.

18. Voltemos ao assunto da figueira estéril e amaldiçoada. A figueira *não* tinha fruto, porém tinha muitas _____, o que simbolizava assim uma vida que tinha muito *por fora*, porém não tem o fruto de uma vida _____.

19. A figueira é um símbolo da *nação judaica*. Essa nação tinha *muita atividade religiosa* que se via pior fora, como por exemplo:
    a) Pessoas que _____ em público (Mateus 6.5).
    b) Pessoas que _____ (Mateus 6.16).
    c) Muito esforço para fazer _____, isto é, "convertidos" (Mateus 23.15).
    d) Instrução na _____ de Deus (Romanos 2.18).
    e) Dois grupos ensinavam a Lei: _____ e _____ (leia Mateus 23.2).
    f) Havia edifícios para o serviço religioso, como a _____ e o _____, no qual Deus era adorado.
    g) Um grupo de homens ministravam no Templo. Eram os _____.

20. Apesar de toda essa atividade, será que eles cumpriam a Lei que ensinavam aos outros? (Leia Mateus 23.3 e Romanos 2.21-22) _____

21. A atividade religiosa (vista por fora) é simbolizada pelas _____ da figueira. O *fruto*, que se deveria ter encontrado debaixo das folhas, é a vida _____ daquele que, de coração, põe em prática o que ensina.

22. Que nação é simbolizada pela figueira? _____

23. De que tinha abundância?
    a) Atividade religiosa.
    b) Obediência sincera a Deus.
    c) Ensino posto em prática.

24. As muitas folhas simbolizava intensa atividade _____. O fruto simbolizava vida _____.

25. A Bíblia frequentemente usa *árvores* ou *plantas* como símbolos. Indique a que se compara a nação judaica em:
    a) Isaías 5.1-7. _____
    b) Romanos 11.24. _____

26. Então, quais são as três plantas que são símbolos da nação judaica? _____
    _____

27. Em que livro e capítulo se encontra...
    a) Uma parábola que trata de uma figueira estéril? _____
    b) Um milagre relacionado com uma figueira estéril? _____

28. O povo judeu se assemelhava à figueira amaldiçoada por Jesus em que tinha muita atividade _____ (como as muitas _____ da figueira), mas *não* tinha _____, ou seja, uma vida _____.

29. Depois de dar este exemplo de castigo efetuado na figueira estéril, que outro ato simbólico Jesus realizou nesse mesmo dia no Templo? (Veja a ordem cronológica de Marcos 11.) _____
    _____
    _____

TAREFA

1. Escreva o simbolismo dos dois acontecimentos da segunda-feira debaixo do seu desenho correspondente na "Introdução".
2. Escreva os detalhes principais de ambos os acontecimentos no quadro "Segunda" no Apêndice 40.

Agora reflita bem seriamente em ambos os acontecimentos — a maldição da figueira e a limpeza do templo. Há princípios que podem ser aplicados à igreja e à sua vida.

30. O que Deus quer do seu povo (incluindo nós)?
    a) Muita atividade diante dos homens.

b) Que digamos que somos dele, mas que nossa vida diária continue sem transformação.
c) Um coração purificado por ele, resultando em uma vida transformada.

31. Leia Mateus 21.23. No dia seguinte, uma _____-_____, Jesus voltou outra vez ao _____ depois de haver passado a noite em _____, no lar de _____, _____ e _____. Foi um dia de grandes controvérsias com seus inimigos.

TERÇA-FEIRA – CONTROVÉRSIAS NO TEMPLO
Leia Mateus 21.23-27

32. Responda:
    a) Quem se acercou de Jesus para perguntar-lhe alguma coisa? _____
    b) Sobre que assunto lhe perguntaram?
       i. Seu nome.
       ii. Sua nacionalidade.
       iii. Sua autoridade.

A autoridade de Jesus

33. A pergunta dos sumos sacerdotes era: "Com que autoridade fazes estas coisas?". Que coisas Jesus havia feito?
    a) No domingo? _____
    b) Na segunda? _____

34. O desafio à autoridade de Cristo fez com que a terça-feira fosse de _____ no Templo. Jesus se defendeu comparando seu ministério e sua mensagem com o ministério e o batismo de _____ Batista.

> **TAREFA**
> Preencha os quadros correspondentes à "Autoridade de Jesus" no Apêndice 41 com a referência, o assunto e o ensino de Jesus.

35. Responda:
    a) Que requeria João Batista dos candidatos ao seu batismo? (Leia Mateus 3.8)
    _____
    b) Que aconteceria à árvore sem bom fruto, conforme João? (Veja Mateus 3.10)
    _____

36. Responda:
    a) O que Jesus buscava na figueira? _____
    b) O que ele fez à árvore quando descobriu que só tinha folhas? _____
    _____

37. Os sumos sacerdotes não podiam negar a autoridade de João Batista porque temiam o _____, pois todos consideravam João um _____. Porém, esses líderes religiosos não criam realmente na autoridade de João, por isso, eles se _____ a dar sua _____. Desse modo, Jesus negou-se a dizer com que _____ fazia aquelas coisas.

As autoridades passaram a terça-feira toda no Templo, mas ele era muito superior a elas. Constantemente rebatia os ataques com firmeza. Sua destreza no argumento voltava contra o peito deles todos os dardos que lhe dirigiam.

A parábola dos dois filhos
Leia Mateus 21.28-32

38. Nessa parábola:
    a) Que filho se assemelha à nação judaica e seus líderes?
        i. O filho que disse que obedeceria, mas depois não cumpriu.
        ii. O que não quis obedecer, mas depois obedeceu.
    b) Quem, conforme Jesus, se assemelhou ao filho que mudou de ideia e obedeceu a ordem do pai? (leia o v. 31) Os_____ e as _____ (que quer dizer prostitutas)
    c) Ao ministério de quem se refere Jesus no versículo 32? _____
    d) O que havia requerido este homem do povo? (Leia Mateus 3.8) _____
    _____

> **TAREFA**
> Com seu lápis vermelho sublinhe a palavra "reino" em Mateus 21.31.

39. Com quais três plantas a nação judaica é comparada na Bíblia? _____
_____

40. Responda:
    a) O que a nação judaica tinha que se pode comparar com as muitas folhas da figueira estéril? _____
    _____
    b) O que ela não tinha como a figueira? _____

41. Responda:
    a) Onde se encontra uma parábola referente a uma figueira? _____
    b) Onde se encontra um milagre referente a uma figueira? _____
    c) Esse milagre é o único de _____ feito por Jesus.

42. Responda:
    a) Na parábola de Lucas 13, algo seria feito para que a figueira desse fruto? (Leia Lucas 13.8) _____
    b) Conforme Isaías 5.2-4, quanto o dono da vinha havia feito para que a figueira desse bom fruto.
        i. Nada
        ii. Muito
        iii. Pouco

43. O que aconteceu com a figueira amaldiçoada por Jesus por não dar o fruto esperado?
    _____

44. Deus havia dado muito ao seu povo e, em consequência, esperava muito fruto deles. Mas não deram. Já os havia castigado quando foram exilados para a _____ no ano _____ a.C. Agora, pouco tempo depois, lhes veio um *castigo ainda mais forte*, quando a cidade de Jerusalém foi destruída pelos exércitos do poderoso império _____, sob o comando do general _____, no ano _____ d.C.

45. Depois da _____ de Jerusalém no ano ____ d.C., o povo judeu ficou disperso por todos os países do mundo por quase dois mil anos, e foi somente no século 20 que muitos deles puderam voltar a seu país para formar a nação moderna chamada _____.

46. Lembre-se de que ao terminar esse mesmo dia, terça-feira, Jesus, em sua viagem de volta a Betânia, parou sobre o monte das Oliveiras, onde proferiu seu Sermão Profético sobre os sinais do fim.
    a) De que assunto trata uma parte desse sermão? (Veja o título por cima de Mateus 24.29.) _____
    b) Em Mateus 24.32 não se fala mais de uma figueira amaldiçoada e seca, mas de uma que está se renovando, cujos ramos estão _____ e cujas folhas _____.

47. Os ramos novos e as folhas que brotam nos dão que ideia?
    a) Esperança.
    b) Castigo.
    c) Desespero.

48. Ainda que os judeus tenham se dispersado pelas nações como castigo por seus pecados e por terem rejeitado seu Salvador, a Bíblia, em muitos lugares, *promete sua restauração*. Quais das seguintes são promessas de *restauração de Israel* (o povo judeu)?
    a) Ezequiel 36.24-25.   c) Amós 9.13-15.
    b) Jeremias 48.47.   d) Romanos 11.26.

49. O que Deus promete fazer nos últimos tempos para seu povo, os judeus (isto é, Israel)? _____
_____

50. A promessa de Deus aos judeus tem *duas* partes:
   A. Deus promete fazer seu povo voltar à sua terra e à sua prosperidade material.
   B. Deus promete fazer seu povo voltar espiritualmente à fé em Cristo e à limpeza do pecado. Sabemos que desde 1948 muitos judeus regressaram a seu país, depois de quase dois mil anos!

   Então, das duas coisas prometidas mencionadas acima (A ou B), qual...
   a) Já se cumpriu? _____
   b) Ainda não se cumpriu completamente? _____

51. A Bíblia diz que a *restauração* tem que acontecer nos *últimos tempos*, isto é, quando se aproximar a segunda vinda de _____.

52. Quando brotam novas folhas numa árvore é o sinal de *esperança*, ou seja, de que a primavera está chegando e depois o verão. Assim também o regresso dos judeus a seu país depois de quase dois mil anos é como o broto da nova vida na figueira: é um sinal de _____ para eles, e indica também que a segunda _____ de Cristo se aproxima.

53. O que Deus prometeu fazer à nação judaica nos últimos tempos? _____
_____

APLICAÇÃO

54. Nos séculos passados parecia *impossível* que os judeus regressassem a seu país, pois os obstáculos eram tão grandes. Também para os discípulos pareceu *impossível* que se secasse tão ligeiro a figueira. De igual modo, em nossa vida pode haver obstáculos e problemas que pareçam ser de solução *impossível*. Porém, conforme as palavras de Jesus aos discípulos em Mateus 21.21, o impossível pode chegar a ser *possível* se tivermos _____ e não _____.

55. Leia Mateus 21.22 e responda:
   a) Aqui Jesus trata de _____ em oração, mas pedir _____.
   b) Quantas coisas vamos receber se assim orarmos? _____
   _____.

56. Qual é a condição principal para remover os obstáculos e fazer o impossível?
   a) Ter muitas atividades religiosas.
   b) Ter uma imensa organização com muitos fundos e ser conhecida como de influência.
   c) Pedir muitas vezes.
   d) Nenhuma das anteriores.

57. Olhamos uma *comparação* com a mesma figueira estéril em Marcos 11.20-26.
    a) Menciona-se a mesma condição para que o impossível aconteça, ou seja, devemos orar _____ (veja Marcos 11.24).
    b) Além disso, se junta ao versículos 25-26 *outra* condição para a oração eficaz: temos de _____ aos outros.

58. Assim Jesus utilizou-se do acontecimento da figueira para estimular a *fé* de seus discípulos, e seu *amor* para com os outros. Agora, responda: Quais são as duas condições para a oração eficaz que remove as montanhas de dificuldades? _____
_____
_____

59. Que grande coisa (que parecia impossível) Deus prometeu fazer à nação judaica nos últimos tempos? _____
_____

60. Diante dos obstáculos também impossíveis de superar, que duas coisas devemos fazer quando oramos? _____
_____

61. O que você aprendeu desta lição para sua vida pessoal? _____
_____
_____
_____

GABARITO

1. a) Figueira - b) Fruto - c) Que a árvore só tinha folhas - d) Secou-se - e) Segunda-feira 2. figueira - templo - Betânia - segunda-feira - Jerusalém 3. tempo - figos - abril 4. folhas - fruto (ou figos) 5. O fruto 6. b 7. a) Curava-os - b) comeram - saciaram - c) iii 8. c 9. castigo 10. fruto 11. Fruto - Cortá-la 12. fruto - castigada 13. Lucas 13 14. castigo - Lucas 13 15. a) Boa - b) Corta-se e lança-se ao fogo 16. transformada 17. transformada 18. folhas - transformada 19. a) oravam - b) jejuavam - c) prosélitos - d) Lei – e) fariseus - escribas - f) sinagoga - Templo - g) sacerdotes 20. Não 21. folhas - transformada 22. Judaica 23. a 24. religiosa - transformada 25. a) A uma vinha ou videira - b) A uma oliveira 26. Figueira, videira e oliveira 27. a) Lucas 13 - b) Mateus 21 28. religiosa - folhas - fruto - transformada 29. A purificação do templo 30. c 31. terça-feira - Templo - Betânia - Lázaro - Marta - Maria 32. a) Os principais sacerdotes e os anciãos - b) iii 33. a) A entrada triunfal - b) A maldição da figueira estéril e a purificação do Templo 34. controvérsias - João 35. a) Fruto como evidência de um verdadeiro arrependimento - b) Seria cortada e lançada no fogo 36. a) fruto - b) amaldiçoou-a 37. povo - profeta - negaram (ou recusaram) - opinião - autoridade 38. a) i - b) publicanos - meretrizes - c) João Batista - d) Frutos dignos de arrependimento. 39. Figueira, videira e oliveira 40. a) Muita atividade religiosa - b) O fruto de uma vida transformada 41. a) Lucas 13 - b) Mateus 21 - c) castigo 42. a) Sim - b) ii 43. Secou 44. Babilônia - 600 - romano - Tito - 70 45. destruição - 70 - Israel 46. A vinda do Filho do Homem - b) novos - brotam 47. 48. a - c - d 49. Restaurá-lo 50. a) A - b) B 51. Cristo 52. esperança - vinda 53. Restaurá-la 54. fé - duvidarmos 55. a) pedir - crendo - b) Tudo o que pedirmos 56. d 57. a) crendo - b) perdoar 58. Crer e perdoar 59. Restaurá-la 60. Crer, perdoar 61. Compartilhar nos encontros

LIÇÃO 105

As parábolas do Reino

1. A passagem de Mateus 21.28—22.14 contém *três parábolas*. Quais são seus títulos na Bíblia?

A) Mateus 21.28-32
A parábola dos
_____
_____

B) Mateus 21.33-46
A parábola dos
_____
_____

C) Mateus 22.1-14
A parábola dos
_____
_____

TAREFA: Escreva esses títulos e referências em seus respectivos quadros no Apêndice 41.

A PRIMEIRA PARÁBOLA: "OS DOIS FILHOS"

2. Você já leu a parábola dos "Dois filhos" na lição anterior. Leia-a de novo, e marque logo na sua lista abaixo o ponto que encerra o ensino principal dessa parábola.
   a) Sempre devemos dizer "não" quando nosso pai nos pede para fazer alguma coisa, com medo de que depois não possamos cumprir a promessa.
   b) É bom ser uma prostituta e um viciado.
   c) Uma transformação de vida é mais importante que as falsas promessas.

3. Antes de ler as outras duas, observe que as três têm o mesmo assunto:
   a) A parábola dos "Dois filhos" trata de como os publicanos e as prostitutas que creram na mensagem de João vão adiante dos líderes religiosos ao _____ de _____.
   b) A parábola dos "Lavradores maus", conforme Mateus 21.43, é também uma parábola do _____ de _____.
   c) A parábola é uma ilustração da natureza do _____ dos _____.

4. Assim, as três parábolas têm como tema:
   a) Problemas entre empregados e patrões.
   b) A necessidade de ganhar muito dinheiro.
   c) O reino dos céus (ou o reino de Deus).

5. Quais são as duas parábolas que não lemos ainda? _____
_____

6. Responda:
   a) Qual é o tema dos ensinos dessas três parábolas? _____
   _____
   b) Volte a rever o item 2 antes de escrever abaixo o que é o ensino principal da parábola dos "Dois filhos". _____
   _____

TAREFA

1. Escreva o tema das três parábolas no quadro correspondente do Apêndice 41.
2. Escreva o ensino principal da parábola "Os dois filhos" no quadro correspondente do mesmo Apêndice.

A SEGUNDA PARÁBOLA: "OS LAVRADORES MAUS"
Leia Mateus 21.33-46

7. Como aprendemos na Lição anterior, a vinha representa a nação _____.

8. Da seguinte lista, marque quais são as quatro *pessoas* ou *grupos de pessoas* encontradas nessa parábola:
   a) Um bêbado.
   b) Os lavradores numa vinha.
   c) Um pastor de ovelhas.
   d) O dono de uns barcos.
   e) O dono duma vinha.
   f) Os servos do dono.
   g) A mãe do dono.
   h) O irmão do dono.
   i) O filho do dono.

9. Se a vinha representa a nação judaica, quem é representado pelo dono que espera fruto da sua vinha?
   a) O sumo sacerdote.
   b) Deus.
   c) Moisés.

10. Quem são representados pelos *servos* maltratados pelos lavradores? (Leia Lucas 11.49-50)
    a) Os escribas.
    b) Os anjos.
    c) Os profetas enviados por Deus.

11. Se o dono da vinha é Deus, quem é o *filho do dono* assassinado pelos lavradores?
    _____

12. Responda:
    a) Em Mateus 21.45, quem entendeu que Jesus falava deles nessa parábola?
       _____
    b) Qual foi a reação destes líderes religiosos: de aprovação ou de rejeição?
       _____
    c) Que grupo na parábola representa os sacerdotes e os fariseus (ou líderes religiosos)?
       i. Os enviados do dono.
       ii. Os lavradores que maltratam os enviados.
       iii. Nenhum grupo.

13. A lista "A" abaixo menciona as quatro pessoas ou grupos envolvidos, e a lista "B" apresenta a interpretação ou os representados por cada um. Nos espaços marque cada letra correspondente:

    Lista A
    A. O dono
    B. Os lavradores
    C. Os servos
    D. O filho

    Lista B
    1. Líderes judeus ____
    2. Os profetas ____
    3. Deus ____
    4. Jesus Cristo ____

14. Na Lição anterior, estudamos a história da maldição da figueira.
    a) Que buscava Cristo na figueira? _____.
    b) Nesta parábola, que buscava o dono dos lavradores? _____

15. Responda:
    a) Que aconteceu à figueira amaldiçoada? _____
    b) Qual seria o destino dos lavradores? (Leia Mateus 21.40-41) _____
    _____
    c) Que nação é representada pela figueira? _____
    d) Quem são representados pelos lavradores? _____
    e) Podemos dizer, então, que há um vínculo estreito entre a história da figueira e a parábola dos lavradores maus? _____

16. Em Mateus 21.43, Jesus está falando aos principais sacerdotes e fariseus (isto é, os líderes judeus). O que seria tirado deles? _____
_____

> **TAREFA**
> Com o lápis vermelho sublinhe a palavra "Reino" em Mateus 21.43.

17. Agora resta-nos pensar no ensino principal da parábola "Os lavradores maus". Qual será esse ensino?
    a) A imprudência do pai em mandar seu filho à vinha.
    b) A perseverança e amor do pai em buscar o fruto desejado.
    c) O mau investimento do pai numa vinha de pouca produtividade.

> **TAREFA**
> Escreva o ensino principal da parábola "Os lavradores maus" no quadro correspondente ao Apêndice 41.

18. Agora volte a ler Mateus 21.42. Que referência do Antigo Testamento Jesus cita nesses versículos? _____

19. Os versículos citados em Mateus 21.42 tratam de uma _____.
    Essa pedra foi _____ pelos _____,
    porém veio a ser a pedra _____.

20. O Apóstolo Pedro também se referiu à mesma passagem de Salmos. Leia Atos 4.11 e responda: Quem é a pedra? _____

21. Quem rejeitou a pedra (Jesus Cristo), foram os _____, isto é, os líderes da nação _____. A principal pedra é a *pedra mais importante* no fundamento do edifício. Que lugar então chegou a ter Cristo? O lugar mais _____.

22. Responda:
    a) Qual é a referência do Antigo Testamento em que se encontra a profecia da pedra rejeitada? _____
    b) Que apóstolo do Novo Testamento também cita essa passagem? _____

23. Responda:
    a) Quem é a pedra? _____
    b) Que aconteceu à pedra? Foi _____, mas veio a ser a pedra _____.

24. Os principais sacerdotes e os fariseus acharam que Jesus se referia a eles quando falava dos resultados de rejeitá-lo, a pedra rejeitada. Leia Mateus 21.44 e responda:
    a) Que sucederá com aquele que cair sobre a pedra? _____
    b) Que sucederá com aquele sobre quem a pedra cair? _____
    c) Quer dizer, sucederá com eles o mesmo que sucedeu aos lavradores maus da parábola; todos, por rejeitarem o Filho, serão _____.

25. Comparemos outro dito de Pedro. Procure 1Pedro 2. Agora, responda:
    a) Em que versículo de 1Pedro 2 é citado outra vez Salmos 118.22? _____
    b) De que trata o versículo 8? De uma pedra de _____ e uma rocha de _____.

26. Na Lição 89 estudamos o assunto de *tropeços*, isto é, do que ofende ou faz o outro cair. Qual é a única "ofensa" que não devemos evitar? _____

27. A reação humana diante de Cristo (a pedra) revela como é realmente seu coração e também determina seu destino. Quando Jesus era ainda bebê, o velho Simeão havia profetizado já os possíveis diferentes resultados dum encontro com ele. Leia Lucas 2.34-35 e complete: Cristo estava destinado para _____ dos que o rejeitam, e para _____ dos que o recebem.

28. Responda:
    a) Que apóstolo fala de Cristo como pedra? _____
    b) Em qual das epístolas e respectivos capítulos? _____

29. Qual é a referência da profecia do Antigo Testamento que trata de Cristo como a pedra rejeitada? _____

30. Qual é o resultado na vida daquele que rejeita a Cristo, a pedra? _____
_____

A TERCEIRA PARÁBOLA: "A FESTA DAS BODAS"
(Leia Mateus 22.1-14)

31. Qual é o assunto dessa parábola e das outras duas que estudamos? _____
_____
_____

32. Na parábola da "Festa das Bodas"...
    a) Que fizeram os primeiros a serem convidados? _____
    _____
    b) Quem seriam estes?
       i. Os romanos.
       ii. Os americanos.
       iii. Os judeus.

33. Conforme o Antigo Testamento, seu fim foi igual ao fim dos lavradores maus, isto é, _____.

34. Leia o verso 10 e responda: a sala do banquete ficou cheia de quem? Daqueles com quem os servos falaram quando saíram pelas _____ dos _____.

35. Voltemos um momento à parábola dos "Lavradores maus". Responda:
    a) A quem o dono ia arrendar a vinha? (Leia Mateus 21.41) _____
    _____
    b) Conforme Mateus 21.43, o Reino de Deus ia ser *tirado* dos líderes judeus, e dado a quem? _____

36. Em Atos 13.45-46, quando os judeus não quiseram receber a mensagem de Paulo e Barnabé, eles foram aos _____.

37. Os *outros* que agora podem entrar no Reino dos Céus e produzir fruto são os *gentios*, isto é, os povos de *todas as outras* _____ do mundo, que não ouviram primeiro a palavra de Deus como os _____.

38. A parábola dos "Lavradores maus" fala da responsabilidade em primeiro lugar dos _____, enquanto a parábola da "Festa das Bodas" dá ênfase ao convite aos _____.

39. Qual das parábolas trata:
    a) Especialmente dos judeus? _____
    b) De uma esperança para os gentios? _____

40. Conforme Mateus 22.11-13, que havia faltado àquele homem que foi achado fora?
    _____
    _____

41. Conforme Apocalipse 19.8, que é o "linho fino" que a esposa do Cordeiro leva em suas bodas? _____

42. Podemos dizer que ser "vestido para as bodas" e ter a *vida reta* referem-se ao _____ que devemos produzir. Esse deve ser o estilo de vida dos crentes. O que não tem tal vida, mesmo que tenha ouvido a chamada de Deus, não demonstra ser verdadeiro filho de Deus, e, portanto, não é um dos poucos _____ (Mateus 22.14).

43. O que representa a "veste nupcial"? _____
    _____

44. É provável que o costume naquela época fosse *prover* para cada convidado o vestido de bodas. Leia Mateus 22.4 e responda: Quantas coisas estavam preparadas e dispostas quando foram chamados os convidados às bodas? _____
    _____
    _____

45. Em Mateus 21.33 o dono havia feito _____ o que foi necessário para que a vinha produzisse fruto. Em Isaías 5.1-4 também Deus havia feito _____ para que a vinha (Israel) desse uvas boas.

46. Nosso Deus *sempre prové* tudo para que cumpramos o que ele nos manda. Em Cristo ele nos deu *tudo* de que necessitamos para dar o fruto duma vida reta que lhe agradará. Conforme João 15.5, qual é a única condição para dar muito fruto? _____
    _____
    _____

47. Qual será o ensino principal da parábola das bodas?
    a) A generosidade de Deus em convidar para suas "bodas", e prover tudo para os convidados apesar da sua ingratidão.
    b) A injustiça do rei em castigar o homem que desprezou a veste nupcial providenciada pelo rei.
    c) A consideração dos primeiros convidados em rejeitar o convite do rei para que os nobres pudessem aproveitar seus lugares.

Dê-lhe graças, então, e de hoje em diante esteja resolvido a permanecer constantemente nele — e assim dar fruto para ele.

TAREFA Escreva o ensino principal dessa parábola no quadro correspondente do Apêndice 41.

GABARITO

1. A. Dois filhos - B. Lavradores (ou agricultores) maus - C. Bodas (ou "da Festa de casamento") **2.** c **3.** a) reino de Deus - b) reino de Deus - c) reino dos céus **4.** c **5.** Dos lavradores maus e a das bodas **6.** a) o reino de Deus - b) uma mudança de vida é mais importante que falsas promessas **7.** judaica **8.** b - e - f - i **9.** b **10.** c **11.** Jesus Cristo **12.** a) Os principais sacerdotes e os fariseus - b) Rejeição - c) ii **13.** 1. B - 2. C - 3. A - 4. D **14.** a) fruto - b) fruto **15.** a) Secou - b) Iam ser destruídos - c) Judaica - d) Os líderes judeus - e) Sim **16.** O reino de Deus **17.** b **18.** Salmos 118.22-23 **19.** pedra - rejeitada - construtores - angular **20.** Jesus **21.** construtores - judaica - importante **22.** a) Salmo 118.22-23 - b) Pedro **23.** a) Jesus - b) rejeitada - angular **24.** a) ficará em pedaços - b) resumido a pó - c) destruídos **25.** a) 7 - b) tropeço - ofensa **26.** Jesus Cristo **27.** ruína - levantamento **28.** a) Pedro - b) Atos 4 - 1Pedro 2 **29.** Salmos 118.22 **30.** Destruição (ou palavra semelhante) **31.** O reino de Deus **32.** a) Rejeitam o convite - b) iii **33.** destruição **34.** encruzilhadas - caminhos **35.** a) A outros lavradores para que lhe pagassem os frutos - b) A outro povo que produza os respectivos frutos. **36.** gentios **37.** nações - judeus **38.** judeus - gentios **39.** a) Lavradores maus - b) Festa das bodas **40.** Veste nupcial **41.** Atos de justiça dos santos **42.** fruto - escolhidos **43.** Uma vida reta (ou justa) **44.** Tudo **45.** tudo - tudo **46.** Permanecer em Cristo **47.** a

LIÇÃO 106

A personalidade humana

> EU TIVE QUE ESTUDAR MUITO, MAS FINALMENTE ENTENDO ESTA PASSAGEM.

> GLÓRIA A DEUS! ESTA GRANDE VERDADE COMOVE O MEU CORAÇÃO!

> IMEDIATAMENTE ME PROPONHO OBEDECÊ-LO E POR EM PRÁTICA!

AMARÁS O SENHOR TEU DEUS COM...

1. Toda a tua M_____
   I_____

2. Todo teu C_____
   E_____

3. Todas as tuas F_____
   V_____

> NA TERÇA-FEIRA TODA, CONTINUARAM AS CONTROVÉRSIAS COM AS AUTORIDADES NO TEMPLO. NESTA LIÇÃO CONSIDERAREMOS OS DOIS GRANDES MANDAMENTOS E SEU ENSINAMENTO SOBRE AS TRÊS PARTES DA PERSONALIDADE HUMANA, ILUSTRADAS ACIMA. LEIA-OS EM MATEUS 22.34-40.

1. Responda:
   a) Com quem Jesus teve essa controvérsia? _____
   b) Qual foi a pergunta feita a Jesus? _____
   c) Com quantos mandamentos Jesus lhe respondeu? _____

O PRIMEIRO MANDAMENTO

2. O primeiro desses mandamentos é uma das passagens bíblicas mais claras sobre a *personalidade humana*, o assunto desta Lição.
   a) Quais são os três termos que Jesus utilizou para descrever a personalidade humana em Mateus 22.37?

i. Todo o teu _____.
　　ii. Toda a tua _____.
　　iii. Todo o teu _____ (a mente).
b) A estes termos Marcos 12.30 adiciona mais um. Qual é o quarto termo? Com *todas as tuas* _____.

3. Hoje em dia, analisamos a personalidade humana em três partes:
   1. Emoções　　　　2. Intelecto　　　　3. Vontade.

   Observe como esses termos modernos correspondem exatamente aos que Jesus usou para analisar a personalidade humana.

TERMOS DE JESUS	TERMOS MODERNOS
1. O *coração*: a parte com que sentimos alegria ou tristeza, amor ou ódio.	As _____
2. A *mente*: a parte com que pensamos ou entendemos.	O _____
3. As *forças*: a parte com que podemos decidir fazer algo.	A _____

4. Complete:
   a) Conforme certo dicionário, *vontade* quer dizer: "uma *força espiritual* em cada pessoa que pode movê-la a *fazer* algo ou não". Das três partes de nossa personalidade, a que corresponde ao termo de Jesus *forças* em Marcos 12.30 é a _____.
   b) Quando falamos de sentir ou *querer* algo de nosso *coração* referimo-nos aos afetos, ou seja, às _____.
   c) Quando falamos de *entender*, *aprender*, *saber* ou *conhecer algo*, referimo-nos à função da *mente*, ou seja, o _____.

5. Complete:
   a) Quando *queremos* algo, o sentimos com nossas _____.
   b) Quando *sabemos* algo, o apreendemos com nosso _____.
   c) Quando *fazemos* algo, impele-nos a nossa _____.

6. Responda:
   a) Dos quatro termos que Jesus utilizou correspondentes à personalidade humana, qual é o que se usa para indicar:
      i. As emoções? _____.
      ii. O intelecto? _____.
      iii. A vontade? _____.
   b) Leia de novo Marcos 12.30. Dos quatro termos de Marcos, há um que significa o conjunto das três partes anteriores, ou seja, a personalidade na sua totalidade. Qual é? Toda a tua _____.

c) Durante o restante desta Lição trabalharemos com a lista completa de Marcos, que nos dá os quatro termos correspondentes da personalidade humana. Anote aqui essa referência: _____
_____
_____

7. "'Personalidade' nós chamamos ao conjunto das relações (partes) da _____" (Ismael Guiles. *A pessoa humana*, Espasa: Argentina, s.d., p. 47. Coleção Biblioteca Iberoamericana da Filosofia).

8. Usando a *Técnica de Análise*, escreva o que corresponde à personalidade, conforme Jesus em Marcos 12.30, preenchendo os espaços do desenho:

A PERSONALIDADE É
Todo o teu C _____
Todo o teu E _____
Todas as tuas F _____

9. Responda:
   a) De quantas partes está formada personalidade do homem, ou seja, sua alma?
   _____
   b) O conjunto dessas partes forma a personalidade, ou, nos termos de Jesus, sua _____.

10. Leia a seguinte citação extraída do *Dicionário bíblico Rand*, p. 32: "A *alma* do homem, criada à imagem de Deus, lhe atribui um poder peculiar que consiste em que busca ao Senhor incluindo o exercício para com Ele de todos os seus *pensamentos, sentimentos* e *volição*". Com base nessa definição, podemos ver que realmente a *alma* do homem é formada de:
   a) Seus pensamentos, ou seu _____.
   b) Seus sentimentos, ou suas _____.
   b) Sua volição, ou sua _____.

11. De onde vem a alma do homem? A resposta está em Gênesis 2.7, que pode ser assim traduzido: "Então formou o Senhor Deus ao homem do pó da terra, e lhe soprou nas narinas o fôlego de vida, e tornou-se o homem alma vivente". De que três partes foi constituída a *alma* do homem que Deus criou? _____
_____

12. O homem é diferente de todo o restante da criação de Deus. Conforme Gênesis 1.27, o homem foi criado à imagem de quem? _____

13. Faça revisão do Apêndice 35 que representa o homem feito à *imagem de Deus*. A Lição 82, correspondente ao Apêndice 35, ensinou-nos que o homem, ao ser criado à imagem de Deus, recebeu algumas das mesmas capacidades de Deus. Entre elas, o homem, como Deus, é capaz de:

A. Amar.
B. Raciocinar.
C. Agir por decisão própria.

Qual destas capacidades corresponde:
a) Ao intelecto? _____
b) À vontade? _____
c) Às emoções? _____

14. Quando a Bíblia diz que Deus criou a *alma* do primeiro homem à sua imagem, quer dizer que o criou *perfeito* em *todas as suas partes*. Deus criou a *alma* do primeiro homem:
    a) Perfeita em suas _____.
    b) Perfeita em seu _____.
    c) Perfeita em sua _____.

15. Assim, antes de cair em pecado, as três partes da personalidade de Adão e Eva trabalhavam em perfeito equilíbrio. Mas quando o pecado entrou, o homem começou a ser dominado por uma ou duas dessas partes com a exclusão da outra. Vejamos três exemplos:
    a) Alguém que se apaixona desenfreadamente por uma pessoa, mesmo sem conhecê-la bem, é dominado por suas _____ e sua _____, com a exclusão do seu _____.
    b) Alguém que estuda todos os ensinos de Jesus e fica profundamente emocionado por eles, mas não faz nada com relação ao que aprendeu, é dominado por seu _____ e suas _____, com exclusão da sua _____.
    c) Alguém que sabe os Dez Mandamentos de cor e mecanicamente os obedece, como por obrigação, sem sentir em seu coração, é dominado por seu _____ e sua _____, com exclusão de suas _____.

16. O apóstolo Paulo disse: "O querer o bem está em mim, não, porém o efetuá-lo" (Romanos 7.18). Conforme essas palavras, qual das partes de sua personalidade era a mais forte ou a mais fraca?
    a) Emoções _____.
    b) Vontade _____.

17. Quando o homem pecou, as partes da sua personalidade se puseram em desequilíbrio e cada uma delas ficou torcida. Por exemplo:
    a) Alguém que sente num momento a alegria e no outro um profundo desespero e angústia tem suas _____ distorcidas.
    b) Alguém que tem seus pensamentos e entendimento escurecidos pela ignorância e pela cegueira mental tem seu _____ distorcido.
    c) A pessoa que quer fazer o bem e entende perfeitamente que é o melhor, mas, contudo, não o faz, tem sua _____ distorcida.

18. Responda:
    a) Como a personalidade do primeiro homem foi criada por Deus?
        i. Perfeita.
        ii. Imperfeita.
    b) Como a personalidade do homem ficou depois da queda?
        i. Perfeita.
        ii. Distorcida e desequilibrada.

19. Complete:
    a) Conforme Lucas 9.56, Jesus, o "Filho do Homem", veio expressamente para salvar as _____.
    b) Conforme Tiago 5.20, ao apresentar o evangelho a uma pessoa, temos por alvo a salvação da sua _____ da morte.
    c) Quer dizer que o ministério de Jesus e de seus discípulos tem o propósito de ganhar não somente uma parte da personalidade, mas todas elas, ou seja, suas _____, seu _____ e sua _____. Em sua só palavra, sua _____.

20. É justamente isso o que vemos no ministério de Jesus. Leia outra vez Marcos 12.30 e complete:
    a) Jesus conduz o homem a consagrar-se em toda a sua personalidade, ou seja, amar a Deus com toda a sua _____.
    b) Para que o homem ame a Deus com toda a sua alma, ou personalidade, é necessário amá-lo de todo o _____, de todo o _____ e de todas as _____.

21. Podemos representar a personalidade como uma banqueta ou tamborete de três pernas.

    Qual dos tamboretes representa uma pessoa cuja personalidade foi renovada totalmente no amor de Deus? _____

22. Para chegar a ter tal grau de maturidade e uma personalidade firme, segura e estável, bem equilibrada, como o tamborete "C", Jesus nos ensina a necessidade de *duas* coisas:
    a) Que o nosso comportamento para com Deus deve ser, em todas as partes de nossa personalidade, uma atitude de:
        i. Indiferença.
        ii. Ódio.
        iii. Amor.
    b) Essa atitude deve ser:
        i. Parcial.
        ii. De vez em quando.
        iii. Total.

23. Complete:
    a) Jesus nos ensina que nossa atitude para com Deus deve ser uma atitude de _____, e esta não deve ser parcial, mas _____.
    b) Enfim, a atitude da personalidade humana para com Deus, conforme Jesus em Marcos 12.30, deve ser de _____ _____.

24. Como descreve Jesus *a personalidade consagrada em amor total a Deus* em Marcos 12.30?

    | Todo o teu C |
    | Todo o teu E | É PERSONALIDADE
    | Todas as tuas F |

25. Responda:
    a) Como a personalidade do homem foi criada por Deus? _____
    b) Como ficou depois da queda? _____
    c) Como Cristo descreve a personalidade consagrada em amor total a Deus? _____

26. Durante nosso estudo da última semana, veremos como Jesus consagrou as três partes da sua personalidade totalmente em amor.
    a) Na terça-feira, em suas fortes controvérsias com seus inimigos, Jesus demonstrou uma destreza intelectual extremamente superior à deles. Assim, que parte da sua personalidade usou para destruir os falsos argumentos de seus inimigos com a verdade? _____
    b) Na tarde do mesmo dia, saído de Jerusalém, Jesus ficou comovido pela rejeição do seu amor e a lamentou como tinha feito anteriormente, mesmo com lágrimas. (Leia Mateus 23.37 e compare com Lucas 19.41.) Agora, responda: Que parte de sua personalidade se manifesta aqui? _____
    c) Na Quinta-feira à noite, no Getsêmani, Jesus teve uma luta espiritual ao enfrentar a terrível possibilidade de morrer pelos pecados dos homens. Que parte de sua personalidade ele teve de consagrar totalmente a Deus para cumprir esse sacrifício tremendo na cruz? (Leia Mateus 26.42) _____

27. A vida de Jesus Cristo demonstra uma personalidade completamente equilibrada em amor total a Deus. Em qual exemplo da vida de Jesus notamos que foi consagrado (se não se lembra, leia de novo o item anterior):
    a) Seu intelecto? _____
    b) Suas emoções? _____
    c) Sua vontade? _____

VEJA A INTRODUÇÃO:
OS TRÊS DESENHOS REPRESENTAM UM CRENTE QUE TEM UMA PERSONALIDADE EQUILIBRADA EM AMOR TOTAL A DEUS. OBSERVE SUA CONDUTA PARA VER COMO VOCÊ PODE CONSEGUIR O MESMO. PREENCHA OS ESPAÇOS ABAIXO DE CADA DESENHO COM O TERMO USADO POR JESUS E SEU EQUIVALENTE MODERNO.

O SEGUNDO MANDAMENTO

28. Qual é o segundo mandamento, conforme Jesus em Mateus 22.39? _____
_____

29. O segundo mandamento tem múltiplas aplicações, porém nos limitaremos aqui ao assunto desta Lição, isto é, à personalidade humana. Então, sentimos necessidade de ser renovados em *todas* as partes da nossa personalidade. Amar ao próximo como a nós mesmos deve implicar que não podemos desejar *menos* para ele. Em nosso ministério para com os outros, a quantas partes da sua personalidade (ou alma) temos então que nos dirigir? _____

30. A respeito disso, leia esta advertência de John Stott em seu livro *Crer também é pensar*, p. 62: "Em nossa proclamação evangelística devemos dirigir-nos a toda a pessoa (mente, coração e vontade) com todo o evangelho". Agora, assinale a frase correta:

    Na pregação do evangelho devemos:
    a) Chamar o povo a uma decisão para Cristo na base de contos emocionantes, curas e testemunhos comoventes sem instruir também a mente com a Palavra de Deus.
    b) Ensinar friamente toda a doutrina bíblica sem mover o coração, nem apelar aos afetos.
    c) Instruir a mente e emocionar o coração sem chamá-lo a uma decisão de seguir a Cristo.
    d) Raciocinar com sua mente, rogar a seu coração, a fim de mover sua vontade e ganhar sua alma na totalidade.

31. O ministério evangelístico deve ter três ênfases:
    A. Tem de instruir e ensinar com clareza o significado da doutrina de Cristo, o que implica servi-lo como discípulo, persuadindo-o com argumentos convincentes à mente o que é a verdade.
    B. Tem que contar com fervor o amor de Cristo, a grandeza do seu sacrifício e a beleza da esperança da glória para que os afetos e as emoções sejam comovidos e para que sintam o amor de Deus em seus próprios corações.
    C. Tem de chamar com urgência e autoridade a uma decisão firme de servir a Cristo e obedecer a seus mandamentos, venha o que vier.

Indique ao lado qual desses enfoques, A, B ou C, busca o consentimento:
a) Das emoções. _____
b) Do intelecto. _____
c) Da vontade. _____

32. Responda:
    a) Se uma parte da personalidade de uma pessoa convertida não fosse tocada com a mensagem de Cristo, essa conversão sofreria o perigo de ser...
        i. Total.
        ii. Parcial.
        iii. Satisfatória.
    b) Que tipo de conversão devemos procurar? _____
    _____

33. John Sttot explica: "Não temos liberdade de pedir uma resposta parcial (da mente, mas não do coração; do coração, mas não da mente; ou qualquer deles sem a vontade). Não. Nosso objetivo é ganhar o homem total para o Cristo total, com o consentimento pleno da sua mente, coração e vontade" (*Crer também é pensar*, p. 63).
    Tendo como base essa declaração, descreva em suas próprias palavras o que se deve incluir em uma mensagem evangelística para poder convencer cada uma das seguintes partes da personalidade de um interessado. (Escreva a resposta *em suas próprias palavras*, porém, caso você venha a precisar, pode guiar-se pelas descrições A, B e C do item 31.)
    a) Seu intelecto. _____
    _____
    _____
    _____

    b) Suas emoções. _____
    _____
    _____
    _____

    c) Sua vontade. _____
    _____
    _____
    _____

34. Como Jesus descreveu a personalidade consagrada em amor total a Deus?
_____
_____
_____
_____
_____

GABARITO

1. a) Fariseus - b) Qual é o grande mandamento? - c) Dois **2.** a) i. coração - ii. alma - iii. entendimento — b) forças **3.** emoções - intelecto - vontade **4.** a) vontade - b) emoções - c) intelecto **5.** a) emoções - b) intelecto - c) vontade **6.** i. coração - ii. mente – iii. forças - b) alma - c) Marcos 12.30 **7.** alma **8.** coração - entendimento - forças **9.** três - b) alma **10.** a) intelecto - b) emoções - c) vontade **11.** Emoções, intelecto e vontade **12.** Deus **13.** a) B - b) C - c) A **14.** a) emoções - b) intelecto - c) vontade **15.** a) emoções - vontade - intelecto — b) intelecto - emoções - vontade — c) intelecto - vontade - emoções **16.** a) Mais forte - b) Mais fraca **17.** a) emoções - b) intelecto - c) vontade **18.** a) i - b) ii **19.** a) almas - b) alma - c) emoções, intelecto, vontade, alma **20.** a) alma - b) coração - entendimento - forças **21.** C **22.** a) iii - b) iii **23.** a) amor - total - b) amor total **24.** coração - mente - forças **25.** a) Perfeita em todas as suas partes - b) Distorcida e desequilibrada - c) Ela o ama de todo o seu coração, de toda a sua alma, de toda a sua mente (seu entendimento) e todas as suas forças **26.** a) O intelecto - b) As emoções - c) A vontade **27.** a) Nas controvérsias - b) No lamento sobre Jerusalém - c) No Getsêmani **28.** Amarás a teu próximo como a ti mesmo **29.** Às três partes **30.** d **31.** a) B - b) A - c) C **32.** a) ii - b) Total **33.** Compartilhar nos encontros **34.** Alguém que ama a Deus com todo o seu coração e com toda a sua mente e com todas as suas forças

LIÇÃO 107

A controvérsia: o intelecto consagrado

Hoje, continuaremos nosso estudo das controvérsias que Jesus teve com as autoridades no templo. Observe abaixo como a análise de Mateus 22.15-46 nos mostra quatro perguntas e respostas que constituem a base da discussão.

A Deus? A César?

Um denário de Tibério César Augusto (A)

(B)

(C) Qual é o grande mandamento?

Amarás o Senhor teu Deus

Amarás o teu próximo

(D) Filho ou Senhor de

Cristo   Davi?

1. Na última Lição vimos que as três partes que constituem a personalidade humana são as emoções, o intelecto e a vontade. Vimos que no grande mandamento Jesus descreve a personalidade consagrada em amor total a Deus. Que termo usou Jesus para:
   a) As emoções? _____.
   b) O intelecto? _____.
   c) A vontade? _____.
   d) A personalidade na sua totalidade? _____.

2. Também aprendemos que Deus criou a mente humana *perfeita*, porém, com a entrada do pecado, ela ficou _____.

3. Leia 2Coríntios 4.4 (deixe a Bíblia aberta) e responda:
   a) Quem é o deus deste século? _____
   b) Que faz ele na mente dos incrédulos? _____
   c) Por que é tão difícil que os incrédulos entendam o evangelho? _____
   _____

4. Devido ao pecado, como se encontra a mente humana antes de ser renovada por Cristo, conforme Efésios 4.17-18? (Marque três respostas.)
   a) Perfeita.
   b) Vaidosa.
   c) Razoável.
   d) Com o entendimento obscurecido.
   e) Ignorante de Deus.

5. Como se descreve a mente da pessoa sem Cristo em 2Coríntios 4.4?
   a) Obscurecida.
   b) Iluminada.
   c) Em boas condições.

6. Leia 2Coríntios 3.14-16. É parte de uma passagem que se refere aos judeus e explica por que eles não entendiam nem suas próprias Escrituras. Conforme o versículo 16, quando o véu escuro é retirado de nossa mente? _____
   _____
   _____

7. Escreva *Satanás* ou *Cristo*, conforme corresponde:
   a) Pai da mentira. _____
   b) A fonte suprema de toda a verdade. _____
   c) Enche a mente de luz. _____
   d) Enche a mente de escuridão. _____
   e) Fonte de toda doutrina falsa. _____
   f) A origem de tudo o que é oposto a Deus. _____

8. Satanás engana de duas maneiras a mente humana: *acrescentando* ou *subtraindo* da Palavra de Deus. Os saduceus e os fariseus foram muitas vezes os instrumentos que Satanás usou para tentar fazer Jesus cair e também para confundir os que realmente buscavam a verdade de Deus.
   a) Que grupo foi culpado de acrescentar à Palavra de Deus? _____
   _____
   b) Que grupo foi culpado de tirar da Palavra de Deus? _____
   _____
   c) Quem impedia que estes dois grupos entendessem as Escrituras? _____
   _____

9. Responda:
    a) Que faziam os dois grupos religiosos do tempo de Jesus que explicava o duplo engano que Satanás faz na mente humana?
        i. Os fariseus _____ coisas à _____ de Deus.
        ii. Os saduceus _____ da _____ de Deus.
    b) Qual é o duplo engano que Satanás faz na mente humana? _____
    _____

10. Lembre-se de que na Lição anterior vimos como Jesus demonstrou sua habilidade intelectual em superar seus inimigos nas duras controvérsias que estes provocaram.
    a) Onde efetuaram estas controvérsias? (Mateus 21.23) _____
    _____
    b) Em que dia da semana? _____
    c) Que parte da sua personalidade usou especialmente aqui para refutar esses enganos: o intelecto (a mente), as emoções ou a vontade? _____

11. Uma análise dessas controvérsias sobre a autoridade de Cristo nos dará duas partes:
    a) Na lição 105, foram estudadas três parábolas de Jesus. Procure-as de novo, a começar de Mateus 21.28. Quais são? _____
    _____
    b) Quais são as quatro perguntas e respostas relatadas em Mateus 22.15-46, e que estudaremos nesta Lição, conforme os títulos em sua Bíblia? (Veja a "Introdução").
        i. Pergunta sobre o _____.
        ii. Pergunta sobre a _____.
        iii. Pergunta sobre o grande _____.
        iv. Pergunta sobre de quem Cristo é _____.

PRIMEIRA PERGUNTA
Leia Mateus 22.15-22

12. Responda:
    a) Quem mandou seus discípulos com uma pergunta a Jesus? (v. 15-16) _____
    _____
    b) Que outro grupo os acompanhava? (v. 16) _____
    c) Com que propósito fizeram sua pergunta a Jesus? (v. 15) _____
    _____
    d) Qual era o assunto de sua pergunta? (v. 17) _____
    _____
    e) Como sabemos que sua pergunta não era sincera? (v. 18) _____
    _____

13. Embora sua pergunta fosse maliciosa, Jesus lhes deu uma resposta que contém um ensino de grande importância.
    a) Qual é este ensino? Devemos dar a _____ o que é de _____ e a _____ o que é de _____.

b) De acordo com o versículo 22, como os fariseus e herodianos reagiram diante da resposta de Jesus? _____
_____

14. Mateus 22.15-22 conta como os _____ dos _____, acompanhados pelos _____, vieram a Jesus com o propósito de _____. O assunto de sua pergunta era sobre o _____. Jesus sabia que a pergunta não era sincera, mas feita com _____, inspirada por aquele que sempre se opõe a Cristo, ou seja, _____.

15. Responda:
    a) Quem veio a Jesus em Mateus 22.15-22? _____
    b) Qual foi o assunto da sua pergunta? _____
    c) Qual foi o ensino que Jesus deu? _____
    _____

Preencha os quadros da primeira pergunta do Apêndice 41.

SEGUNDA PERGUNTA
Leia Mateus 22.23-33

16. Responda:
    a) Quem veio com a segunda pergunta em Mateus 22.23? _____
    b) Qual foi o assunto da pergunta? _____
    c) Perguntaram a Jesus querendo saber a verdade ou pensando que não haveria resposta? _____

17. Conforme o versículo 29, Jesus mostrou que os saduceus estavam errados ou enganados devido ao fato de ignorarem as _____ e o _____ de _____.

18. Hoje em dia há muitas pessoas enganadas porque não conhecem nem as Escrituras nem o poder de Deus. Diante desse fato, responda:
    a) Quem obscurece a mente para que esta não entenda as Escrituras? _____
    _____
    b) Que ilumina a mente para que se entenda as Escrituras? _____
    _____

19. Jesus mostrou aos saduceus que eles olhavam as coisas só do ponto de vista natural e material, em vez de ver as coisas do ponto de vista espiritual e sobrenatural.

a) O ensino principal que Jesus apresentou, conforme o versículo 32, é que Deus é Deus de quem? _____
b) Que reação teve o povo diante da doutrina verdadeira de Jesus? (v. 33) _____
_____

> **TAREFA** Preencha os quadros da segunda pergunta do Apêndice 41.

A TERCEIRA PERGUNTA

20. Complete ou responda, conforme o caso.
    a) Qual é a referência bíblica da terceira pergunta estudada por você na última Lição?
    _____
    b) A quem Jesus calou na pergunta do tributo? _____
    c) A quem Jesus calou na pergunta da ressurreição? _____
    d) Quem se reuniu para fazer a terceira pergunta? _____
    e) Qual era o assunto da pergunta? _____
    _____
    f) Que ensino Jesus apresentou? _____
    _____

> **TAREFA** Preencha os quadros correspondentes à terceira pergunta no Apêndice 41.

21. De acordo com Mateus 22.35, qual era o propósito das perguntas dos fariseus e dos saduceus? _____

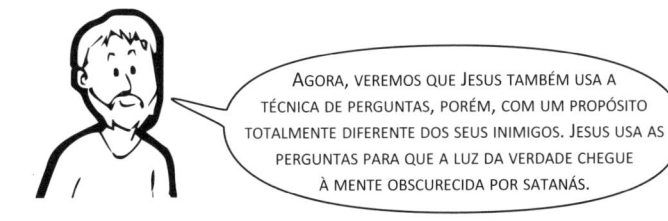

> Agora, veremos que Jesus também usa a técnica de perguntas, porém, com um propósito totalmente diferente dos seus inimigos. Jesus usa as perguntas para que a luz da verdade chegue à mente obscurecida por Satanás.

QUARTA PERGUNTA
Leia Mateus 22.41-46

22. Depois das três perguntas mal intencionadas dos fariseus, dos herodianos e dos saduceus, Jesus lhes dirigiu uma pergunta com o fim de fazê-los refletir e mudar sua forma enganosa de pensar. Responda:
    a) Que pergunta lhes fez Jesus? (Mateus 22.42) _____
    b) Que responderam os fariseus? _____

23. Ao pensar no Messias como filho de Davi, os judeus esperavam que ele chegasse como um grande príncipe que derrotaria os inimigos de Israel e conduziria o povo a conquistar todas as nações. Jesus de novo trata de corrigir esse pensamento tradicional errado.
    a) Jesus estava tratando com judeus que confiavam em seus conhecimentos das Escrituras ou com pessoas totalmente sem conhecimento delas? _____
    b) Que salmo Cristo citou? _____

24. "Visto que Davi chamou-o de 'Senhor', como pode Ele simplesmente ser seu filho?" (Mateus 22.45, *Bíblia Viva*). Por essa pergunta, Jesus mostra que não é o suficiente chamar o Messias "Filho de Davi", porque é ao mesmo tempo o Senhor de Davi. Por sua natureza humana, Jesus Cristo é descendente da linhagem de Davi, portanto se chama _____ de Davi. Mas por sua natureza divina Jesus Cristo é também Filho de _____, e, portanto, _____ de Davi.

TAREFA
Preencha os quadros correspondentes à quarta pergunta no Apêndice 41.

25. Com essa pergunta Jesus pôs fim a todas as demais. Que versículo nos mostra que não foi Jesus quem ficou mudo, mas os fariseus? _____

26. Responda:
    a) Com que propósitos os fariseus e saduceus faziam perguntas a Jesus? _____
    b) Escreva a *letra* da "Introdução" que marca o desenho que ilustra a pergunta sobre:
        i. A ressurreição _____.
        ii. O grande mandamento _____.

    iii. Jesus, o filho ou Senhor de Davi _____.
    iv. Os impostos a César _____.

27. Vimos alguma coisa de nossa mente e o que Cristo ou Satanás lhe podem fazer. Hoje em dia Satanás continua tratando de insinuar e acrescentar seus pensamentos na mente até dos filhos de Deus. Paulo, escrevendo aos crentes da igreja de Corinto, disse: "Mas estou amedrontado, temendo que de alguma forma vocês sejam desviados da sua devoção simples e pura ao nosso Senhor, tal como Eva foi enganada por Satanás no Jardim do Éden" (2Coríntios 11.3, *A Bíblia Viva*). Agora, responda: Que parte da personalidade Satanás engana, para que nos desviemos da devoção simples e pura a Cristo? _____

28. Responda:
    a) Qual é a dupla atividade de Satanás na mente humana? _____
    _____
    b) Satanás engana os crentes com perguntas, do modo como ele usou os saduceus e fariseus com suas perguntas a Cristo. O propósito dessa perguntas na mente do crente é:
      i. Fazê-lo cair.
      ii. Aumentar sua fé em Cristo.
      iii. Semear duvidas e diminuir a fé.
      iv. Edificar sua vida cristã.

29. Veja estas frases de John Owen em sua obra *Pneumatologia*:
    A. "O bem que a mente não pode descobrir, a vontade não pode escolher, nem o coração a ele se agarrar".
    B. "Na Escritura o engano da mente comumente apresenta-se como o princípio de todo o pecado".

    a) Conforme o autor, qual das três partes da nossa personalidade é básica no funcionamento das outras duas? _____
    b) Conforme Efésios 4.23, que é que deve ser renovado dentro de nós? _____
    _____
    c) O desejo de Deus é que o amemos com _____ a nossa mente e que não demos lugar ao Diabo e seus esforços de enganar nossa _____.

30. Complete:
    a) Nossa mente foi criada perfeita à _____ de Deus.
    b) Para que essa imagem seja recuperada de novo, Paulo afirma em Efésios 4.23 que temos de ser transformados pela _____ da nossa _____.

31. Qual é o desejo de Deus para com a mente de seus filhos? _____
    _____

32. Para que nossa mente seja transformada, devemos levar "cativo" todo pensamento à obediência de Cristo, conforme 2Coríntios 10.5. Para que a nossa mente seja renovada e amemos a Deus com toda a nossa mente, devemos submeter:

a) De vez em quando nossa mente a ele.
b) A maioria de nossos pensamentos a ele.
c) Todos os nossos pensamentos a ele.

33. Na lista seguinte escreva *sim* ao lado das coisas que ajudam a renovação da mente, e *não* ao lado das coisas que não ajudam:
    a) Escutar e contar piadas indecentes ou duvidosas. _____
    b) Ler a biografia de servos de Deus. _____
    c) Receber frequentemente revistas românticas. _____
    d) Receber frequentemente revistas cristãs. _____
    e) Estudar com mente aberta a vida de Jesus. _____
    f) Ver filmes que tratam das maravilhas da criação. _____
    g) Ver filmes que tratam do homem abusando dos dons de Deus, como o amor, a vida, etc. _____
    h) Conversar com "duplo sentido". _____
    i) Manter os preconceitos que tínhamos antes de nos convertermos. _____
    j) Estudar as ciências para conhecer melhor o universo. _____

34. A renovação da mente tem seus lados *positivos* e *negativos*. Os dois são igualmente importantes. Temos que rejeitar tudo o que não é de Cristo e nos apropriarmos do que é dele, para que cada pensamento seja submetido a Cristo. Os versículos que se seguem são aspectos *positivos*:
    a) "Cingidos os lombos do nosso entendimento" (1Pedro 1.13).
    b) "Tudo o que é verdadeiro, tudo o que é honesto, tudo o que é justo... nisto pensai" (Filipenses 4.8).
    c) "Pensai nas coisas lá do alto e não nas que são da terra" (Colossenses 3.2).
    d) "Tu conservarás em perfeita paz aquele cujo propósito é firme em ti" (Isaías 26.3).

    Estes quatro versículos são pensamentos poéticos ou mandamentos?
    _____

35. As citações anteriores são mandamentos que pedem uma ação de nossa parte: cingir, pensar, perseverar, seguir, agir etc. Temos de nos ocupar com as coisas de Deus; senão, Satanás logo introduzirá outros pensamentos em nossas mentes. Responda: Onde as leis e os mandamentos de Deus devem estar conforme Hebreus 8.10?
    _____

36. Deus quer que cooperemos com ele, que sejamos ativos. O Diabo quer que sejamos passivos, para que ele tenha ampla liberdade para encher de imundícies a nossa mente.
    a) Escreva uma lista de coisas positivas que você pode fazer para ajudar na renovação da sua mente, para que possa amar a Deus com toda a sua mente. _____
    _____
    _____

    b) Escreva uma lista de coisas negativas que você deve afastar da sua mente para que ela seja renovada em amor. _____
    _____
    _____

37. Muitos de nós ignoramos as leis de Deus e as coisas básicas da doutrina bíblica. Nas epístolas de Romanos e de Coríntios, Paulo escreve e pergunta dez vezes: "Não sabeis?", e duas vezes: "Não quero irmãos que ignoreis...". Estejamos certos de que ele diria o mesmo a nós! Agora, responda: Qual foi a condenação ou reprovação de Cristo aos saduceus em Mateus 22.29? _____
_____

38. Paulo escreveu ao jovem Timóteo: "Procura apresentar-te a Deus aprovado como obreiro que não tem de que se envergonhar, que maneja bem a palavra da verdade" (2Timóteo 2.15). Isto foi a alguém que desde a _____ conhecia as Escrituras! (Leia 2Timóteo 3.15-16)

39. Leia João 8.31-32 e responda:
   a) O que Jesus pede aos que creem nele? _____
   b) Que acontece se guardamos ou permanecemos em suas palavras? _____
   _____
   c) Que nos fará a verdade? _____
   d) Quem é a verdade? _____

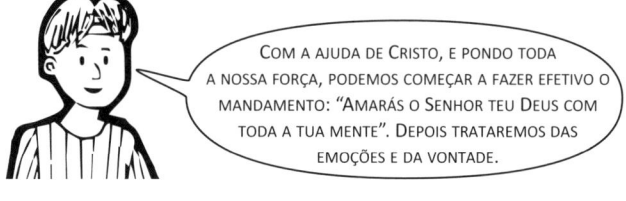

> COM A AJUDA DE CRISTO, E PONDO TODA A NOSSA FORÇA, PODEMOS COMEÇAR A FAZER EFETIVO O MANDAMENTO: "AMARÁS O SENHOR TEU DEUS COM TODA A TUA MENTE". DEPOIS TRATAREMOS DAS EMOÇÕES E DA VONTADE.

GABARITO

1. a) Coração - b) Mente - c) Forças - d) Alma **2.** distorcida **3.** a) Satanás b) Cega-as - c) Porque Satanás cegou a mente deles **4.** b - d - e **5.** a **6.** Quando nos convertemos ao Senhor **7.** Satanás: a - d - e - f — Cristo: b - c **8.** a) fariseus - b) saduceus - c) Satanás **9.** a) i. acrescentavam - Palavra - ii. subtraiam - Palavra — b) Acrescentava ou subtrai da Palavra de Deus **10.** a) No Templo - b) Terça-feira - c) O intelecto **11.** a) A dos filhos, a lavradores maus e da festa das bodas - b) i. tributo - ii. ressurreição - iii. mandamento - iv. filho **12.** a) Os fariseus - b) Os herodianos - c) Para surpreendê-lo - d) O tributo - e) Jesus sabia que era com malícia **13.** a) César - César - Deus - Deus — b) Maravilharam-se e se foram **14.** discípulos - fariseus - herodianos - surpreendê-lo (ou tentá-lo) - tributo - malícia - Satanás **15.** a) Os discípulos dos fariseus e os herodianos - b) Tributo - c) Dar a César o que é de César e a Deus o que é de Deus **16.** a) Os saduceus - b) A ressurreição - c) Pensando que não havia resposta **17.** Escrituras - poder - Deus **18.** a) Satanás - b) O Espírito Santo **19.** a) De vivos - b) Admirou-se **20.** a) Mateus 22.34-40 - b) Os discípulos dos fariseus e os herodianos - c) Os saduceus - d) Os fariseus - e) O grande mandamento - f) Amarás ao Senhor, teu Deus, com tudo. **21.** Tentar Jesus **22.** a) Que pensais do Cristo? De quem é filho? - b) De Davi **23.** a) Conheciam as Escrituras - b) 110 **24.** Filho - Deus - Senhor **25.** 46 **26.** a) Para tentá-lo (ou algo semelhante) - b) i. B - ii. C - iii. D - iv. A **27.** O intelecto ou a mente **28.** Acrescentar coisas à Palavra de Deus ou subtrair da Palavra de Deus - tirar - b) i - iii **29.** a) A mente - b) A mente - c) toda - mente **30.** a) imagem - b) renovação - mente **31.** Que seja renovada **32.** c **33.** a) não - b) sim - c) não - d) sim - e) sim - f) sim - g) não - h) não - i) não - j) sim **34.** Mandamentos **35.** Na mente e no coração **36.** Compartilhar nos encontros **37.** Errais, não conhecendo as Escrituras e o poder de Deus **38.** infância **39.** a) A permanecer em sua palavra - b) Seremos seus discípulos verdadeiros - c) Nos tornará livres - d) Jesus

LIÇÃO 108

Jesus denuncia os escribas e fariseus

1. Vimos as controvérsias de Jesus com seus inimigos.
   a) Em que dia da semana ocorreram? _____
   b) Onde? _____
   c) Quais foram as três parábolas que Jesus usou em suas controvérsias com os sumos sacerdotes? _____
   _____

   d) Quais são os assuntos das quatro perguntas que correspondem à controvérsia de Jesus com os escribas e fariseus? Use a Bíblia. _____
   _____
   _____

   > Não vendo outro remédio para a hipocrisia e o ódio dos seus oponentes, por fim Jesus lançou sobre eles a tempestade da sua indignação na denúncia que nos foi conservada em Mateus 23.

2. Leia Mateus 23.1-12 e responda:
   a) Contra quem Jesus dirigiu essa denúncia? (Leia Mateus 23.2) _____
   _____
   b) A quem Jesus fez essa denúncia? (Leia Mateus 23.1) Ao _____
   e a seus _____.

3. Essa denúncia não foi feita somente com o fim de castigar os escribas e fariseus, mas para que seus discípulos começassem a desenvolver a Técnica de *Avaliação*, que tem como propósito, como nos ensina Hebreus 5.13-14, a capacidade de _____ entre o _____ e o _____.

4. Para que nossas igrejas sejam firmes na fé é necessário ter pastores e membros que possam determinar o verdadeiro *valor* de toda novidade que aparece. Devem ter a habilidade de descobrir um erro, mesmo quando esteja atrás de uma fachada impressionante e convincente. Tal grau de maturidade se consegue somente com o bom desenvolvimento da Técnica de _____.

5. Quando Paulo se despediu da igreja de Éfeso, exortou aos bispos da igreja a apascentarem e habilitarem a igreja.
   a) Por que tinham que habilitar a igreja? Porque depois entrariam _____ devoradores (Leia Atos 20.28-29).

b) Depois de sua partida, Paulo escreveu à igreja de Éfeso e disse que a obra pastoral deve assegurar que os membros não sejam _____ inconstantes, levados por todo _____ de _____ errônea.
c) Em tudo isso, vemos que a absoluta necessidade de habilitar os cristãos no uso da Técnica de _____, com a qual poderão _____ entre o _____ e o _____.

6. Qual é o propósito da Técnica de Avaliação? _____
_____
_____

7. Leia Mateus 16.5-6 e complete:
   a) Chegando a Betsaida vindo de Magdala, em sua viagem a Cesareia de Filipe, Jesus havia advertido a seus discípulos quanto a quê? _____

   b) A que referia o símbolo "fermento"? (Leia Mateus 16.12) _____

8. "O fermento dos fariseus" significa tudo o que se acrescenta à Palavra de Deus, como as tradições humanas que eles acrescentavam. Para evitar o "fermento", é preciso saber como discernir entre o _____ e o _____, isto é, entre a verdade e a doutrina _____. Para isso necessitamos desenvolver a Técnica de _____.

9. Lembre-se de que os fariseus eram os líderes religiosos de sua época. Então não era fácil para os humildes discípulos avaliar corretamente sua doutrina, nem descobrir os erros por trás duma fachada tão impressionante.
   a) Onde se sentavam os escribas e fariseus conforme Mateus 23.2? _____

   b) Quer dizer que todo mundo os tomava como sucessores de Moisés e os legítimos pastores do povo de Deus. De que título os escribas e fariseus gostavam nas saudações? (Leia Mateus 23.7) _____

"Rabi" significa "mestre".

10. Responda:
    a) O que os fariseus ostentavam? (Leia Mateus 23.5) _____
    b) Filactérios são caixinhas que contêm textos bíblicos e que são atados no braço e na testa com tiras de couro. Esse costume judaico tem sua origem em uma interpretação literal de Êxodo 13.9 e até hoje perdura nas sinagogas. Onde os fariseus levavam porções da Palavra de Deus? Na _____ e no _____.

c) Porém, eles manifestavam a Palavra de Deus na vida deles? _____
   _____.

11. O ministério dos fariseus era negativo, rígido, restringido e seco. Conforme Mateus 23.5, qual era verdadeiro motivo que levava os fariseus a desempenhar seu ministério?
_____

12. Responda:
    a) Que é um filactério? _____
    b) Onde os fariseus os levavam? _____

13. Responda:
    a) O que os fariseus e escribas amavam, conforme Mateus 23.6? _____
       _____
    b) O que aconteceria com eles, conforme Mateus 23.12? _____
       _____
    c) Quem será exaltado no reino de Cristo? _____
       _____

14. Responda:
    a) Quais as três coisas que os escribas e fariseus gostavam de ostentar?
       i.   _____ na sua _____ e no _____.
       ii. Os melhores _____.
       iii. Serem chamados de _____.
    b) Por que motivo? Para serem _____ pelos _____.

15. Vimos, então, que esses orgulhosos ministros da Palavra trabalhavam só para serem vistos pelos homens e exaltados pelo povo; porém, atrás dessa fachada, se escondia o mal. Que terrível exemplo de hipocrisia! Agora, responda: O que é hipocrisia?
    a) Uma máscara ou fachada para cobrir um erro.
    b) Um vidro limpo e transparente.
    c) Uma casca feia cobrindo uma fruta gostosa.

16. Responda:
    a) Qual é a única técnica pela qual o Senhor poderia descobrir os erros por trás da fachada religiosa dos fariseus? _____
    b) Que parte da personalidade — emoções, vontade ou intelecto — se usa no desenvolvimento da Técnica de Avaliação? _____

17. É provável que a Técnica de Avaliação seja a mais exigente de todas, pois requer o mais alto nível de inteligência. Mas o Senhor nos deu uma mente para que a consagremos em amor total a ele. É um dos alvos principais deste curso que todos se capacitem no uso da Técnica de Avaliação.
    a) Que propósito tem a Técnica de Avaliação? _____
       _____
    b) Com qual das três partes da nossa realidade se desenvolve esta técnica? ____
       _____

18. Responda:
    a) Quais eram as três coisas que os escribas e fariseus gostavam de ostentar? _____
    _____
    b) Por qual motivo? _____

> Na próxima lição continuaremos estudando mais a fundo a técnica de avaliação. Enquanto isso, faça uma análise da avaliação que Jesus fez dos escribas e fariseus, relatada em Mateus 23.1-36. Quero que, desta vez, você encontre a estrutura da passagem, só com as indicações mínimas da minha parte.

INDICAÇÕES:
1. Mateus 23.1-12 – Introdução.
2. Mateus 23.13-36 – Divide-se em sete partes.
3. Cada parte é indicada com um refrão (frase) que se repete sete vezes e nos dará a estrutura que une as sete partes.

TRABALHO PRÁTICO

Agora leia Mateus 23.13-36 com o fim de encontrar a estrutura no refrão que se repete sete vezes através da passagem. Reserve um bom tempo para fazer esse trabalho prático conscientemente. Se for necessário, leia a passagem várias vezes antes de responder. Use a comprovação unicamente no caso de achar impossível descobrir esse refrão.

19. Responda:
    a) Qual é o refrão? _____
    _____
    _____

    b) Qual é o assunto principal que corresponde à estrutura dessa passagem? (Escreva somente uma das palavras do refrão, ou seja, a que expressa o assunto principal.)
    _____

TAREFA

Sublinhe com lápis azul esse refrão nas sete vezes em que aparece e faça um círculo ao redor da palavra "hipócrita" em cada caso. Isto lhe dará a indicação para sua análise depois.

20. Observe como a palavra "Porque" segue imediatamente após o refrão em cada ocasião. O que está envolvido nessa palavra?
    a) Que em cada caso Jesus dá um exemplo que explica o porquê da sua avaliação da hipocrisia dos escribas e fariseus.
    b) Que Jesus avalia os fariseus somente levando em conta sua linda fachada ou máscara.
    c) Que Jesus avalia os fariseus sem descobrir os erros escondidos atrás de sua bela fachada.

21. Quantos exemplos Jesus apresenta em sua avaliação da hipocrisia dos escribas e fariseus, conforme sua análise? _____

> *Antes de fazer sua análise final, estudaremos um por um esses exemplos da hipocrisia.*

PRIMEIRO ERRO
(*Leia Mateus 23.13*)

22. Qual era o duplo erro cometido pelos fariseus?
    a) Eles mesmos não _____ no reino.
    b) Tampouco deixavam os outros _____.

23. O primeiro exemplo de hipocrisia era que os fariseus usavam a fachada da sua religião para ocultar um duplo erro. Que duplo erro eles ocultavam? _____
_____

24. No primeiro exemplo da avaliação da hipocrisia dos fariseus feita por Jesus:
    a) Qual era a fachada? _____
    b) Qual era o duplo erro que ocultavam? _____
_____

SEGUNDO ERRO
(*Leia Mateus 23.14*)

25. Um dos verdadeiros motivos para o desempenho do ministério pelos fariseus era o lucro. Com este fim, nem se envergonhavam de valer-se da condição indefesa e do caráter crédulo das _____, para se apoderarem das propriedades delas. Eles cobriam seu materialismo usando uma máscara de santidade por meio de _____ longas.

26. Vimos como Anás, o sumo sacerdote, fizera um comércio da casa de Deus, porque tinha dentro do próprio templo, no Pátio dos Gentios, um _____. Os escribas e os fariseus eram igualmente motivados pelo _____, mas o ocultavam com a fachada de suas _____ longas.

27. No segundo exemplo que Jesus apresentou dos fariseus, qual dos dois, a fachada ou o erro oculto, corresponde:
    a) As orações longas que faziam? _____
    b) Aos roubos que faziam às viúvas? _____

28. É justamente a hipocrisia que apresenta mais dificuldades em ser avaliada, porque o erro se oculta debaixo de uma fachada ou máscara.
    a) Com que fachadas os fariseus cobriam seus desprezíveis roubos às viúvas? ____
    _____
    b) Que erro cobriam? _____

29. Responda:
    a) Qual é o propósito da Técnica de Avaliação? _____
    _____
    b) Com qual das três partes da personalidade se desenvolve essa técnica? _____
    _____

TERCEIRO ERRO
(Leia Mateus 13.15-22)

30. Preste atenção nestas definições:
    1. *Prosélito:* Convertido do paganismo à religião dos judeus.
    2. *Proselitismo*: Fazer discípulos, convertendo a pessoa do seu modo de pensar ao nosso.

    Os fariseus estavam orgulhosos de sua obra missionária e do número de pessoas que ganhavam. Com o fim de destacar-se nesta obra, alguns até faziam grandes e sacrificiais viagens de proselitismo. Como se chamava a pessoa que conquistavam?
    _____

31. Porém não é o número de convertidos que importa, mas a qualidade. Seus prosélitos, em vez de se tornarem humildes filhos de Deus, somente chegavam a ser discípulos dos fariseus, desde cedo caracterizados pela mesma hipocrisia de seus mestres.
    a) Em Mateus 23.15, como Jesus descreve esses prosélitos? _____
    _____
    b) Em Mateus 23.16, como Jesus descreve os fariseus? _____
    _____
    c) Segundo Mateus 15.14, que aconteceria se um cego guiasse a outro cego? _____
    _____

32. Responda:
    a) Não é ganhar membros para nossa própria denominação com nossas próprias sutilezas o que importa. Isto se chama _____.
    b) O que importa é transformação dos homens em humildes filhos de _____.

c) Como se chamam os que só buscam prosélitos? _____
d) Dentre as palavras entre parênteses, sublinhe a resposta certa: "Prosélito é alguém que se converte do seu próprio modo de (*pensar — escrever — comer*) ao nosso". _____

33. Que é um prosélito? _____
_____

34. Responda:
    a) Qual era a fachada atrás da qual se escondia seu falso ministério? Faziam grandes e sacrificadas _____ de _____.
    b) Que erro estava escondido por trás dessa fachada? Estavam fazendo filhos do _____.

35. Tendo como base um exemplo extraído do ensino dos fariseus, Jesus adverte de que modo não se deve pregar. (veja o versículo 16) Jesus apresenta a descrição minuciosa dos fariseus segundo a qual alguém devia jurar pelo _____ ou pelo _____ do _____.

36. "Guias cegos" é um título que expressa os efeitos lamentáveis deste tipo de ensino. Qual dos seguintes pregadores cai no mesmo erro?
    a) O que explica e aplica a Palavra de Deus.
    b) O que enfatiza pontinhos insignificantes e detalhes sem importância para cobrir o vazio espiritual de sua pregação.
    c) O que ensina todo o tempo os regulamentos de sua própria denominação.
    d) O que se detém em todos os pontos minuciosos da profecia ou de uma parábola, enquanto deixa de lado as grandes doutrinas da fé.
    e) O que dá ênfase aos ensinos mais importantes da Bíblia.

QUARTO ERRO
(*Leia Mateus 23.23-24*)

37. Sua maneira de ensinar aos outros era refletida na própria vida dos fariseus. Leia Mateus 23.23 e complete: Os fariseus eram escrupulosos em dizimar a _____, o _____ e o _____. Mas, ao mesmo tempo, passavam por alto os grandes assuntos da Palavra de Deus (Lei), como, por exemplo, a _____, a _____ e a _____.

38. Responda:
    a) Por trás de que fachada os fariseus ocultavam sua grande falta de justiça, misericórdia e fé? _____
    b) Que grande defeito encobriam os fariseus com a máscara de seus dízimos? ____
    _____

39. Com duas frases inesquecíveis, Cristo retrata essa hipocrisia dos fariseus com absoluta precisão e clareza. Segundo Mateus 23.24, quais são essas duas frases? _____
_____

40. Era costume dos fariseus coar o vinho e outras bebidas com lenços, para evitar a possibilidade de engolir, sem saber, um inseto impuro e assim transgredir a Lei.
   a) Quais eram os mosquitos que coavam com tanto escrúpulos? Eles _____ até as menores coisas.
   b) Quais eram os camelos que engoliam sem nenhuma preocupação? A falta de _____, de _____ e de _____.
   c) Explique os símbolos "mosquito" e "camelo" em Mateus 23.24.
      i. Mosquito _____
      ii. Camelo _____

QUINTO ERRO
(*Leia Mateus 23.25-26*)

41. O quinto e sexto exemplos são dois símbolos da hipocrisia que devemos ter em mente para evitar a todo custo. Como se descreve o vaso que simboliza a hipocrisia?
   a) Limpo por _____.
   b) Sujo por _____.

42. Responda: Que parte do vaso é uma máscara ou fachada falsa?
   a) A parte _____ por _____.
   b) A parte _____ por _____.

SEXTO ERRO
(*Leia Mateus 23.27-28*)

43. Em preparação para a Páscoa, fazia-se uma limpeza geral das sepulturas, em toda a cidade de Jerusalém. Que faziam com as sepulturas? Eram pintadas de _____ (cal).

44. Qual das duas — *a pintura branca* ou *a imundície por dentro da sepultura* — corresponde:
   a) À fachada linda? _____
   b) Ao erro oculto? _____

SÉTIMO ERRO
(*Leia Mateus 23.29-36*)

45. Que faziam os fariseus e escribas com os profetas que viviam entre eles? _____

46. Que fizeram os fariseus com os sepulcros dos profetas mortos, com o fim de justificar sua perseguição aos profetas vivos? (Leia Mateus 23.29) _____

47. Qual dos dois — *os profetas mortos* ou *vivos*...
    a) Estavam presentes para exigir o cumprimento dos seus ensinos? _____
    b) Não estavam presentes para exigir o cumprimento dos seus ensinos? _____

48. Um profeta morto não molesta a ninguém. O profeta vivo, Jesus, entrava no seu Templo derrubando as cadeiras e mesas, em enérgica condenação à hipocrisia e ao materialismo. Em razão disso, os líderes religiosos judaicos decidiram _____ Jesus.

49. Quão fácil é honrar os profetas mortos e matar os profetas vivos. A teoria não condiz com a prática. Mesmo na igreja, muitas pessoas demonstram essa atitude dos fariseus, isto é, louvam as instruções bíblicas com os lábios, mas, na realidade, são adversários fanáticos de qualquer um que ponha em prática essas instruções na igreja e em sua vida.
    a) Que é mais fácil, admirar as instruções bíblicas ou pô-las em prática? _____
    b) Que é mais difícil? _____

50. Qual dos dois — *adornar os sepulcros dos profetas mortos* ou *açoitar e matar os profetas vivos* — é:
    a) A fachada linda? _____
    b) A maldade que cobria? _____

> ELES CONDENAVAM SEUS ANTEPASSADOS POR HAVEREM MATADO OS PROFETAS, TAL COMO FAZEMOS NÓS COM OS QUE MATARAM A CRISTO. PORÉM, SE CRISTO SE APRESENTASSE ENTRE NÓS HOJE EM DIA, DERRUBANDO NOSSAS "MESAS E CADEIRAS SAGRADAS", QUE FARÍAMOS NÓS COM ELE?

51. Responda:
    a) Quais eram as três coisas que agradavam aos escribas e fariseus? _____
    b) Por que motivo? _____

52. Responda:
    a) Jesus fez sua denúncia dos escribas e fariseus antes ou depois de sair do Templo? (Leia Mateus 24.1) _____
    b) A denúncia foi feita no mesmo dia ao terminar suas duras controvérsias com eles. Que dia da semana foi este? _____

53. Escreva ao lado de cada uma das fachadas escritas na **Lista A** a letra maiúscula correspondente da **Lista B**:

LISTA A – FACHADAS
a) Pintura branca
b) Limpo por fora
c) Edificando e adornando os sepulcros dos profetas mortos
d) Orações longas
e) A religião
f) Longas viagens de proselitismo
g) Dízimos

LISTA B – ERROS OCULTOS
A. Roubo das casas de viúvas
B. Fazendo prosélitos, filhos do inferno
C. Sujo por dentro
D. Negligência da justiça, misericórdia e fé
E. Nem entravam, nem deixavam os outros entrarem no reino
F. Ossos mortos, imundície
G. Açoitando e matando os profetas vivos

54. Qual era a fachada com que os escribas e fariseus ocultavam os seguintes erros? (Pode usar sua Bíblia.)
    a) Roubos das casas das viúvas _____.
    b) Fazendo prosélitos, filhos do inferno _____.
    c) Sujo por dentro _____.
    d) Sepulcros cheios de imundície _____.
    e) Açoitando e matando os profetas vivos _____.
    f) Não entrando e nem deixando os outros entrarem no reino _____.
    g) Falta de justiça, misericórdia e fé _____.

55. Qual era o erro oculto pelas seguintes fachadas? (Pode usar sua Bíblia.)
    a) Orações longas _____.
    b) Longas viagens de proselitismo _____.
    c) Dízimos _____.
    d) Limpo por fora _____.
    e) Pintura branca _____.
    f) Edificando e adornando os sepulcros dos profetas mortos _____.
    g) A religião _____.

GABARITO

1. a) Terça-feira - b) No templo - c) Os dois filhos lavradores maus e A festa de bodas - d) O tributo, o grande mandamento, a ressurreição, Cristo é o filho ou Senhor de Davi **2.** a) Escribas e fariseus - b) povo - discípulos **3.** discernir - bem - mal **4.** Avaliação **5.** a) lobos - b) meninos - vento - doutrina - c) Avaliação - discernir - bem - mal **6.** A capacidade de discernir entre bem e mal **7.** a) Ao fermento dos fariseus e saduceus - b) À doutrina dos fariseus **8.** bem - mal - falsa - Avaliação **9.** a) Na cadeira de Moisés - b) Rabi **10.** a) Filactérios - b) testa - braço - c) Não **11.** Serem vistos pelos homens **12.** a) Caixinha com uma porção da Bíblia - b) Na testa e no braço **13.** a) Os primeiros lugares nos banquetes e as primeiras cadeiras nas sinagogas - b) Seriam humilhados - c) O que se humilhar **14.** a) i. Filactérios - testa - braços - ii. lugares - iii. rabi - b) vistos - homens **15.** a **16.** a) Técnica de Avaliação - b) O intelecto **17.** a) O discernimento entre o bem e o mal - b) O intelecto **18.** a) Filactérios alargados, os primeiros lugares e de serem chamados "rabi" (mestre) - b) Para serem vistos pelos homens **19.** a) Ai de vós escribas - fariseus hipócritas - b) A hipocrisia **20.** a **21.** sete **22.** a) entravam - b) entrar **23.** Não entravam no erro dos céus e não deixavam os outros entrar **24.** a) Sua religião - b) Não entravam, nem deixavam que os outros entrassem no reino dos céus **25.** viúvas - orações **26.** recado - materialismo - orações **27.** a) Fachada - b) Erro oculto **28.** Orações longas - b) Roubo de casas **29.** a) Discernir entre o bem e o mal - b) O intelecto **30.** Prosélito **31.** a) Filhos do inferno - b) Guias cegos - c) Ambos cairiam **32.** a) proselitismo - b) Deus - c) Guias cegos - d) Pensar **33.** Alguém convertido de sua maneira de pensar a outra maneira de pensar **34.** a) viagens - proselitismo - b) inferno **35.** Templo - ouro do Templo **36.** b - c - d **37.** a) hortelã - endro - cominho - b) justiça - misericórdia - fé **38.** Com seus dízimos - b) Falta de justiça, misericórdia e fé **39.** Coais mosquito e engolis camelo **40.** dizimavam - b) justiça - misericórdia - fé - c) i. Pequenos detalhes da religião (dízimos etc.) - ii. justiça, misericórdia e fé **41.** a) fora - b) dentro **42.** a) limpa - fora - b) suja - dentro **43.** branco **44.** a) Pintura branca - b) Imundície por dentro da sepultura **45.** Matavam, crucificavam e açoitavam **46.** Edificaram e os adornaram **47.** a) Vivos - b) Mortos **48.** crucificar **49.** Admirar as instruções bíblicas - b) Por as instruções bíblicas em prática **50.** a) Adornar os sepulcros dos profetas mortos - b) Açoitar e matar os profetas vivos **51.** a) Filactérios largos - primeiros lugares - serem chamados "rabi" - b) para serem vistos pelos homens **52.** a) Antes - b) Terça-feira **53.** a) F - b) C - c) G - d) A - e) E - f) B - g) D **54.** a) orações longas - b) longas viagens de proselitismo - c) limpo por fora - d) pintura branca - e) edificando e adornando os sepulcros dos profetas mortos - f) religião - g) dízimos de coisas insignificantes **55.** a) roubo das casas das viúvas - b) fazendo prosélitos, filhos do inferno - c) falta de justiça, misericórdia e fé - d) sujo por dentro - e) ossos mortos, imundície - f) matando os profetas vivos - g) não entrando, nem deixando os outros entrarem no reino.

LIÇÃO 109

Técnica de Avaliação

A) Observe este produto: CLORETO DE SÓDIO

B) O nome lhe parece difícil? Procure seu significado no dicionário abaixo:

Dicionário

clo.re.to - (ê) sm (cloro2+eto) Quím 1. Composto de cloro com outro elemento ou radical. 2. Sal ou éster de ácido clorídrico. (...) **C. de sódio:** sal comum (NaCl).

C) Usamos o sal para dar sabor à nossa comida.

D) Se dividirmos o sal em suas partes, descobrimos que tem:

Na (sódio) + **Cl** (cloro) + impurezas

E) Para obter o sal de cozinha, o cientista elimina impurezas e adiciona outras substâncias, formando um novo "inteiro".

cloro, sódio, outros produtos → impurezas

SAL REFINADO

F) Esta marca de sal é muito boa!

SAL DE MESA REFINADO

1. Responda:
   a) Na última lição consideramos uma nova técnica de discernir entre o bem e o mal. Como se chama essa técnica? _____
   b) Com qual das três partes da nossa personalidade desenvolvemos essa técnica?
   _____

2. Lembre-se de que a Técnica de Avaliação é talvez a que requer o mais alto nível intelectual. Qual é o propósito da Técnica de Avaliação? _____
   _____

3. Neste curso, a Avaliação é a última das seis técnicas que aprendemos a usar. Destacamos uma por uma as seis técnicas de estudo bíblico. Estas são os melhores métodos de aprendizagem conhecidos até hoje pelos especialistas no assunto.

   > Devido ao fato de a Técnica de Comparação ser auxiliar, ela não foi incluída entre as seis.

   Observe os desenhos na Introdução desta lição e faça uma revisão das seis técnicas. Que desenho corresponde a cada técnica? Escreva a letra correspondente ao lado de cada uma.
   a) Observação   ____
   b) Interpretação ____
   c) Aplicação   ____
   d) Análise   ____
   e) Síntese   ____
   f) Avaliação   ____

4. Avaliar é discernir entre o bem e o mal, isto é, saber aplicar a palavra, tirar conclusões acertadas sobre o verdadeiro valor de alguma coisa. Agora, resolva a seguinte questão: Das seguintes situações abaixo, duas pessoas estão avaliando algo. Indique quais são.
   a) "Tenho um cachorro em casa".
   b) "Vou passear com meu cachorro".
   c) "Meu cachorro é muito bom".
   d) "Meu cachorro é ruim".

5. Há coisas mais fáceis de avaliar: são as que sabemos, sem pensar duas vezes, se são boas ou más. O nível mais elevado e difícil da avaliação é quando se trata de discernir um erro que se encontra escondido atrás de uma fachada bela e convincente.
   a) Atrás de que bela fachada ocultavam os fariseus o erro de roubar as viúvas? ____
   _____
   b) Com que técnica Jesus descobriu esse erro? _____

6. Nesses casos, é muito difícil o homem discernir corretamente entre o bem e o mal, porque, depois de cair no pecado, sua mente ficou _____.

7. Isaías 5.20 descreve a mente humana torcida pelo pecado. Essa mente diz que o _____ é _____ e o _____ é _____. Ora, o homem, por si só, não pode discernir entre o _____ e o _____, porque sua _____ foi _____ pelo _____.

8. No exemplo a seguir, veremos que, mesmo em coisas simples de nossos cinco sentidos, a mente humana falha. Observe estas linhas:

   A ⟵⟶   B ⟶⟵

   a) Segundo o que aparenta, o que é certo?
      i. A linha A é mais curta que a linha B.
      ii. A linha B é mais curta que a linha A.
      iii. São iguais.

   b) Agora meça o tamanho da linha A e depois da B. Conforme as medidas, o que é certo?
      i. A é mais curta que B.
      ii. B é mais curta que A.
      iii. São iguais.

9. Nesse exemplo das linhas, conforme a aparência, a linha ____ é mais comprida que a ____. Mas, na realidade, a linha A e a linha B são _____.

10. Como descobriu com exatidão e certeza que as linhas A e B são iguais? Usando uma _____.

11. Devido à falha da mente e dos sentidos humanos, é imprescindível ter "regras" ou "Escala de Valores" para medir o bom e o mau, o certo e o errado, o verdadeiro e o falso das coisas que nos rodeiam. É por isso que o homem acostumou-se a usar diferentes escalas de valores para medir as várias coisas que o rodeiam no seu meio ambiente.

   Ao lado de cada uma das Escalas de Valores que figuram na lista nº 1, escreva a letra maiúscula na coisa medida na lista nº 2.

   Lista 1
   a) Um termômetro _____
   b) Um metro _____
   c) Um litro _____
   d) Um relógio _____
   e) O gabarito no final da lição _____

   Lista 2
   A. Hora
   B. Temperatura
   C. Distância
   D. Resultado de suas respostas
   E. Volume

12. Em cada um desses exemplos, o que se utilizada para avaliação?
    a) Uma Escala de Valores ou Regra.
    b) O próprio juízo.
    c) O juízo de um bom amigo.

13. Na sua vida espiritual, que regra o cristão deve usar a fim de descobrir se seus caminhos são bons ou maus? (Leia Salmos 119.105) _____
_____

14. Responda:
    a) De que o homem necessita a fim de avaliar acertadamente? _____
    _____
    b) Quando se trata de avaliar pontos da doutrina e conduta (ética) cristã, o crente tem somente uma Regra. Qual é? _____
    _____

15. A Bíblia tem tudo o que é necessário a fim de formar uma Escala de Valores para a doutrina e conduta. Por exemplo, no Livro 1 deste curso estudamos a fundo a doutrina do nascimento virginal de Jesus (ele nasceu de uma virgem, sem pai humano). Agora, façamos uma revisão relendo Mateus 1.18-25, com o objetivo de responder às seguintes perguntas:
    a) Que versículo diz claramente que José não era o pai de Jesus? _____
    b) Que ato de José comprova que ele não era o pai de Jesus ao suspeitar que Maria o havia traído com outro homem? Ele quis _____, isto é, _____.

16. Responda:
    a) Com igual clareza, essa passagem afirma que Jesus foi concebido pelo Espírito Santo. Quais versículos ensinam essa verdade? _____
    b) Também ensina que Jesus nasceu de uma virgem. Que versículo afirma que uma virgem daria à luz um filho? _____

17. De novo, vemos que a Bíblia ensina claramente o nascimento de Jesus. Isto serve de Escala de Valores para avaliar qualquer declaração sobre essa doutrina. Quais são essas duas declarações?
    a) José não era o _____ de Jesus.
    b) Deus era o único pai de Jesus, porque o gerou pelo _____ _____, através de uma _____.

18. Com essa Escala de Valores extraída da Bíblia estamos preparados para avaliar qualquer declaração sobre essa doutrina e descobrir o erro que pode estar detrás de uma fachada falsa. Leia esta citação de Barclay: "Encontramo-nos diante de uma das doutrinas mais discutidas da fé cristã: o nascimento virginal. A igreja não insiste em que creiamos nesta doutrina" (comentário sobre Lucas, página 17). Essa declaração reflete uma crença muito difundida em alguns círculos da igreja: a de que Jesus não nasceu de uma virgem.

Agora, usando a Escala de Valores faça uma avaliação desta crença.
a) É verdadeira ou falsa? _____
b) Qual é o erro oculto? Que podemos negar que Jesus nasceu de uma _____
_____.
c) O que a Bíblia ensina a respeito? _____
_____
d) Que versículos de Mateus 1.18-23 ensinam essa doutrina? _____

19. Além disso, Barclay disse que a igreja não insiste em que creiamos na doutrina do nascimento virginal de Jesus.
    a) O Credo dos Apóstolos, contudo, declara categoricamente: "Cremos em Jesus Cristo, seu único filho, que foi concebido pelo _____, nasceu da _____ Maria".
    b) Quais são as duas verdades bíblicas que o Credo dos Apóstolos ensina?
        i. Jesus foi concebido pelo _____ _____.
        ii. Jesus nasceu de uma _____.
    c) É verdadeira ou falsa a declaração de Barclay sobre o ensino da igreja? _____

20. Leia novamente o que diz Barclay no item 18. Agora, com suas palavras, escreva uma avaliação dessa declaração (isto é, discernindo se está certa ou errada) conforme o que aprendemos em Mateus 1 e no Credo dos Apóstolos. _____
_____
_____
_____
_____
_____
_____
_____
_____

21. Observe a grande importância prática de estudar o que a Bíblia ensina sobre todas as principais doutrinas da fé, formando assim em sua mente uma simples Escala de Valores para cada uma delas.

    Recorde um momento: Quais dos seguintes tópicos são doutrinas que você estudou por meio deste curso sobre Mateus e o que é verdadeiro ou falso a respeito?
    a) O nascimento virginal de Jesus.
    b) A botânica.
    c) A Trindade.
    d) As duas naturezas de Cristo.
    e) O francês.

22. Porém, é preciso dizer que existem muitos assuntos que não são ensinados diretamente na Bíblia, devido ao fato de ela ser um livro de fé e prática, não um manual de ciências e técnicas.

NOTA: Ao dizer isso, não negamos o fato de que a Bíblia é a autoridade suprema que serve para avaliar o aspecto moral de todas as coisas. Assim, encontra-se na Bíblia uma Escala de Valores sobre o nascimento de Jesus (uma doutrina), mas não sobre a Matemática ou a carpintaria, nem mesmo sobre as técnicas de como pregar ou estudar.

Para quais dos seguintes temas encontramos uma Escala de Valores na Bíblia?
a) O batismo.
b) O matrimônio.
c) A jardinagem.
d) A botânica.
e) A divindade de Cristo.
f) A física.

23. Por isso, é muito importante que os crentes se preocupem também em estudar algumas ciências, técnicas e habilidades com o fim de serem melhores servos do Senhor. Agora, indique que serviço alguém pode oferecer à igreja por meio das seguintes habilidades:
    a) Ler _____.
    b) Fazer contas _____.
    c) Ensinar _____.
    d) Pedreiro _____.

24. Se a Bíblia não fornece as instruções específicas sobre tais técnicas ou habilidades, o cristão deve tirar sua Escala de Valores para fazer uma boa avaliação de outras fontes. Nesses casos, é necessário (marque a resposta correta):
    a) Ignorar por completo os melhores especialistas humanos sobre o assunto.
    b) Conformar-se com suas próprias ideias.
    c) Estudar os métodos dos melhores especialistas humanos na matéria com o objetivo de praticá-los e, assim, ganhar novas habilidades para servir melhor ao Senhor.
    d) Buscar infrutuosamente sua Escala de Valores na Bíblia, embora esta não seja um livro de ciência.

25. Observe como o obreiro cristão pode usar a Técnica de Avaliação para medir duas coisas bem diferentes.
    A avaliação de:
    A. Doutrina e a conduta cristãs
    B. Técnicas e habilidades pastorais

    Qual das duas avaliações — A ou B — usa como Escala de Valores:
    a) A Palavra de Deus? _____
    b) Os melhores métodos de trabalho dos especialistas naquela matéria? _____

26. Por exemplo, aprender como construir um templo de tijolos não é doutrina, mas técnica e habilidade.
   a) Portanto, ninguém pode aprender o ofício de pedreiro lendo a Bíblia, mas estudando e praticando os métodos dos melhores _____.
   b) Da mesma maneira, aprender a participar corretamente de um estudo em grupo, seja da Bíblia, seja de qualquer outro livro, não é doutrina. Nesse caso, precisamos de _____ e _____, o que não se aprende da _____, mas dos _____ na _____.

27. Aprender como participar corretamente de um estudo em grupo é uma habilidade que você praticou muito nos encontros. Ao terminar cada livro de estudo, seu grupo deveria ter feito um Encontro de Avaliação. O que foi feito nesse Encontro?
   a) Somente felicitaram-se uns aos outros pelo tempo agradável passado no estudo em conjunto.
   b) Cada um criticou duramente os erros dos demais com o fim de arruiná-los.
   c) Como grupo, todos mediram suas próprias atividades com a Escala de Valores apresentada pelo orientador, com o fim de melhorar o rendimento do grupo com maior participação de todos os membros, e menor domínio dos mais fortes ou do próprio orientador.

28. De igual maneira, você deve formar o costume de avaliar periodicamente seu progresso, em cada uma das distintas habilidades pastorais para não andar às cegas, medindo seus ganhos ou perdas, com as Escalas de Valores que aprendeu neste curso. Para isso, deve fazer revisões das respectivas lições onde se ensinam os melhores métodos de especialistas em cada matéria (sua Escala de Valores).
Agora, responda: das situações abaixo, em quais a Técnica de Avaliação está sendo aplicada?
   a) O pregador que deixa tempo para meditar se sua mensagem ensina o que a passagem bíblica diz e não só suas próprias ideias.
   b) O pastor que de vez em quando tem um dia de oração e reflexão para medir os êxitos ou fracassos do seu ministério com o fim de melhorá-lo.
   c) O orientador que averigua com provas se seus alunos captaram bem seus ensinamentos; caso isso não tenha acontecido, ele procura descobrir as razões com o fim de corrigir a situação.
   d) O pregador que, por estar satisfeito com as felicitações da congregação, nunca dedica tempo para ver se suas mensagens estão alcançando mudanças positivas nos ouvintes.
   e) O estudante que dedica tempo cada semana para fazer revisão do que aprendeu, descobrir o que pôs em prática e o que não pôs, e pensa na forma de melhorar.

29. Veja novamente como a Técnica de Avaliação é usada com diferentes escalas de valores para medir:
   A. A doutrina e conduta cristã.
   B. Técnicas e habilidades pastorais.

Qual das duas avaliações usa como escala de valores:
a) A Palavra de Deus? _____
b) Os melhores métodos de especialistas nessa matéria? _____
_____

30. Portanto, para avaliar ideias referentes à divindade de Jesus Cristo, usaremos uma escala de valores com base na _____. Mas se queremos aprender botânica ou os melhores métodos de estudar em grupo, teremos de usar outra escala de valores, ou seja, a dos escritos dos melhores _____ nessas matérias.

31. Qual é a técnica que se usa para melhorar tanto o discernimento entre doutrinas bíblicas e doutrinas falsas, como para melhorar os resultados nas habilidades pastorais e científicas? _____.

> Um dos principais propósitos deste curso é equipá-lo com:
> 1. Escalas de valores bíblicos para você poder avaliar as diferentes ideias referentes a qualquer doutrina ou conduta.
> 2. Escalas de valores técnicos para você poder avaliar suas habilidades, de maneira a poder preparar-se para desempenhar seu ministério.

PARA OS ENCONTROS

O assunto estudado hoje é muito complicado e realmente exige muitas lições para explicá-lo com profundidade. Por agora, é necessário que você esteja consciente da necessidade de elaborar escalas de valores para avaliar suas ideias, sua conduta e suas habilidades. Tome o exemplo de um futebolista, medite nele e discuta-o com seus companheiros nos encontros.

Um futebolista (como qualquer ser humano) pode ser avaliado com base em muitas escalas de valores diferentes, dependendo de que aspecto de sua vida se trata. Por exemplo:
   a) Sua habilidade como jogador.
   b) Seu estado físico.
   c) Sua efetividade na equipe.
   d) Sua conduta dentro de campo.
   e) Suas crenças religiosas.
   f) Sua conduta moral fora de campo.

Destaque
Quais se referem à doutrina ou conduta e que devem ser avaliados por valores bíblicos? Quais se referem às técnicas e habilidades que necessitam ser avaliados com escalas de valores dos especialistas?

NOTA: Alguns itens podem aparecer em ambas as categorias. Por exemplo, chutar um rival é condenado tanto pelas regras do jogo como por Deus.

GABARITO

1. a) Técnica de Avaliação - b) intelecto **2.** Discernir entre bem e o mal **3.** a) A - b) B - c) C - d) D - e) E - f) F **4.** c - d **5.** a) Longas orações - b) Avaliação **6.** distorcida **7.** mau - bom - bom - mau - bem - mal - mente - distorcida - pecado **8.** a) i - b) iii **9.** B - A - iguais **10.** régua **11.** a) B - b) C - c) E - d) A - e) D **12.** a **13.** Palavra de Deus (ou: A Bíblia; ou: as Escrituras). **14.** a) De uma boa Escala de Valores - b) A Palavra de Deus **15.** a) 18 - b) deixá-la - divorciar-se **16.** a) 18 e 20 - b) 23 **17.** a) pai - b) Espírito Santo - virgem **18.** a) Falsa - b) virgem - c) Que Jesus nasceu de uma virgem - d) 18, 20, 23 **19.** a) Espírito Santo - virgem - b) i. Espírito Santo - ii. virgem - c) falsa **20.** Não é verdadeira porque a Bíblia ensina claramente que José não era o pai de Jesus, mas sim que ele foi gerado pelo Espírito Santo de uma virgem. Também não é certo que a igreja não insiste em que creiamos na doutrina do nascimento virginal de Jesus, pois o Credo dos Apóstolos declara que Jesus foi concebido pelo Espírito Santo e nasceu de uma virgem (ou palavras semelhantes). **21.** a - c - d **22.** a - b - e **23.** a) Ler passagens bíblicas, ensinar outros a ler etc - b) Ser o tesoureiro - c) Lecionar na Escola Bíblica Dominical, ministrar estudos bíblicos etc - d) Ajudar a construir ou reformar um templo, ajudar vizinhos **24.** c **25.** a) A - b) B **26.** a) especialistas ou pedreiros - b) técnica - habilidade - Bíblia - especialistaas - matéria **27.** c **28.** a - b - c - e **29.** a) A - b) B **30.** a) Bíblia - b) especialistas **31.** A Técnica de Avaliação

LIÇÃO 110

Lamentação por Jerusalém (as emoções consagradas)

> Tendo visto a necessidade de consagrar nossa mente totalmente ao Senhor, estudaremos agora outra parte da personalidade: as emoções. Mais do que nunca, as tensões do século 21 causam estragos nessa área da personalidade; portanto, os crentes têm o grande desafio de desenvolver uma ação educativa, visando a ajudar pessoas a solucionarem seus problemas emocionais.

1. Na Lição 106, aprendemos que há três partes constituintes da personalidade humana: intelecto, emoções e vontade. Indique que termo usou Jesus para:
   a) O intelecto _____.
   b) As emoções _____.
   c) A vontade _____.
   d) A personalidade humana em sua totalidade _____.

QUINTA-FEIRA À TARDE

2. Na quinta-feira, depois de um longo dia de controvérsias com as autoridades religiosas, que culminou na denúncia contra os escribas e fariseus, Jesus, que deve ter se sentido totalmente esgotado, lamentou (antes de sair do templo em liberdade pela última vez) pela cidade de Jerusalém. Leia a história em Mateus 23.37-39 e responda: Qual das três partes de sua personalidade manifestou-se aqui?
   _____

3. Emoção é a parte da nossa personalidade que move, agita ou impulsiona o interior do nosso ser. Agora, responda: Quais das seguintes experiências são emoções?
   a) Ira.
   b) Temor.
   c) Amor.
   d) Estudo.
   e) Sentimento de culpa.
   f) Alegria.
   g) Ciência.
   h) Decisão.
   i) Preocupação.

4. Sem emoções, o homem seria uma máquina e funcionaria cada dia da mesma forma. Por exemplo, de um CD pode sair um música de amor, porém a máquina não pode sentir _____. Ou podem sair insultos e palavras depreciativas, porém a máquina não pode sentir _____.

5. As emoções são um dom precioso de Deus, que dão sabor à vida. Na realidade, as emoções, e não o intelecto, levam o homem ao topo do seu destino e elevam e enobrecem sua personalidade, feita à imagem de Deus. Mesmo que máquinas pudessem proferir sermões, jamais seria igual ao sermão pregado por um homem cheio de compaixão pelas almas. Agora, responda: Com que se pareceria o homem se não tivesse emoções? _____
_____

6. Lembre-se de que as emoções, como o intelecto e a vontade, foram criadas de forma _____ por Deus. Infelizmente, como resultado da queda no pecado, as emoções, assim como o intelecto e a vontade, ficaram gravemente _____.

7. Basta pensar nas tensões e angústias da vida moderna para verificar os estragos feitos na parte mais delicada e frágil da personalidade humana, o que tem deixado os hospitais cheios de pessoas que sofrem de complexos, crises nervosas e neuroses. Responda: Qual das três partes da personalidade foi danificada nesses casos? _____

8. John Stott afirmou: "O pecado tem efeitos muito mais perigosos sobre nossa faculdade de sentir (emoções) do que sobre nossa faculdade de pensar (mente), porque nossas opiniões (mentes) são mais facilmente confrontadas e reguladas pela verdade revelada do que nossas emoções" (*Crer é também pensar*, p. 18). Conforme Stott, qual é a parte de nossa personalidade mais propensa a errar por causa do pecado? _____

9. Cada crente reconhece a validade dessa afirmação. Nossas emoções distorcidas pelo pecado se parecem com a lava que ferve dentro de um vulcão prestes a entrar em erupção, no momento menos propício, em terríveis e danosos arrebatamentos, os quais prejudicam toda a nossa personalidade. Assim, qual o resultado do desequilíbrio emocional em nossa personalidade?
   a) Benéfico.
   b) Neutro.
   c) Extremamente perigoso e danoso.

10. Então, é absolutamente essencial que nossas emoções não fiquem descontroladas, mas estejam debaixo do controle de Deus. Por isso, Jesus nos admoesta de que devemos consagrar nossas emoções em amor a Deus. Ele disse: "Amarás ao Senhor teu Deus de todo o teu _____".

11. Leia novamente Mateus 23.37, onde se veem tanto as emoções de Jesus como do povo de Jerusalém. Indique qual dos dois manifestou:
    a) Ódio _____.
    b) Amor _____.

12. Conforme Mateus 23.37:
    a) Como se manifestava o ódio dos judeus de Jerusalém? Eles _____ os _____.
    b) Como se manifestava o amor de Jesus? Ele quis juntá-los como uma _____ ajunta seus _____ debaixo das _____.

13. Nessa passagem de Mateus 23.37, verificamos então duas das emoções mais fortes da personalidade humana: o _____ e o _____. Assim, o _____ é o mais extremamente perigoso e danoso, como a lava que irrompe do vulcão.

14. O ódio, resultado do medo, é uma emoção que facilmente pode nos dominar por completo. Manifesta-se através da ira, do ciúme, da inveja e dos complexos de inferioridade. Como se manifestou o ódio do povo de Jerusalém? _____
    _____
    _____

> Para ver alguns dos estragos que o medo faz na personalidade humana, faça revisão da Lição 80 (Livro 4) sobre o medo e os ajustes psicológicos agressivos e defensivos.

15. Podemos ver outros exemplos da ira descontrolada dessa gente nas referências de Jesus ao final de sua denúncia contra os escribas e fariseus.
    a) Quem foi morto perto do altar e diante da porta do Lugar Santo, conforme Mateus 23.35? _____
    b) Em que edifício aconteceu esse homicídio? _____
    c) Os assassinos, então, eram habitantes de _____.

16. Responda:
    a) Que fizeram os judeus ao terminar a festa dos Tabernáculos, quando Jesus disse: "Eu sou"? (Leia João 8.85-59) _____
    b) Que fizeram os judeus ao terminar a festa da Dedicação? (Leia João 10.31) _____
    c) Em que cidade Jesus estava em cada uma dessas ocasiões? _____
    d) Por qual emoção o povo foi impulsionado em ambos os casos? _____

17. O ódio é uma emoção distorcida pelo pecado quando não se submete ao controle de Deus. Com que características se distinguem as emoções descontroladas? (Observe o exemplo do povo de Jerusalém.)
    a) O que os judeus em Jerusalém clamavam na Entrada Triunfal? (Leia Mateus 21.9)
    _____

b) O que clamavam uns dias depois no julgamento de Jesus? (Leia Mateus 27.22-23)
_____
c) Que características distinguem suas emoções descontroladas?
   i. Constância.
   ii. Mudanças repentinas.
   iii. Amor.

18. Qual é a característica das emoções descontroladas? _____
_____

> As emoções descontroladas, como a lava que irrompe do vulcão, levam a pessoa a resultados desastrosos, bem como seus familiares, conhecidos e até a sociedade em que vive. Isto se vê claramente na seguinte profecia de Jesus.

19. Essa profecia se cumpriu ao pé da letra como consequência das emoções descontroladas dos habitantes de Jerusalém, que tantas vezes lhes levaram não só a sentir ódio, mas a manifestá-lo, desejando morte tanto aos profetas como a Cristo.
   a) Em que ano se cumpriu a profecia de Cristo? (Leia Mateus 24.2) _____
   _____
   b) Por meio de que exército? _____
   c) Sob o comando de que general? _____
   d) Como se chama o único vestígio que permanece dos fundamentos do Templo?
   _____
   e) Na Jerusalém atual, como se chama o edifício que ocupa o lugar do Templo? __
   _____

20. Quão diferentes foram as emoções de Jesus! Ele também era profundamente emotivo, mas suas emoções eram totalmente controladas por Deus.
   a) Que quis fazer Jesus com o povo de Jerusalém? _____
   _____
   b) Quantas vezes tentou fazer isto? _____
   _____
   c) Que características distinguem as emoções sob o controle de Deus?
      i. Constância.
      ii. Mudanças repentinas.
      iii. Ódio.

21. Cite uma característica dos seguintes tipos de emoção:
   a) Descontrolada. _____
   b) Sob o controle de Deus. _____

22. Muitas vezes, o controle das emoções opera numa direção oposta a nosso desenvolvimento intelectual. Não queremos que seja assim. Por isso, neste curso, com o auxílio

do Senhor, temos procurado ajudar cada crente a ganhar estabilidade em vez de sofrer desequilíbrio emocional. A estabilidade emocional se alcança quando andamos por _____ e não por _____ (Leia 2Coríntios 5.7).

23. O povo de Jerusalém fez justamente o contrário: andava por vista e não por fé. Quando os judeus viram Jesus entrando triunfalmente na capital, puseram-se alegres e lhe deram boas-vindas. Mas quando viram Jesus amarrado e preso, e os líderes decididos a matá-lo, rejeitaram-no. As emoções descontroladas mudavam repentinamente porque:
   A. Baseavam-se nas circunstâncias vacilantes desta vida, que se veem com os olhos físicos.
   B. Baseavam-se no eterno amor de Deus que apreciamos pela fé.

   Qual dessas afirmativas está certa?
   a) Somente A.   c) Ambas.
   b) Somente B.   d) Nenhuma das duas.

24. Uma das razões pelas quais muitos crentes sofrem desequilíbrio emocional é simplesmente porque andam por vista e não por fé. Suas emoções mudam conforme o que veem, e isto os leva por todos os lados. A fé, no entanto, descansa no eterno amor de Deus, que nunca muda. Como afirma Cantares 8.7: "As muitas águas não poderiam apagar o amor, nem os rios afogá-lo". Jesus quis ajuntar o povo de _____ não só uma vez, mas _____ vezes, para protegê-lo como uma _____ cuida dos seus _____. Jesus ainda estenderia seus braços na cruz como a galinha estende suas _____ para dar abrigo e segurança.

25. Então podemos dizer que:
   a) Jerusalém andou por _____.
   b) Jesus andou por _____.
   c) O crente que desfruta estabilidade emocional anda por _____.
   d) O desequilíbrio emocional muitas vezes é resultado de andar por _____ e não por _____.

26. Responda:
   a) Qual é a característica das emoções:
      i. Descontroladas? _____
      ii. Controladas por Deus? _____
   b) Como devemos andar a fim de experimentar a estabilidade emocional? _____
   _____

27. Que desastre, profetizado por Jesus, veio como consequência das emoções descontroladas do povo de Jerusalém! (Descreva os detalhes que você aprendeu a respeito deste terrível acontecimento)._____

28. Agora, um ponto de grande importância. Quando dizemos que devemos andar por fé e não por vista não queremos dizer com isso que nossas emoções sejam eliminadas

e nunca mais sintamos enfado, tristeza, alegria etc., mas, sim, que o controle dessas dê lugar ao _____ de Deus, por causa de uma fé viva em seu amor.

29. Na realidade, seria terrível se as emoções de alguém fossem eliminadas! Desse modo, essa pessoa pareceria uma _____.

30. Cristo, o homem perfeito, não era insensível ao seu ambiente. Sentiu as mesmas emoções que nós, como a Bíblia afirma. Escreva ao lado de cada versículo bíblico as emoções que Jesus sentiu em sua vida.

> Alguns versículos repetem as emoções descritas em outros.

a) Mateus 9.36 _____.
b) Mateus 21.12 _____.
c) Marcos 3.5 _____ e _____.
d) Lucas 7.13 _____.
e) Lucas 10.21 _____.
f) Lucas 19.41 _____.
g) João 11.35 _____.
h) João 11.36 _____.

31. Temos de considerar que em cada pessoa normal, por causa de certos estímulos, as emoções vêm inevitavelmente. O temor, a ira e a alegria são emoções típicas que Jesus sentiu, e todos os homens sentem em seus devidos momentos. Quando o olho é tocado, automaticamente se fecha. Assim acontece com nossas emoções. Quem na lista seguinte sente, de vez em quando, as emoções de temor, ira, alegria e amor?
a) Somente os maus.
b) Jesus.
c) Todos os homens.
d) Eu.

32. Não se consegue estabilidade emocional ao negar a existência das emoções, mas ao nos conscientizarmos delas com franqueza e honestidade, e logo descarregá-las, canalizando assim suas energias por caminhos construtivos e criadores, que manifestam efetivamente o amor de Deus.
a) O que não devemos fazer com nossas emoções? _____
_____
b) O que devemos fazer com elas? _____
_____
c) Descarregá-las como um ato que _____ o _____ de _____.

33. Jesus aborreceu-se quando viu os mercadores sujos dos sumos sacerdotes no Templo e quando viu a hipocrisia dos escribas e fariseus. Mateus 23.37 relata como ele descarregou essas emoções _____ o _____ de _____, quando quis ajuntá-los como _____.

34. Quando você se sente prejudicado, desanimado, triste, deve fazer duas coisas:
    a) Eleve seu coração acima das circunstâncias vacilantes que lhe apertam e concentre-se, pela fé, no _____ de _____, ou, ande por _____ e não por _____.
    b) Busque, em oração, algo que você possa fazer para descarregar a energia emocional num ato que _____ o _____ de _____.

35. Quando você está aborrecido, quais dos seguintes atos seriam apropriados para descarregar a energia nervosa numa manifestação de amor e carinho?
    a) Sair a passear. Enquanto caminha, ore pela pessoa que o ofendeu.
    b) Brincar com os filhos por algum tempo.
    c) Ficar em casa pensando com amargura no mal que lhe fizeram.
    d) Sair para comprar algo bonito para um amigo.
    e) Preocupar-se em como se vingar.
    f) Experimentar reprimir o aborrecimento, simulando não estar sentindo.
    g) Pensar no amor de Deus para com você e louvá-lo pelo seu perdão.

36. Se lhe ocorre um forte sentimento de depressão, quais dos seguintes atos são apropriados para descarregar a tensão que sente?
    a) Pensar em cada aspecto do mal que lhe aflige.
    b) Visitar um vizinho necessitado.
    c) Louvar a Deus por seu grande amor.
    d) Cancelar seu compromisso na Escola Dominical.
    e) Ler um bom livro de anedotas, dando graças a Deus pelo dom de sorrir.

37. Para conseguir estabilidade emocional:
    a) Como o crente deve agir? _____
    b) Em que deve descarregar todas as suas emoções? _____
    c) O que não se deve fazer com as emoções? _____

38. O amor divino "não busca o que é seu, não tem inveja, não é presumido, não é orgulhoso, não é grosseiro, não é egoísta, não se aborrece, não é rancoroso, não se alegra com a injustiça, mas alegra-se com a verdade. Tudo suporta com confiança, esperança e paciência". (1Coríntios 13.4-7 — *Versão Popular Adaptada*).
    a) Quem mostrou esse tipo de amor por Jerusalém? _____
    b) Jesus é capaz de tornar real esse tipo de amor em você? _____

Meu caro irmão ou minha cara irmã, use agora esta oração muito antiga para reconsagrar suas emoções e sua vontade ao Senhor.

Deus, Todo Poderoso, que é o único que podes manejar as rebeldes vontades e emoções dos pecadores, concede a teu povo a graça de que ame teus mandamentos e aspire tuas promessas para que deste modo, em meio das circunstâncias e mudanças deste mundo, nossos corações estejam postos e fixos na única mansão de verdadeiros deleites. Por meio de Jesus Cristo, Nosso Senhor. Amém!

NOTA

Algumas vezes o desequilíbrio emocional é causado por problemas e circunstâncias muito mais antigos, cuja lembrança a pessoa reprime para não sofrer. Daí, novos problemas surgem, sem que se conheça a causa real. Por isso, é importante saber ajudar as pessoas nos seus vários tipos de desequilíbrios emocionais. Recomendamos o livro "Ajudando uns aos outros", do dr. Gary Collins, como excelente guia para o conselheiro cristão.

GABARITO

1. a) Mente (entendimento) - b) Coração - c) Forças - d) Alma **2.** As emoções **3.** a - b - c - e - f - i **4.** a) amor -b) ódio **5.** Com uma máquina **6.** perfeitas - distorcidas **7.** As emoções **8.** As emoções **9.** c **10.** coração **11.** a) o povo de Jerusalém - b) Jesus **12.** a) matavam - profetas - b) galinha - pintinhos - asas **13.** amor - ódio - ódio **14.** Matando os profetas **15.** a) Zacarias - b) Templo - c) Jerusalém **16.** a) Pegaram pedras para atirarem nele - b) Voltaram a pegar pedras - c) Jerusalém - d) Ódio **17.** a) Hosana ao filho de Davi - b) Crucifica-o! - c) ii **18.** Mudanças repentinas **19.** a) 70 d.C. - b) Romano - c) Tito - d) Muro das Lamentações - e) Mesquita de Omar **20.** a) Ajuntá-lo sob as asas - b) Muitas - c) i **21.** a) Mudanças repentinas - b) Constância **22.** fé - vista **23.** a **24.** Jerusalém - muitas - galinha - pintinhos - asas **25.** a) vista - b) fé - c) fé - vista - d) vista - fé **26.** a) i - Mudanças repentinas - ii. Constância - b) Por fé e não por vista **27.** compartilhar nos encontros **28.** controle **29.** máquina **30.** a) Compaixão - b) Enfado - c) Aborrecimento e tristeza - d) Compaixão - e) Alegria (gozo) - f) Lágrimas - g) Amor **31.** b - c - d **32.** a) Negar sua existência - b) Descarregá-las - c) Manifesta - amor - Deus **33.** manifestando - amor - Deus - pintinhos **34.** a) amor - Deus - fé - vista - b) manifeste - amor - Deus **35.** a - b - d - g **36.** b - c - e **37.** a) Por fé e não por vista - b) Em uma manifestação do amor de Deus - c) Negar que existem **38.** a) Jesus - b) Sim

LIÇÃO 111

Os sinais do fim

QUADRO DE REVISÃO DA QUINTA-FEIRA
1. Durante toda a quinta-feira, Jesus teve fortes _____ com as autoridades religiosas, que Mateus agrupa nas _____ parábolas e nas _____ perguntas.
2. Jesus terminou essas controvérsias com uma terrível denúncia dos _____ e _____, na qual apresentou _____ exemplos de como eram hipócritas.
3. No momento de sair do Templo, Jesus lamentava pela cidade de _____, e vimos o amor de _____ em contraposição com o ódio do _____.
4. Ao sair do Templo, Jesus profetizou a destruição total desse edifício, que se cumpriu mais tarde no ano _____, pelo exército _____, sob o comando do general _____.
5. Leia Mateus 24.3, que informa que Jesus voltou logo ao monte das _____, depois de ter atravessado de novo o ribeiro do _____ pela _____, e sentou-se sobre o monte com seus _____.

1. Na tarde de quinta-feira, Jesus profetizou o que podemos chamar "Segundo Sermão do Monte", que Mateus relata nos capítulos 24 e 25.
   a) Sobre que monte foi proferido o sermão relatado em Mateus 24 e 25? _____

   b) Em quais capítulos Mateus relata o primeiro Sermão do Monte? _____

   c) Qual seria o nome apropriado para distinguir este segundo Sermão do Monte do primeiro?
      i. Sermão das Oliveiras.
      ii. Sermão de Hermom.
      iii. Sermão do Monte.

2. O Sermão das Oliveiras é uma resposta às três perguntas que os discípulos fizeram. Quais foram? (Leia Mateus 24.3)
   a) Quando sucederão _____.
   b) Que sinal haverá da tua _____.
   c) E do _____ do _____.

3. Quando os discípulos perguntaram "Quando serão estas coisas?", se referiam às profecias de Jesus no versículo 2. Que profecia era esta? _____
   _____

4. Sentados sobre o monte das Oliveiras, eles podiam ver sobre o monte do outro lado do Cedrom o tremendo edifício do _____.

| 113 |

5. No Sermão das Oliveiras, Jesus responde a duas das três perguntas de seus discípulos.
   a) Qual é o título em cima do versículo 3? _____
   _____
   b) Qual é o título em cima do versículo 29? _____
   _____
   c) Quais são as duas perguntas que Jesus respondeu? _____
   _____
   _____

6. Então, em Mateus 24, Jesus está falando de duas coisas. Quais são?
   a) Uma campanha de evangelização.
   b) Como pregar e ensinar a Bíblia.
   c) Os últimos dias do mundo.
   d) Como devemos orar.
   e) Sua segunda vinda em glória.

7. Jesus termina o Sermão das Oliveiras contando três novas parábolas relatadas em Mateus 25. Essas três parábolas tratam dos mesmos dois assuntos que se destacaram em Mateus 24. Quais são esses dois temas?
   a) Os _____ dias do _____.
   b) Sua _____ vinda.

8. Quais são os títulos em sua Bíblia dessas três parábolas e as respectivas referências bíblicas?

   Título   **Referência**
   a) _____   _____ ____.____-____.
   b) _____   _____ ____.____-____.
   c) _____   _____ ____.____-____.

9. Quais são os dois temas principais do Sermão das Oliveiras? _____
   _____
   _____

10. Lembre-se de que Jesus teve o triplo ministério de Profeta, Sacerdote e Rei. Qual desses ministérios desempenha:
    a) O que representa o povo diante de Deus? _____
    b) O que representa Deus e sua palavra diante do povo? _____
    c) O que administra a autoridade de Deus? _____

11. O profeta representa Deus diante do povo de duas maneiras:
    I. Quando interpreta a palavra de Deus ao povo.
    II. Quando prediz acontecimentos futuros que Deus lhe mostrou.

    a) No Sermão das Oliveiras, Jesus desempenha o ministério de _____.
    b) Por quê? Porque predisse acontecimentos _____.

12. Jesus, na tarde de _____-_____, sentou-se sobre o monte das _____ com seus _____. Diante de seus olhos ficava o magnífico edifício do _____ e a cidade de _____. Em seu sermão, falou dos _____ dias e da sua segunda _____. Por isso, podemos dizer que nesse sermão Jesus exerceu o ministério de _____.

13. Consultando a Bíblia, responda:
    a) Entre que versículos de Mateus 24 se encontra o ensino de Jesus acerca dos sinais do fim? _____
    b) Que ensina Jesus em Mateus 24.3-28? _____
    _____
    _____
    _____
    _____

14. Escreva ao lado de cada uma das referências da Lista 1 a letra maiúscula do sinal ou sinais correspondentes da Lista 2.

    Lista 1
    a) Mateus 24.5 _____
    b) Mateus 24.6 _____
    c) Mateus 24.7 _____
    d) Mateus 24.9 _____
    e) Mateus 24.11 _____
    f) Mateus 24.12 _____
    g) Mateus 24.14 _____
    h) Mateus 24.24 _____ e _____

    Lista 2
    A. Pestes
    B. Fome
    C. Falsos cristos
    D. Crescimento da maldade
    E. Falsos profetas
    F. Perseguições
    G. Pregação do evangelho a todas as nações
    H. Terremotos
    I. Guerras e rumores de guerras

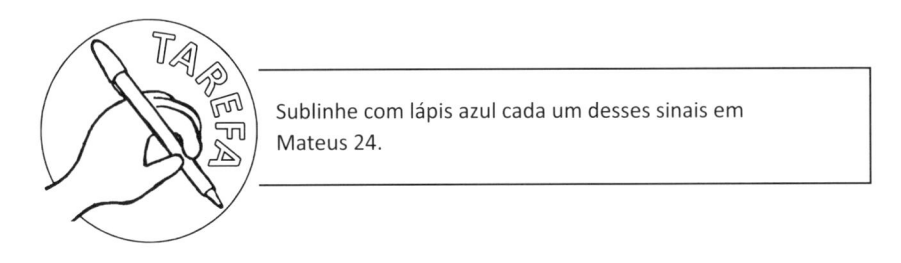

    Sublinhe com lápis azul cada um desses sinais em Mateus 24.

15. Podemos dizer que os sinais antes do fim ensinados por Jesus afetam três áreas de nosso ambiente:
    1. Acontecimentos espirituais.
    2. Convulsões da natureza.
    3. Convulsões nacionais e sociais.

    Observe a seguinte análise dos sinais, e escreva um dos títulos acima sobre cada parte conforme corresponda.

a) _____
   Terremotos
   Pestes
   Fomes

b) _____
   Guerras e rumores de guerras
   Crescimento da maldade (delinquência)

c) _____
   Falsos cristos
   Falsos profetas
   Perseguições
   Pregação do evangelho a todas as nações

16. Agora, sem olhar o item anterior, mas usando apenas a Bíblia, escreva cada um dos sinais sublinhados em Mateus 24, debaixo do título correspondente.
    1. Convulsões nacionais e sociais.
       _____
    2. Convulsões da natureza.
       _____
    3. Acontecimentos espirituais.
       _____

17. No caminho do Templo ao monte das Oliveiras, Jesus havia predito outro acontecimento que constituiria outro sinal antes do fim.
    a) Que predisse Jesus acerca do Templo? _____
       _____
    b) Em que cidade estava situado o Templo? _____
       _____

> **TAREFA**
> Certamente a cidade de Jerusalém compartilharia do destino do templo. Agora pegue a Bíblia e escreva na margem ao lado de Mateus 24.15 "A destruição de Jerusalém e do Templo".

18. Leia e compare Mateus 24.15-16 com Lucas 21.20-21. Aqui, Jesus apresentou aos discípulos dois sinais que anunciaram a destruição iminente de Jerusalém e do Templo. Dessas duas referências, uma não necessita interpretação, mas a outra sim. Destaque o sinal:
    a) Que necessita de explicação e a referência bíblica. _____
       _____
    b) Que não necessita explicação e a referência bíblica. _____
       _____

19. No Antigo Testamento o termo "abominação" é usado para indicar ídolos ou objetos relacionados com a idolatria. Agora, responda: No Antigo Testamento, a que se refere a palavra "abominação"?
    a) Um tipo de bomba usada pelos exércitos judeus.
    b) Uma manobra militar.
    c) Estátuas e outros objetos a que os povos prestavam cultos.

20. Era comum em guerras ou lutas armadas que unidades militares portassem bandeiras. Para quê?
    a) Para se cobrirem durante o frio da noite.
    b) Como cortinas para as janelas.
    c) Para identificar-se e reunir as tropas na batalha.

21. As unidades militares de Roma também levaram bandeiras ou estandartes, que estampavam o busto do imperador, diante do qual se prostravam os soldados romanos. Esse ato de adoração aos estandartes por parte dos romanos:
    a) Era pouca coisa e os judeus não lhe davam importância.
    b) Era idolatra; por isso, uma abominação para os judeus.
    c) Era algo que os judeus admiravam.

22. Conforme o Antigo Testamento, um termo que se pode usar para indicar esse estandarte adorado pelos romanos seria a _____.

23. Lembre-se dos sinais do fim que Jesus ensinou. Faça uma análise deles na lista abaixo.
    a) Convulsões _____ e _____. Exemplos: _____ e _____ da _____.
    b) Convulsões da _____ . Exemplos: _____, _____ e _____.
    c) Acontecimentos _____:_____, _____, _____ e _____.

24. Certa ocasião, no início de seu governo, Pilatos introduziu uma legião de soldados com seus estandartes. Os judeus, ao saberem disso, escandalizaram-se e disseram a Pilatos: "Mata-nos se quiseres, mas tira aquela abominação desoladora de nossa Cidade Santa, das imediações do nosso santo Templo".

    a) Que fez Pilatos que tanto aborreceu os judeus? _____

    b) Por que esse ato os aborreceu? _____

    c) Que palavras usavam os judeus para descrever o objeto de sua preocupação? _____

LIÇÃO 111 - OS SINAIS DO FIM | 117 |

25. Responda:
    a) Onde seria colocada a abominação desoladora, conforme Mateus? _____
    b) Sendo assim, em que edifício aconteceria isto? _____

26. Jesus predisse sinais que estariam diretamente ligados com a iminente destruição de Jerusalém e do Templo.
    a) Conforme Mateus, que sinal seria visto no Templo? _____
    b) Conforme Lucas 21.20, que sinal seria visto ao redor da cidade? _____

27. Em 66 d.C., o ressentimento dos judeus explodiu em rebelião declarada, e os romanos decidiram terminar com a rebelião judaica de uma vez para sempre. No ano 70 d.C., Jerusalém experimentou o mais terrível cerco de sua história, quando uma grande força romana comandada por Tito sitiou Jerusalém. O cerco durou pouco tempo, e nesse mesmo ano Jerusalém foi conquistada e destruída.
    a) Por que os romanos atacaram Jerusalém? _____
    b) Que fizeram antes de tomar a cidade? _____
    c) Quem foi o general do exército romano? _____
    d) Quanto durou o cerco? _____
    e) Em que ano o Templo foi reduzido a escombros? _____
    f) Como se chama o único fragmento do templo existente hoje em dia? _____
    g) Como se chama o edifício que ocupa o lugar do templo na atualidade? _____

28. Depois de explodir a rebelião, judeus de todas as partes do país aglomeraram-se em Jerusalém. Isto causou uma fome terrível. Dentro dos muros houve cenas de horror; famílias inteiras morreram. Para piorar a situação, grupos políticos opostos se matavam entre si. No fim do cerco, 1.100.000 judeus haviam morrido e 97.000 foram capturados.
    a) Que fizeram muitos judeus depois do começo da insurreição? _____
    b) Que problema foi causado por isto? _____
    c) Que outro problema interno agravou o sofrimento? _____
    d) Quanta gente morreu durante o cerco? _____
    e) Se o cerco tivesse demorado por mais tempo, teria havido sobreviventes? (Leia Mateus 24.22) _____
    f) Quando ocorreu a destruição do Templo? _____

29. Josefo, o historiador judeu, disse que Tito permitiu que muitos judeus saíssem da cidade no início do cerco, oportunidade tomada por muitos judeus convertidos. Diante disso, indique as declarações certas:
   a) Vendo a cidade cercada por soldados romanos, os judeus convertidos lembraram-se do que Jesus dissera e fugiram da cidade. (Leia Mateus 24.16-17)
   b) Os crentes decidiram ficar em Jerusalém com os demais para lutar contra os soldados romanos.
   c) Tito comandou as forças que conquistaram Jerusalém.
   d) Poucos morreram. Milhões sobreviveram ao cerco de Jerusalém.
   e) Jerusalém foi conquistada no ano 66 d.C.
   f) Apesar de haver alimento e união, os judeus foram vencidos.
   g) O Templo foi reduzido a escombros em 70 d.C.
   h) Fome e guerra civil pioraram a situação de desespero.

30. Lembre-se dos sinais do fim que Jesus ensinou. Faça uma análise deles na lista abaixo.
   a) Convulsões _____ e _____. Exemplos: _____ e _____ da _____.
   b) Convulsões da _____ . Exemplos: _____, _____ e _____.
   c) Acontecimentos _____:_____, _____, _____ e _____.

31. Na Lista 2 abaixo, há alguns exemplos de como se cumpriram alguns dos sinais preditos por Jesus. Leia os seis versículos da Lista 1, escrevendo ao lado de cada um a letra maiúscula do sinal correspondente na Lista 2. (*Atenção*: "aquele egípcio", em Atos 21, era um judeu egípcio que chamava a si próprio "o Messias".)

   Lista 1
   a) Colossenses 1.6 _____
   b) Atos 12.1-2 _____
   c) 2Pedro 2.1 _____
   d) Atos 21.38 _____
   e) Atos 16.26 _____
   f) Atos 11.28 _____

   Lista 2
   A. Fome
   B. Terremotos
   C. Pregação do evangelho em todo o mundo
   D. Perseguição
   E. Falsos cristos
   F. Falsos profetas

   > REALMENTE É ASSOMBROSO NOTAR QUE, NÃO SOMENTE A PROFECIA DE JESUS ACERCA DA DESTRUIÇÃO DE JERUSALÉM FOI CUMPRIDA AO PÉ DA LETRA, MAS TAMBÉM OS OUTROS SINAIS QUE VOCÊ ESCREVEU HÁ POUCO. AGORA, ANTES DE TERMINAR A LIÇÃO, GOSTARIA DE ENSINAR-LHE MAIS UMA COISINHA.

32. Na Bíblia, muitos dos discursos sobre acontecimentos futuros têm uma dupla referência: não somente tinham um cumprimento imediato — quer dizer, próximo ao

pronunciamento da profecia mesmo —, mas também outro mais distante. Diante disso, responda: Qual é a dupla referência de muitas profecias?
a) Um cumprimento _____.
b) Outro cumprimento mais _____.

33. Ao longo das profecias sobre a destruição de Jerusalém e dos sinais precedentes, podemos ver que Jesus não somente trata da destruição do Templo de Jerusalém, mas também descreve o que vai ocorrer nos dias antes do fim.
A. A profecia acerca da destruição do Templo foi cumprida no ano 70 d.C.
B. As profecias pronunciadas por Jesus em Mateus 24.3-28 vão-se cumprindo nestes dias antes do fim do mundo.

Qual é a certa?
a) Somente A.
b) Somente B.
c) Ambas.
d) Nenhuma.

34. Você aprendeu bastante hoje, e agora pode ler Mateus 24.3-28 com muito mais entendimento. Durante a leitura da profecia, não se esqueça de que há um duplo cumprimento. Quais são? _____

FAÇA A PROVA

GABARITO

QUADRO DE REVISÃO DA QUINTA-FEIRA: 1. controvérsias - três - quatro — 2. escribas - fariseus - sete — 3. Jerusalém - Deus - povo — 4. 70 d.C. - romano - Tito — 5. Oliveiras - Cedrom - fonte - discípulos

1. a) Monte das Oliveiras - b) 5, 6 e 7 - c) i **2.** a) estas coisas - b) vinda - c) fim - mundo **3.** Não ficará aqui pedra sobre pedra que não seja derrubada **4.** Templo **5.** a) O princípio das dores - b) Vinda do Filho do Homem - c) Que sinal fala da tua vinda e do fim do mundo **6.** c - e **7.** a) últimos - mundo (ou século) - b) segunda **8.** a) Parábolas das dez virgens - Mateus 25.1-13 — b) Parábola dos talentos - Mateus 25.14-30 — c) O grande julgamento - Mateus 25.31-46 **9.** Os últimos dias do mundo e a segunda vinda de Cristo **10.** a) Sacerdote - b) Profeta - c) Rei **11.** a) profeta - b) futuros **12.** quinta-feira - Oliveiras - discípulos - Templo - Jerusalém - últimos - vinda - profeta **13.** 3 a 28 - b) Os sinais do fim **14.** a) C - b) I - c) A - B - H - d) F - e) E - f) D - g) G - h) C - E **15.** a) Convulsões da natureza - b) Convulsões nacionais e sociais - c) Acontecimentos espirituais **16.** (1) Guerras, crescimento da maldade - (2) Terremotos, pestes, fomes - (3) Falsos Cristos, falsos profetas, perseguições, pregação universal **17.** a) Seria derrubado - b) Jerusalém **18.** a) Abominação desoladora - Mateus 24.15-16 — b) Jerusalém cercada de exércitos – Lucas 21.20-21 **19.** c **20.** c **21.** b **22.** abominação **23.** a) nacionais - sociais: guerras - crescimento - maldade — b) natureza: fomes - pestes - terremotos — c) espirituais: falsos Cristos - falsos profetas - perseguições - pregação universal **24.** a) Trouxe estandartes para Jerusalém - b) Para eles significam idolatria (semelhante) - c) Abominação desoladora **25.** a) No Lugar Santo - b) No Templo **26.** a) Abominação desoladora no Lugar Santo - b) Os exércitos romanos **27.** a) Para acabar com a rebeldia dos judeus - b) Sitiaram-na - c) Tito - d) Pouco tempo - e) 70 d.C. - f) Muro das Lamentações - g) Mesquita de Omar **28.** a) Chegaram a Jerusalém - b) Fome - c) Conflitos políticos - d) 1.100.000 - e) Não - f) 70 d.C. **29.** a - c - g - h **30.** a) nacionais - sociais: guerras - crescimento - maldade — b) natureza: fomes - pestes - terremotos — c) espirituais: falsos cristos - falsos profetas - perseguições - pregação universal **31.** a) C - b) D - c) F - d) E - e) B - f) A **32.** a) imediato - b) distante **33.** c **34.** Imediato e outro mais adiante

LIÇÃO 112

A vinda do Filho do Homem

Na lição anterior estudamos a profecia de Jesus sobre a destruição de Jerusalém. Este monumento que você vê ao lado chama-se "Arco de Tito". Está em pé ainda, em Roma, e comemora o triunfo do general que conquistou Jerusalém. Na parte interior do arco, existem alguns baixos relevos, um dos quais está desenhado acima. Pode-se ver ali os soldados romanos com coroas de louro, carregando móveis de ouro tirados do lugar santo do templo. Não se vê o altar de incenso.
Qual dos dois, A ou B, é:
I) O candelabro? _____
II) A mesa dos pães? _____

1. Hoje teremos nossa segunda lição sobre o sermão que Jesus proferiu na tarde de quinta-feira.
    a) Como se chama esse sermão? _____
    b) Quais são os dois capítulos em Mateus que o relatam? _____

2. Qual é a referência em Mateus 24 que relata:
    a) Os sinais do fim? _____
    b) A vinda do Filho do Homem? _____

3. Relembre os dois títulos de Jesus: "Filho do Homem" e "Filho de Deus". Quais são as cinco fases pelas quais passou (ou passará) Jesus, o perfeito Filho do Homem?
_____
_____
_____
_____
_____

4. Que fase é mencionada em Mateus 24.30? _____

5. Um profeta do Antigo Testamento, que foi levado cativo durante o exílio na Babilônia, predisse a vinda do Filho do Homem.
   a) Quem foi este profeta? _____
   b) Onde se encontra essa profecia na Bíblia? _____

6. Leia Mateus 24.29-30 e responda: Que acontecerá com os elementos abaixo logo antes da vinda do Filho do Homem?
   a) Sol _____
   b) Lua _____
   c) Estrelas _____

7. Descreva os três tremendos sinais que serão vistos nos céus logo antes de vir o Filho do Homem. _____
_____
_____

8. Responda:
   a) A que árvore se refere Jesus em Mateus 24.32? _____
   b) Que nação simboliza a figueira que Jesus fizera secar no dia anterior nesse mesmo caminho? _____

9. Dos sinais que serão vistos antes do regresso de Cristo, três aparecerão nos céus. Quais são? _____
_____

10. Jesus Cristo voltará. Mateus 24.36 relata o momento específico de sua volta. Mas quem sabe a data exata da segunda vinda de Jesus? Depois de ler essa passagem bíblica, responda "sim" se a alternativa for correta e "não" se for falsa.
    a) Seu pastor. _____
    b) Os anjos. _____
    c) Os testemunhas-de-jeová. _____
    d) Satanás. _____
    e) Eu. _____
    f) Os mórmons. _____
    g) Minha igreja. _____
    h) Um evangelista. _____
    i) O Pai celestial. _____

TAREFA — Somente o Pai celestial sabe a hora em que Jesus há de voltar. Agora, com lápis verde, sublinhe Mateus 24.36.

11. Qual é a referência no Evangelho de Mateus que ensina que o nosso Pai celestial é a única pessoa que sabe a hora da segunda vinda de Jesus? _____

12. Que nos ensina Mateus 24.36? _____
_____

13. Embora não saibamos a hora em que Jesus Cristo há de voltar, isto não significa que sua vinda deve nos surpreender. Leia Mateus 24.44 e responda: Qual é a exortação que Jesus Cristo dá aos discípulos? _____
_____

14. Leia Mateus 24.45-51. Depois, escreva a letra maiúscula da passagem bíblica da Lista 2 ao lado do assunto correspondente da Lista 1.

    Lista 1
    a) Uma pessoa que pensa poder fazer o que lhe apetece porque seu senhor tarda a vir. _____
    b) Um incrédulo que disse que Cristo nunca virá. _____
    c) Um crente preparado para o regresso de Cristo. _____

    Lista 2
    A. Mateus 24.45-47
    B. Mateus 24.48-51
    C. Nenhuma dessas passagens

15. Cristo exige que, como servos fiéis, estejamos _____ e que ansiemos sua _____.

16. *Autoavaliação*. Em que aspecto de sua vida cristã você se encontra menos preparado para a vinda do Senhor e o que deve fazer para preparar-se melhor? _____
_____
_____
_____
_____

17. À luz da esperada vinda do Senhor, qual é o nosso dever com relação ao nosso comportamento? _____
_____
_____
_____
_____

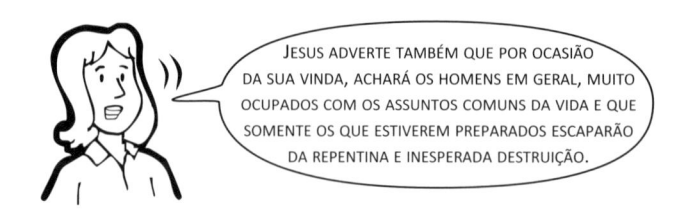

> JESUS ADVERTE TAMBÉM QUE POR OCASIÃO DA SUA VINDA, ACHARÁ OS HOMENS EM GERAL, MUITO OCUPADOS COM OS ASSUNTOS COMUNS DA VIDA E QUE SOMENTE OS QUE ESTIVEREM PREPARADOS ESCAPARÃO DA REPENTINA E INESPERADA DESTRUIÇÃO.

18. Leia Mateus 24.37-39. O dilúvio mencionado nessa passagem ocorreu muito antes do tempo de Abraão e foi um grande julgamento lançado por Deus contra uma humanidade corrupta. No relato aparecem Noé e sua família, que confiavam e esperavam no Senhor. Quanto ao restante da humanidade, não se importava com as coisas de Deus. Noé era justo, por isso Deus o salvou do julgamento experimentado pelo restante da humanidade.
    a) Que fazia a maioria do povo antes do dilúvio? _____
    b) Além de Noé, alguém esperava uma destruição repentina naquele tempo? _____
    c) Quando veio o dilúvio, o que aconteceu com os que não esperavam em Deus? _____
    d) Qual foi o destino dos que confiavam e esperavam em Deus? _____

19. Uma vez que Jesus usou o exemplo de Mateus 24.37-39 para descrever o comportamento dos homens no momento de sua vinda, responda baseando-se nesse mesmo relato:
    a) Que estará fazendo a maioria das pessoas quando Jesus vier com poder e grande glória? _____
    b) O que os verdadeiros seguidores de Cristo deverão estar fazendo? _____

20. Leia cuidadosamente Mateus 24.30 e preencha os espaços: Quando Cristo vier outra vez, virá sobre as _____ com _____ e grande _____. Nesse mesmo momento, _____ as _____ da terra _____ Jesus e se lamentarão.

21. Quando Jesus voltar, virá (marque mais de uma resposta):
    a) Espiritualmente e sem corpo.
    b) Dos céus.
    c) Em forma invisível.
    d) De tal maneira que toda pessoa o verá.
    e) No mesmo corpo com que ressuscitou (Atos 1.11).

22. Estudamos duas passagens importantes que ensinam coisas acerca da segunda vinda de Jesus Cristo.
    a) Que passagem em Mateus diz que somente o Pai e nenhuma outra pessoa sabe a hora da vinda de Jesus? _____

b) Que passagem em Mateus ensina que quando Jesus vier todas pessoas verão sua gloriosa vinda? _____

23. *Avaliação*. A seguinte citação foi extraída de uma publicação dos testemunhas-de-jeová: "Cristo voltou à terra em forma invisível no ano de 1914 d.C., o que assinalou o fim dos tempos dos gentios e também marcou o princípio do tempo do fim do reinado de Satanás…". Agora, responda:
   a) Você está de acordo com essa declaração? _____
   b) Como você responderia a tal afirmação e que referências bíblicas usaria para refutá-la? (Use a escala de valores bíblicos.) _____
   _____
   _____
   _____
   _____

24. Leia Mateus 24.31,40,42 e compare com cuidado com 1Tessalonicenses 4.16-17. Em seguida, responda:
   a) Que farão os anjos no dia que o Senhor voltar? _____
   b) Que acontecerá aos crentes que morreram antes da vinda do Senhor? _____
   c) O que ocorrerá aos que não morrerem? _____

25. Conforme o título sobre Mateus 25.31, que outro acontecimento importante haverá na vinda do Senhor Jesus? _____

26. Leia 2Pedro 3.12-13 e responda: O que ocorrerá após a vinda de Jesus Cristo? (Há mais de uma alternativa correta.)
   a) A terra não experimentará nenhuma mudança.
   b) A terra e os céus que conhecemos serão destruídos.
   c) Será criada uma nova terra e um novo céu.
   d) Nessa nova criação a injustiça continuará dominando a vida dos homens.
   e) Uma justiça perfeita reinará em toda a nova criação.

27. Conforme 2Pedro 3.12-13, o dia do Senhor trará os seguintes fatos:
   a) A terra e céu que conhecemos serão _____.
   b) Haverá uma nova _____ e novo _____.
   c) Na nova criação, a _____ reinará.

28. Quais são as três coisas que 2Pedro 3.12-13 ensina acerca de alguns acontecimentos no tempo da vinda do Senhor?
   _____
   _____
   _____

29. Ao comparar o ensino de Mateus 24.31,40,42 com 1Tessalonicenses 4.16-17 e 2Pedro 3.12-13, vemos que após a volta de Cristo haverá um grande sonido de trombeta e Deus enviará seus _____ a todas as partes da _____ a fim de ajuntar seus _____. Os mortos serão _____ primeiro, e então os crentes vivos serão _____ com eles para receber o Senhor nos _____. A terra e o céu que conhecemos serão _____ e substituídos por uma nova _____ e novo _____, onde reinará a _____.

30. A Bíblia é absolutamente clara sobre a vinda visível e corporal do Senhor, e também sobre a ressurreição dos mortos, o arrebatamento de todos os crentes para receberem o Senhor nos ares, o julgamento final e a criação de uma nova terra e um novo céu. No entanto, quanto à ordem de alguns acontecimentos há diferentes interpretações.

    A. A Bíblia é clara sobre a vinda visível e física do Senhor Jesus.
    B. Quanto aos acontecimentos relacionados com a segunda vinda de Jesus, há crenças diferentes quanto ao tempo em que ocorrerão.

    Qual está certa?
    a) Somente A.
    b) Somente B.
    c) Ambas.
    d) Nenhuma.

31. Agora leia Apocalipse 20.1-6. Nessa passagem há um período específico mencionado cinco vezes. Que período é esse? _____

32. Para algumas pessoas, esses mil anos significam um período de paz e justiça na terra. Conforme essa crença, o período de mil anos em Apocalipse 20 assinala:
    a) O dilúvio experimentado por Noé.
    b) Quantos anos as pessoas viverão depois do fim do mundo.
    c) Um tempo de justiça e paz que há de acontecer na terra.

33. Uma palavra que se usa muito para se referir a esses mil anos é "milênio" (mil = 1.000 + ênio = anos). Agora, responda:
    a) Que termo em Apocalipse é usado para designar um período de paz e justiça? _____
    b) Esse período é de 1.000 anos; por isso, que palavra é usada para designar esse tempo? _____

34. Qual é a palavra usada para designar o período de paz e justiça mencionado cinco vezes em Apocalipse 20.1-6? _____

35. É certo que essa passagem de Apocalipse 20.1-6 é bastante difícil de entender. A diferença de crenças quanto à ordem dos acontecimentos na vinda de Jesus surge por causa dos métodos diferentes de interpretação que se aplicam a esse texto. Responda: Por que se pode ter várias interpretações da passagem de Apocalipse 20?

a) Porque estão influenciados por seu partido político.
b) Porque são aplicados métodos diferentes de interpretação.
c) Porque a passagem é absolutamente clara.

36. Responda:
    a) Qual é a referência da passagem em Apocalipse que estamos estudando agora?
    _____
    b) Qual é o período mencionado cinco vezes nessa passagem? _____
    _____
    c) Por que há diferentes crenças a respeito desse texto? _____
    _____

37. As diferenças de opinião a respeito da ordem dos acontecimentos durante a vinda de Jesus giram em torno da relação entre a segunda vinda e o milênio. Podemos resumir isto, fazendo três perguntas:
    1. A vinda do Senhor será antes do milênio?
    2. Sua vinda será depois do milênio?
    3. O milênio é apenas simbólico, ou seja, não é um período definido?

    Das respostas dadas a essas três perguntas, surgem as três diferentes interpretações do texto mencionado:
    a) A vinda de Jesus Cristo será _____ do milênio.
    b) A vinda de Jesus Cristo será _____ do milênio.
    c) O milênio mencionado em Apocalipse é _____.

38. Quais são as três diferentes crenças acerca do milênio e sua relação com a vinda de Jesus? _____
    _____
    _____

39. Que quer dizer a palavra "milênio"? _____

40. A doutrina acerca do milênio chama-se milenismo.
    a) Qual é o nome do período de 1.000 anos de paz e justiça na terra?
    _____
    b) Como se chama a doutrina desse período de 1000 anos de paz e justiça na terra?
    _____

41. Você sabia que é possível modificar o sentido de uma palavra por colocar um prefixo? Por exemplo:

    • Confiar = ter confiança.
    • Desconfiar = não ter confiança.

    Observe que as duas palavras têm sentidos diferentes. Qual é o prefixo colocado antes da palavra confiar para mudar seu sentido? _____

42. Na lista abaixo, há três prefixos com seus sentidos correspondentes:
    - Pré = antes.
    - Pós = depois.
    - A = não.

    Agora, nas frases a seguir, coloque o prefixo apropriado à palavra milenismo, para que a palavra resultante concorde com os sentidos da frase em cada caso.
    a) A crença de que Jesus virá *antes* do milênio de paz e justiça chama-se _____-milenismo.
    b) A crença de que Jesus virá *depois* de um período de paz mundial e justiça universal chama-se _____- milenismo.
    c) A crença de que a Bíblia não prediz um milênio ou período de paz mundial e justiça na terra, mas que se deve interpretar o milênio de forma simbólica como outras profecias do Apocalipse, chama-se _____milenismo.

    Observe que os prefixos *pré* e *pós* se referem a quando Cristo virá em relação ao milênio, isto é, antes ou depois dele.

43. Que quer dizer os termos abaixo?
    a) Pré-milenismo. _____
    b) Pós-milenismo. _____
    c) Amilenismo. _____

44. Cite e descreva as três crenças principais acerca do período de 1.000 anos mencionado em Apocalipse 20.1-6. _____

PRÉ-MILENISMO

45. O Pré-milenismo não somente ensina que a segunda vinda de Jesus será seguida pelo milênio de paz e justiça, mas também que durante esses 1.000 anos Cristo reinará pessoalmente sobre a terra. Depois desses mil anos de reinado temporal de Jesus, virá o fim do mundo. Agora, responda:
    a) Conforme o Pré-milenismo, o que Cristo fará durante o milênio? _____
    b) Que acontecerá depois desse período de 1.000 anos? _____
    c) Como se chama a crença de que Jesus virá antes do milênio e reinará sobre a terra durante esse período? _____

46. Abaixo há uma lista de três acontecimentos principais pertencentes à crença do Pré-milenismo. Leia a lista e ponha em ordem cronológica esses três acontecimentos, conforme a crença do Pré-milenismo.
    - O reinado temporal de Jesus por 1.000 anos sobre a terra.
    - O fim do mundo.
    - A segunda vinda de Jesus.

    a) Primeiro: _____
    b) Segundo: _____
    c) Terceiro: _____

47. Quais são os três acontecimentos importantes que a crença do Pré-milenismo ensina acerca das ultimas coisas? Escreva-os em ordem cronológica:

> **NOTA** — Anotações
>
> Há duas formas diferentes de Pré-milenismo: o dispensacionalista e o histórico. O dispensacionalista difere do histórico ao afirmar que o arrebatamento da igreja ocorre antes da tribulação, e que o milênio refere-se ao restabelecimento do povo de Israel como soberano na terra. Existem outras diferenças, porém essas são as principais.

PÓS-MILENISMO

48. O Pós-milenismo diz que este mundo melhorará até o fim e ainda se tornará cristão antes da volta de Cristo, e que a segunda vinda será depois do milênio de paz mundial e justiça universal. Depois virá o Senhor Jesus e, em seguida, o fim do mundo.
    a) Conforme o Pós-milenismo, Cristo virá antes ou depois do milênio? _____
    b) Que mudança experimentará o mundo durante o milênio? _____
    c) Que acontecerá imediatamente depois do período dos 1.000 anos? _____
    d) E depois? _____
    e) Como se chama a crença de que Jesus virá depois de um período de paz e justiça?
    _____

49. Estes são os três acontecimentos principais defendidos pelo Pós-milenismo:
    - O milênio de paz mundial e justiça universal, com o melhoramento e a cristianização do mundo.
    - O fim do mundo.
    - A segunda vinda do Senhor Jesus.

Coloque-os em ordem cronológica:
a) Primeiro: _____
b) Segundo: _____
c) Terceiro: _____

50. Escreva agora em ordem cronológica os três acontecimentos que o Pós-milenismo ensina.
a) _____
b) _____
c) _____

AMILENISMO

51. O Amilenismo ensina Apocalipse, especialmente 20.1-6, é repleto de simbolismo; por isso não pode ser interpretado literalmente. Afirma que a Bíblia não prediz um período de paz mundial, mas que o milênio se refere simplesmente ao desenvolvimento do reino espiritual de Cristo, por meio da pregação do evangelho a todas as nações, durante o qual Satanás será preso em decorrência da morte e ressurreição de Jesus. Depois virá a segunda vinda de Jesus com a ressurreição geral, o último julgamento e o fim do mundo, tudo mais ou menos ao mesmo tempo.
    a) Conforme o Amilenismo, depois desse período atual em que o evangelho é pregado por todo o mundo, quais são as *quatro* coisas que acontecerão mais ou menos ao mesmo tempo?
        i. A segunda vinda de Jesus.
        ii. A destruição de Jerusalém.
        iii. A ressurreição geral.
        iv. Anos de paz e justiça na terra.
        v. O julgamento final.
        vi. O fim do mundo.
        vii. A prisão de Satanás.
        viii. A vinda visível de Cristo.
    b) Como se chama a crença de que o milênio é um símbolo do reino espiritual que atualmente vai se estabelecendo entre todas as nações? _____
    _____

52. Escreva os quatro acontecimentos que, conforme o Amilenismo, se darão mais ou menos justos, depois desse período universal do evangelho.
_____
_____
_____
_____

53. Qual das três crenças — Pré-milenismo, Pós-milenismo ou Amilenismo — afirma que Jesus:
    a) Virá depois do milênio? _____
    b) Virá antes do milênio? _____

c) Virá mais ou menos no mesmo momento que se dará a ressurreição geral, o julgamento final e também o fim do mundo, e que o milênio deve ser entendido no sentido simbólico? _____

OBSERVAÇÃO IMPORTANTE

Muitas denominações têm uma crença fixa a respeito do milênio. Por isso, o crente deve assegurar-se de três coisas:

1. Que saiba bem o que sua própria igreja ensina a respeito (discutir isso nos encontros).
2. Que reconheça que existem outras interpretações e saiba quais são. Que saiba manter uma atitude tolerante e aberta para com outros que não creem da mesma maneira.
3. Em vez de se deixar levar por discussões infrutíferas, que se dedique a preparar-se bem para a segunda vinda do Senhor, que é a questão principal sobre a qual todos estamos de acordo.

NOTA FINAL:
NESTA LIÇÃO APRESENTAMOS APENAS UM BREVE PANORAMA SOBRE AS INTERPRETAÇÕES DO MILÊNIO. VOCÊ PODERÁ CONHECER MELHOR AS VÁRIAS POSIÇÕES SOBRE A ORDEM DOS ACONTECIMENTOS LENDO OS LIVROS:

Opções contemporâneas na escatologia, de M. J. Erickon (São Paulo: Vida Nova). Para um panorama geral da escatologia bíblica, leia: *A escatologia do Novo Testamento*, do Dr. R. P. Shedd (São Paulo: Vida Nova).

GABARITO

1. Sermão das Oliveiras - b) 24 e 25 **2.** a) Mateus 24.3-28 - b) Mateus 24.29-51 **3.** Nascimento - morte - ressurreição - ascensão - segunda vinda **4.** A segunda vinda **5.** a) Daniel - b) Daniel 7.13-14 **6.** a) Escurecerá - b) Não dará seu esplendor - c) Cairão **7.** O sol escurecerá - A lua não dará seu esplendor - As estrelas cairão **8.** a) figueira - b) judaica **9.** O sol escurecerá, a lua não dará seu esplendor e as estrelas cairão **10.** a) não - b) não - c) não - d) não - e) não - f) não - g) não - h) não - i) sim **11.** 24.36 **12.** Somente o Pai sabe quando Jesus voltará **13.** Para estar preparados **14.** a) B - b) C - c) A **15.** preparados - vinda **16.** Sem gabarito. É questão de foro íntimo. **17.** compartilhar nos encontros **18.** a) Comia, bebia, casava-se - b) Não - c) Angustiaram-se - d) Salvaram-se **19.** a) Comendo, bebendo, casando-se (semelhante) - b) Preparando-se (semelhante) **20.** nuvens - poder - glória - todas - tribos - verão **21.** b - d - e **22.** a) Mateus 24.36 - b) Mateus 24.30 **23.** a) Não - b) compartilhar nos encontros **24.** Juntarão os escolhidos - b) Ressuscitarão - c) serão arrebatados **25.** O grande julgamento **26.** b - c - e **27.** a) destruídos (ou algo semelhante) - b) terra - céu - c) justiça **28.** A terra e o céu serão destruídos - Haverá nova terra e novo céu - A justiça reinará **29.** anjos - terra - escolhidos - ressuscitados - arrebatados - ares - julgamento - destruídos - terra - céu - justiça **30.** c **31.** Mil anos **32.** c **33.** a) Mil anos - b) Milênio **34.** Milênio **35.** b **36.** a) Apocalipse 20.1-6 - b) Mil anos - c) Porque são aplicados diferentes métodos de interpretação **37.** a) antes - b) depois - c) simbólico **38.** A vinda de Cristo será antes do milênio - A vinda de Cristo será depois do milênio - O milênio é simbólico **39.** período mil anos de paz e justiça sobre a terra **40.** a) Milênio - b) Milenismo **41.** Des **42.** a) Pré-milenismo - b) Pós-milenismo - c) Amilenismo **43.** a) Que Jesus virá antes do milênio - b) Que Jesus virá depois do milênio - c) Que o milênio é simbólico **44.** Pré-milenismo = Jesus virá antes do milênio - Pós-milenismo = Jesus virá depois do milênio - Amilenismo: milênio é simbólico **45.** Reinará pessoalmente sobre a terra - b) O fim do mundo - c) Pré-milenismo **46.** a) A segunda vinda - b) O reinado temporal de Jesus por 1.000 anos sobre a terra - c) O fim do mundo **47.** A segunda vinda - b) O reinado temporal - c) O fim do mundo **48.** a) Depois - b) Paz e justiça - c) Vinda de Cristo - d) Fim do mundo - e) Pós-milenismo **49.** a) O milênio de paz mundial e justiça universal, com o melhoramento e a cristianização do mundo - b) A segundo vinda do Senhor Jesus - c) O fim do mundo **50.** a) Milênio de paz e justiça - b) Vinda de Cristo - c) Fim do mundo **51.** i - iii - v - vi - b) Amilenismo **52.** Segunda vinda - Ressurreição geral - Julgamento final - Fim do mundo **53.** a) Pós-milenismo; - b) Pré-milenismo c) Amilenismo

LIÇÃO 113

As dez virgens

Observe abaixo a análise ilustrada das três parábolas do Reino, que formam a segunda parte do Sermão Profético e compare-as com os títulos em Mateus 25. Ao terminar a lição 115, você conhecerá seus detalhes e valiosas aplicações à vida cristã.

Agora preencha os espaços dos quadros a seguir, com os títulos e as referências correspondentes.

**SERMÃO PROFÉTICO (2ª PARTE)
ANÁLISE DE MATEUS 25**

1. Título: _____
   _____
   Mateus 25. ___ a ___

2. Título: _____
   _____
   Mateus 25. ___ a ___

3. Título: _____
   _____
   Mateus 25. ___ a ___

QUINTA

4. Agora, procuremos o tema de cada uma das três parábolas de Mateus 25.
   a) Qual é o tema da parábola das dez virgens? (Leia Mateus 25.1)
   _____
   b) Qual é o tema da parábola dos talentos? (Leia Mateus 25.14)
   _____
   c) A terceira parábola sobre o julgamento das nações diz que quando o Filho do Homem vier na sua glória se sentará em seu _____, ou seja, na cadeira de um _____. O versículo 34 fala do juiz como um _____. O versículo 40 refere-se outra vez ao _____. Então, entendemos que o assunto dessa parábola também é o _____ dos _____.

5. Responda:
   a) Então a quinta-feira começou com a controvérsia com as autoridades e com três parábolas de Jesus sobre o _____ dos _____.
   b) A quinta-feira terminou com o Sermão Profético, no fim do qual Jesus proferiu mais três parábolas sobre o tema do _____ dos _____.

> **TAREFA**
>
> Sublinhe de vermelho:
>
> 1. A palavra "reino" ou "rei" em Mateus 25.1,14,34,40.
> 2. A palavra "trono" em Mateus 25.31.

6. Estudaremos hoje a primeira das três parábolas em Mateus 25.
   a) Qual é? _____
   b) Qual é a referência bíblica? _____
   c) Em outra lição você aprendeu a definição de parábola: É um exemplo de coisas _____ que ensina uma _____ espiritual.

7. Agora leia Mateus 25.1-13. A parábola que Jesus usa aqui soa um pouco estranha, não é? Isto porque a parábola reflete costumes diferentes dos nossos. Por que a parábola das dez virgens soa um pouco estranha para nós?
   a) Mateus não recebeu uma boa educação.
   b) Jesus equivocou-se quanto a esses costumes.
   c) A Palestina tem uma cultura diferente da nossa.

8. Para ajudar você a entender essa parábola, precisamos aprender como eram as bodas na Palestina. O costume na Palestina era celebrar as bodas à noite. Para começar, o noivo trazia um brilhante diadema e era acompanhado pelos amigos, chegava de surpresa à casa da noiva que, vestida esplendidamente e acompanhada por suas amigas, o esperava. Ao ouvir o grito na rua de "Alerta, eis o noivo! Saia para recebê-lo", o cortejo saía à rua a fim de encontrá-lo. Agora, responda:

a) O costume na Palestina para casar-se era:
   i. À tarde.
   ii. Pela manhã.
   iii. À noite.

b) Quanto à chegada do noivo, este:
   i. Avisava a chegada por e-mail.
   ii. Podia chegar em casa a qualquer momento.
   iii. Nunca chegava em casa e a noiva tinha de ir buscá-lo.
   iv. Um amigo anunciava sua chegada a todos.

c) Quando o noivo chegava à porta, a noiva:
   i. Saía para fazer compras.
   ii. Estava pronta, esperando o noivo.
   iii. Estava limpando a casa.
   iv. Saía à rua, acompanhada de suas amigas para encontrar-se com o noivo.

9. Depois de terminada a cerimônia religiosa na casa da noiva, o par feliz encaminhava-se para a casa do noivo numa grande procissão iluminada por tochas e lâmpadas, carregadas pelos participantes. Com efeito, sem uma lâmpada ou tocha acesa não se podia marchar na procissão, nem entrar na casa do noivo para participar da grande festa celebrada ali.

   a) A cerimônia religiosa era celebrada:
      i. Na sinagoga.
      ii. No registro civil.
      iii. No Templo de Jerusalém.
      iv. Na casa da noiva.

   b) Quanto à procissão:
      i. Acompanhava o par à casa do noivo.
      ii. Cada participante levava uma tocha ou lâmpada acesa.
      iii. Era proibido fazer isto.
      iv. Ficava toda a noite na casa da noiva.
      v. Era feita no escuro, somente à luz do luar para ser mais romântica.

   c) Quanto à festa:
      i. Pessoas com lâmpadas ou tochas acesas podiam participar.
      ii. Somente pessoas convidadas por escrito podiam assistir.
      iii. Era somente para o par recém-chegado.

10. Responda:
    a) Em que casa se celebrava a cerimônia religiosa? _____
    b) Em que casa se celebrava a festa das bodas? _____
    c) O que cada participante devia levar durante a procissão? _____
    _____

11. Na Palestina era costume celebrar as bodas à _____, começando na casa da _____ e terminando na casa do _____. O noivo podia chegar na casa da noiva a qualquer _____, porém sua chegada era _____ com gritos. A noiva vestida esplendidamente e acompanhada de suas _____ estava _____ e saía à rua no momento que se anunciava a chegada do noivo. Em seguida, na casa da noiva, era feita a _____ religiosa, depois da qual o par se encaminhava, acompanhado de grande _____, para a casa do _____, onde se celebrava a as _____ nupciais. Cada participante deveria levar uma _____ ou _____ acessa, porque, sem cumprir esse requisito, não se podia participar da cerimônia, nem da procissão, nem da festa das bodas.

> Muito bem! Agora com esta informação você pode entender melhor esta linda parábola.

12. Leia Mateus 25.1-6 e responda:
    a) Quem esperava com a noiva a vinda do noivo? _____
    b) Ainda que todas essas amigas tivessem o mesmo propósito, Jesus destacou que se dividiam em dois grupos distintos. Cite quais eram, conforme o versículo 2. _____
    c) De que maneira as cinco se mostravam prudentes? _____
    d) Por que as outras cinco eram néscias? _____
    e) Por que as dez virgens adormeceram? _____
    f) Quando as dez virgens estavam dormindo profundamente, o que se ouviu na rua? _____

13. Agora leia Mateus 25.7-13 e responda:
    a) Segundo essa passagem, as dez virgens despertaram e acenderam suas lâmpadas. A quem pertenciam as que se apagaram? _____
    b) Por que se apagaram? _____
    c) Quando as prudentes não puderam ajudar as néscias, que fizeram elas? _____
    d) Enquanto isto, o que aconteceu? _____
    e) Quando as néscias voltaram, foram admitidas na cerimônia que se realizava dentro da casa? _____

14. Leias estas declarações:
    A. Todas as virgens esperavam a vinda do noivo.
    B. Algumas virgens foram excluídas das cerimônias e da grande festa por não estarem preparadas para a vinda do noivo.

Agora, responda: Quais dessas declarações é a certa?
a) Somente A.
b) Somente B.
c) Ambas.
d) Nenhuma.

15. Diante do que você aprendeu acerca dos costumes das bodas na Palestina, por que as cinco prudentes conseguiram entrar na cerimônia e depois na festa? Porque quando veio o noivo elas estavam _____ para recebê-lo levando lâmpadas _____.

16. Responda:
    a) Em livros anteriores, aprendemos regras de interpretar bem as parábolas de Jesus. De que elemento deve surgir a interpretação correta?
       i. Dos pequenos detalhes da parábola.
       ii. Da verdade principal da parábola.
       iii. Da lição que agradar a qualquer um.
    b) Em sua opinião, qual seria a verdade principal ensinada nessa parábola? (Veja o versículo 13.)
       i. A nacionalização das companhias petroleiras.
       ii. Devemos estar preparados todo o tempo.
       iii. Case-se durante o dia, em vez de à noite.

17. Agora vamos identificar alguns dos personagens dessa parábola.
    a) Compare Mateus 25.5-6 com 25.13. Agora, responda: Com que Jesus compara a vinda repentina e surpreendente do noivo? Com a vinda do _____ do _____.
    b) Quem é o Filho do Homem? _____

18. Responda:
    a) O noivo representa _____.
    b) A chegada repentina do noivo representa sua _____ _____ com poder e grande glória.

19. Se o noivo representa Jesus, o grupo de dez amigas mencionadas na parábola representaria:
    a) Os fariseus.
    b) Os saduceus.
    c) A igreja cristã visível.
    d) Todos os não convertidos.

20. Considerando que as dez virgens representam a igreja cristã visível tal como é nestes dias antes do fim do mundo, que significa o fato de que cinco das virgens não conseguiram entrar na casa do noivo?
    A. Em nossa igreja, há aqueles que se dizem seguidores de Cristo, porém, na verdade, não o são; na vinda de Jesus, isto se verá claramente.

B. Há pouco lugar na casa do Senhor para todos os crentes.

a) Somente A.　　　b) Somente B.　　c) Ambas.　　　d) Nenhuma.

21. Qual é a verdade principal dessa parábola? Que estejamos _____ todo o tempo para a _____ de _____.

22. Responda:
    a) De que maneira as insensatas mostraram falta de preparo? (Leia Mateus 25.3) _____
    b) Como as prudentes demonstraram preparação para receber o noivo? _____ _____

23. Em algumas partes da Bíblia, o azeite simboliza o Espírito Santo de Deus (veja Lucas 4.18; Atos 10.38; 2Coríntios 1.21-22; Zacarias 4.11-14). Referindo-nos então a esse símbolo bíblico, podemos dizer que as cinco néscias às quais faltou azeite representam:
    a) Crentes que não têm azeite na cozinha para a volta de Jesus.
    b) Crentes só de nome e que, por isso, não possuem o Espírito Santo no coração.
    c) Crentes que não assistem os cultos dominicais, enquanto Jesus não volta.

24. Então as cinco néscias representam as pessoas que em nossas igrejas assistem os cultos, possivelmente leem a Bíblia e oram a Deus, porém lhes falta a coisa mais importante, ou seja, o _____ _____.

25. Paulo disse: "... se alguém não tem o Espírito de Cristo, esse tal não é dele" (Romanos 8.9); por isso, podemos dizer também que Cristo não conhece tal pessoa.
    a) O que falta ao que não pertence a Cristo? _____
    b) Cristo conhece ou não uma pessoa que não tem o Espírito Santo? _____ _____
    c) Segundo Mateus 25.12, que disse o Senhor às cinco néscias? _____ _____

26. Responda:
    a) Que dirá Jesus no dia de sua vinda às pessoas que, embora se chamem crentes, não têm o Espírito Santo? _____
    b) O que se pode concluir dessa parábola sobre as pessoas que não possuem o Espírito Santo de Deus no dia da vinda de Jesus?
        i. Que serão *admitidas* do reino dos céus.
        ii. Que serão *excluídas* do reino dos céus.

27. Qual é a verdade principal que essa parábola ensina? Que devemos estar _____ _____ em _____.

28. Leia Mateus 25.8-9 e responda: Qual é a declaração correta?
    a) Meu irmão é pastor, e por isso não necessito de uma relação pessoal com Cristo, porque a de meu irmão me salvará também.

b) A relação que alguém tem com Cristo e a comunhão do seu Espírito é tão pessoal que é impossível que outro se salve por meio de minha experiência.
c) Pode-se comprar o Espírito Santo em certos negócios.

29. Levando em consideração tudo o que aprendemos, concluímos que, para estarmos preparados para a segunda vinda do Senhor Jesus, devemos ter Jesus entronizado em nossa vida como _____, e assim possuir o _____ _____. Dessa maneira, estaremos preparados para a _____ de Cristo e não seremos excluídos do _____ dos _____.

30. Agora leia Mateus 25.10-12 e complete:
   a) Qual é a verdade principal dessa parábola? Que estejamos _____ todo o momento para a _____ _____ de Jesus.
   b) Enquanto vivemos e o Senhor parece demorar a vir, ele, em sua misericórdia, dá aos homens muitas oportunidades de entregarem-se a ele e fazê-lo rei de suas vidas. Porém, quando Cristo vier, não haverá mais _____. A porta se _____ e os que estiverem fora serão terminantemente _____.

31. Leia Hebreus 9.27 e responda: Se alguém morrer antes da vinda do Senhor, sem entregar-lhe a vida, que outra oportunidade haverá de mudar suas atitudes e receber a Cristo como Salvador e Rei? _____

TAREFA
Com lápis verde, sublinhe Hebreus 9.27, para poder encontrar o texto depois.

32. Leias as declarações a seguir:
   A. Em sua segunda vinda, Jesus, de acordo com sua grande misericórdia, vai dar aos homens a última oportunidade de arrepender-se (mudar de atitude) e receber a Cristo como Salvador e Rei.
   B. Se morrermos antes da vinda de Jesus, haverá outra ocasião em que poderemos nos entregar a Cristo, porque ele sabe que não tivemos tantas oportunidades como outras pessoas.

   Qual dessas é a certa?
   a) Somente A.
   b) Somente B.
   c) Ambas.
   d) Nenhuma.

33. Responda:
   a) Qual é a verdade principal da parábola das dez virgens? _____
   _____

b) Que texto nos ensina que não há outra oportunidade de receber a Cristo depois da morte? _____

34. Responda:
   a) Como podemos estar preparados para a vinda do grande Rei? _____
   _____
   b) Por que necessitamos estar preparados a todo o momento? _____
   _____

35. É certo que devemos estar preparados em todo o tempo, porque ninguém, exceto o Pai, sabe a hora da vinda de Cristo.
   a) Que texto ensina essa verdade? _____
   _____
   b) Que texto diz que depois da morte não haverá outra oportunidade de receber a Cristo como Rei de nossa vida? _____
   _____

> PENSE NAS CINCO VIRGENS NÉSCIAS ILUSTRADAS NA INTRODUÇÃO.
> PENSE EM SEU DESESPERO AO VEREM-SE EXCLUÍDAS DAS BODAS.
> PENSE QUE NA VINDA DE CRISTO MUITOS DE SEUS AMIGOS ESTARÃO NESSA SITUAÇÃO.
> PENSE "QUE POSSO FAZER PARA EVITAR ISSO?"

TAREFA: Agora preencha o quadrinho do Apêndice 40 correspondente à quinta-feira, com os acontecimentos daquele dia.

GABARITO

1. A parábola das dez virgens - Mateus 25.1-13 **2.** A parábola dos talentos - Mateus 25.14-30 **3.** O grande julgamento - Mateus 25.31-46 **4.** a) O reino dos céus - b) O reino dos céus - c) trono - rei - rei - trono - reino - céus **5.** a) reino - céus - b) reino - céus **6.** a) A parábola das dez virgens - b) Mateus 25.1-13 - c) terrenas - verdade espiritual **7.** c **8.** a) iii - b) ii - c) iv **9.** a) iv - b) i - ii - c) i **10.** a) da noiva - b) do noivo - c) lâmpada ou tocha acesa **11.** noite - noiva - noivo - hora - anunciada - amigas - esperando - cerimônia - procissão - noivo - bodas - lâmpada - tocha **12.** a) As dez virgens - b) Cinco prudentes e cinco néscias - c) Por trazerem azeite - d) Por terem falta de azeite - e) Porque o noivo demorou - f) O anúncio da vinda do noivo **13.** a) Às néscias - b) Por falta de azeite - c) Foram comprar azeite - d) O noivo chegou - e) Não **14.** c **15.** preparadas - acesas **16.** a) ii - b) ii **17.** a) Filho do Homem - b) Jesus **18.** a) Jesus - b) segunda vinda **19.** c **20.** a **21.** preparados - segunda vinda - Jesus **22.** Faltou-lhes azeite - ii) Tinham azeite suficiente **23.** b **24.** Espírito Santo **25.** a) Espírito Santo - b) Não - c) Que não as conhecia **26.** a) Não os conheço - b) ii **27.** preparados - todo momento **28.** b **29.** Rei - Espírito Santo - vinda - reino - céus **30.** a) preparados - segunda vinda - b) oportunidade - fechará - excluídos **31.** Nenhuma **32.** d **33.** a) Devemos estar preparados - b) Hebreus 9.27 **34.** compartilhar nos encontros **35.** a) Mateus 24.36 - b) Hebreus 9.27

LIÇÃO 114

Os talentos

Quais destes servos de Cristo o agradarão mais no último dia? É muito importante saber que qualidades Ele quer em seus servos, não é? Nesta segunda parábola veremos algo sobre isto.

A) Por quarenta anos trabalhou com sacrifício e amor entre os islamitas, que são tão difíceis de serem ganhos para o Senhor. Só conheceu um pouco do fruto do seu labor, porém perseverou até o fim.

B) — Como o irmão Vítor prega bem! E como o povo vem para ouvi-lo!
— Sim, mas é pena que não quer pregar mais de uma vez por mês.

C) — Há outros irmãos mais capazes do que Cláudio.
— Sim, mas Cláudio fará o trabalho conscientemente, sem falta!
— E com muita oração.

D) Eu vou à igreja, leio a Bíblia e sou de família evangélica. Vivo a minha religião a meu modo e respeito todos. Por isso, não falo da minha fé a ninguém.

1. Responda:
   a) Como se chama o sermão que Jesus pregou durante a Semana Santa? _____
   _____
   b) Quais capítulos de Mateus relatam esse sermão? _____
   c) Em que dia da semana Jesus pregou esse sermão? _____

d) A que hora do dia? _____
e) Nesse mesmo dia, quais foram os dois principais acontecimentos que se deram mais cedo? _____
_____

f) Quais foram os dois assuntos sobre os quais Jesus tratou na primeira parte do Sermão das Oliveiras em Mateus 24? _____
_____

g) Das três parábolas que Jesus contou em Mateus 25, qual é a segunda? _____
_____

h) Qual é a referência em Mateus? _____

2. Leia Mateus 25.14-30 e responda:
   a) Quantos servos são mencionados na parábola? _____
   b) Quantos talentos o primeiro servo recebeu? _____
   c) Quantos talentos mais o primeiro servo ganhou? _____
   d) Quantos talentos o segundo servo recebeu? _____
   e) Quantos talentos mais o segundo servo ganhou? _____
   f) Quantos talentos o terceiro servo recebeu? _____
   g) Que fez o terceiro servo com o talento? _____

TÉCNICA DE INTERPRETAÇÃO

3. Hoje em dia a palavra "talento" entende-se como capacidade ou inteligência. No Novo Testamento não significa isto. Em Apocalipse 16.21 se vê que um talento era uma medida de:
   a) Inteligência.
   b) Velocidade.
   c) Peso (moeda).

4. Naquele tempo, o que era "talento"? Uma medida de _____.

5. Usava-se o talento como _____ de peso, quer dizer, de ouro ou de prata. Então, o que o patrão lhes entregou foram diferentes pesos de _____.

6. Procure de novo Mateus 25. Precisamos descobrir o que é "talento" nessa parábola.
   a) Na parábola, a quem pertenciam os talentos?
      i. Ao primeiro servo.
      ii. Ao terceiro servo.
      iii. Ao patrão.
   b) Leia o versículo 27. Depois de serem entregues aos servos, a quem pertenciam?
      _____
   c) Assim, os talentos na parábola eram:
      i. Dados aos servos.
      ii. Emprestados aos servos.
      iii. Vendidos aos servos.

7. Entende-se que o patrão representa Deus, e os servos, nós. Por isso, vemos que um talento na parábola simboliza algo que Deus nos _____.

8. Na parábola, o que deveriam os servos fazer com os talentos?
   a) Usá-los para seu proveito.
   b) Escondê-los.
   c) Usá-los para o bem do patrão.

9. Responda:
   a) Na parábola, o talento simboliza algo que nós devemos _____.
   b) Para quem devemos usá-lo?
      i. Para nós.
      ii. Para o Diabo.
      iii. Para Deus.

10. Juntemos agora esses dois pontos. Na parábola, o talento simboliza:
    a) Algo emprestado por _____ a nós.
    b) Algo que devemos _____ em prol de Deus.

11. Então, na parábola, o talento simboliza algo _____ por Deus para que o usemos em prol _____.

12. Quais das seguintes coisas que todos temos são incluídas no que simboliza um talento nessa parábola?
    a) Posses.
    b) Tempo.
    c) Capacidade.
    d) Pecados.
    e) Amizades.
    f) Experiência.
    g) Conhecimento.
    h) Saúde.

13. Sem olhar o item anterior, anote abaixo quatro exemplos de coisas que todos temos e que são incluídas no que simboliza um talento nessa parábola. _____
_____

14. Escreva outra vez o que simboliza um talento nessa parábola: Algo que Deus nos _____ a fim de _____ para ele.

> Dois tipos especiais de talentos são as capacidades e as posses. Pensemos especialmente em como usá-las. Quero que você anote algumas capacidades que tem. Possivelmente ocorram-lhe estas objeções comuns: "Eu não tenho nenhuma capacidade", "Não cabe a mim dizer que tenho capacidade".

LIÇÃO 114 - OS TALENTOS

15. Para o caso de você pensar assim, responderemos primeiramente a essas objeções.
    a) Conforme 1Pedro 4.10, quantos crentes receberam algum dom (ou dons) que podem ser usados no serviço do Senhor? _____

    Observação:
    É verdade que nem todos os crentes receberam o mesmo dom, nem o mesmo número de dons, como no caso dos servos da parábola dos talentos, que receberam diferentes quantidades de talentos, mas, com base em 1Pedro 4.10, nenhum crente pode dizer sinceramente "Eu não tenho nenhum dom, ou nenhuma capacidade".

    b) De acordo com Tiago 1.17, as boas dádivas e os dons perfeitos vêm do _____, do _____, quer dizer, de Deus. Então, se você tem certas capacidades, elas vieram de _____. Por isso, reconhecer a posse dessas dádivas e de quem as recebemos, é simplesmente reconhecer quão generoso _____ foi em concedê-las.

    c) Leia 1Coríntios 4.7 e responda: De onde vêm nossas boas capacidades e qualidades?
       i. Desenvolveram-se sozinhas.
       ii. Foram compradas.
       iii. Recebemo-las de Deus.

    Outra vez, então, reconhecer que alguém as tem e de quem as recebeu é simplesmente reconhecer quão generoso Deus foi em concedê-las.

16. Agora, então, você deve reconhecer as capacidades que tem. Marque pelo menos três que você recebeu (se as suas não aparecerem na lista, escreva-as na opção "Outras habilidades").

    LEMBRE-SE: SE DEUS LHE DEU, VOCÊ NÃO DEVE NEGÁ-LAS. ISTO NÃO SERIA HUMILDADE MAS SIM, INGRATIDÃO.

    Capacidades necessárias nas atividades da igreja:
    a) Carpintaria.
    b) Instalação elétrica.
    c) Pintura.

d) Culinária.
e) Canto.
f) Tocar instrumentos (indique quais).
g) Composição de músicas.
h) Pregação.
i) Ensino.
j) Evangelismo pessoal.
k) Desenho (para cartazes etc).
l) Escrever (serviços básicos de secretariado).
m) Contabilidade (tesouraria).
n) Cuidar de crianças.
o) Organizar jogos sociais.
p) Organizar vendas (Bíblias, literatura evangélica etc).
q) Ser comunicativo (dar boas-vindas aos visitantes).
r) Visitas enfermos, anciãos etc.
s) Fazer limpeza.

Outras capacidades: _____
_____
_____
_____

17. Todas essas capacidades incluem-se no que simboliza um talento nessa parábola.
    a) Que simboliza o talento? Algo _____ por _____ para que o _____ em prol _____.
    b) Que você deve fazer com as coisas que marcou anteriormente como capacidades concedidas a você? _____

18. Outro tipo de "talento" são as posses, incluindo o dinheiro que ganhamos pelo trabalho e as coisas que já temos. Considerando essas coisas como talentos, vemos então que são algo _____ a nós por _____.

19. Essa conclusão nos faz perguntar: "Quanto do meu dinheiro devo devolver ao Senhor para ser usado na obra dele?". Leia Levítico 27.30,32 e responda: Que proporção de suas entradas os judeus davam?
    a) A terça parte.
    b) A quinta parte.
    c) A décima parte.

20. Os judeus davam 10% de suas entradas em gratidão ao Senhor. Nós recebemos do Senhor muitas bênçãos mais do que eles. Assim, levando em conta tudo o que damos de diferentes maneiras, como dízimos, ofertas, coletas para os necessitados etc., quanto devemos dar em gratidão ao Senhor?
    a) Menos do que os judeus.
    b) Igual aos judeus.
    c) Mais do que os judeus.

21. O texto de 1Coríntios 16.2 afirma que cada crente deve ofertar uma soma de sua _____ material. Mesmo sem indicar uma porcentagem de nossas entradas, aqui se repete o princípio de entregar a Deus uma porcentagem de nossas posses. Isto significa que se subirem nossas entradas, também nossas ofertas automaticamente deverão _____. Se baixarem nossas entradas, também nossas ofertas automaticamente deverão _____.

> Diante dessas conclusões, convém ter um tempo de meditação séria diante do Senhor, pensando em:
>
> a) Como usar de forma satisfatória em prol do Senhor as capacidades que lhes foram concedidas por ele (lembre-se das que foram marcadas no item 16).
> b) Que porcentagem das posses que o Senhor lhe concedeu você deve devolver para sua obra.

22. Responda:
    a) Que simboliza um talento nessa parábola? Algo _____ a nós por _____ para que _____ em prol _____.
    b) Escreva quatro coisas que todos têm e que são incluídas no que simboliza um talento nessa parábola. (Atenção: Não se refere às diferentes capacidades individuais.)
    _____
    _____
    _____
    _____

23. Em livros anteriores aprendemos algumas regras para interpretar bem as parábolas de Jesus. De que elemento deve surgir a interpretação correta? _____
    _____

24. Qual será a verdade principal dessa parábola?
    a) Que o patrão era homem duro.
    b) Que o terceiro servo era bom para cavar buracos.
    c) Que o patrão queria que os servos usassem o dinheiro para que ele recebesse lucros.

25. Se a verdade principal da parábola é que o patrão queria que os servos usassem o dinheiro para que ele recebesse lucros, então a interpretação que decorre é que Deus quer que nós _____ os talentos para _____, isto é, para fazer sua vontade, cumprir seus planos e glorificá-lo.

26. Responda:
    a) Nessa parábola, que simboliza um talento? _____
    b) Escreva quatro coisas que todos têm e que são incluídas no que simboliza um talento nessa parábola.
    _____

_____
_____
_____
   c) Conforme a parábola, o que Deus requer em relação aos talentos? _____
_____
_____
_____
_____

27. Leia novamente Mateus 25.21 e responda:
    a) Como o patrão descreve o primeiro servo? Servo bom e _____; foste _____ no pouco.
    b) Como descreve o segundo servo? Servo bom e _____; foste _____ no pouco.

28. Conforme a parábola, que característica no cristianismo Cristo recompensará no último dia?
    a) O ter muitas capacidades e dons.
    b) O ter êxito na causa de Cristo.
    c) O ser fiel na causa de Cristo.

29. Conforme a parábola, a característica no crente que Deus recompensará no último dia é a _____ à causa de Cristo.

30. Volte à "Introdução": Ali você verá quatro pessoas que dizem ser crentes; uma, claramente, não é crente convertida, porém supõe-se que as outras três sejam. Anote abaixo a letra do desenho correspondente na "Introdução" em cada caso:
    a) Não é crente.   ____.
    b) É crente, porém não muito fiel. ____
    c) São crentes fiéis.   ____ e ____.

31. Então, quais dos irmãos na "Introdução" receberão uma recompensa especial do Senhor? _____

32. Mas por que eles a receberiam, e não o irmão Vitor, do desenho B? Vitor, do desenho B, tinha mais êxito que o do desenho A (o missionário dos islamitas). Vitor, do desenho B tinha mais capacidades que o do desenho C (Cláudio, que foi proposto para a nova obra). Porém, Vitor, do desenho B, não era tão _____ como os outros dois. Por isso, conforme a parábola, a recompensa especial será dada para os outros dois porque eram mais _____.

33. Responda:
    a) Naquele tempo, que era um talento? _____
    b) Na parábola, que simboliza um talento? _____
    c) Conforme a parábola, o que Deus requer em relação aos talentos? _____
    _____

34. Dois servos foram recompensados; o outro, julgado. Vejamos por que foi julgado. (Marque "Sim" ou "Não".)
    a) Perdeu o dinheiro do patrão. ____

LIÇÃO 114 - OS TALENTOS | 147 |

b) Negou-se a devolver o dinheiro do patrão. ____
   c) Conforme o versículo 25, devolveu ao patrão. ____. Nesse caso, ele devolveu:
      i. O dinheiro mais o lucro.
      ii. Exatamente o mesmo dinheiro.
      iii. O dinheiro menos os prejuízos.

35. Por que o terceiro servo foi julgado?
    a) Por fazer outro tipo de negócio com o dinheiro.
    b) Por fazer um negócio desonroso com o dinheiro.
    c) Por não fazer nada com o dinheiro.

36. Os dois primeiros servos foram recompensados por serem _____, mas o terceiro foi julgado por não ter feito _____.

37. Responda:
    a) Antes dessa parábola, vimos a parábola das dez virgens. Por que as cinco insensatas ficaram excluídas? Por _____ trazerem azeite suficiente.
    b) Depois dessa parábola, aparece a descrição do juízo final. Leia os versículos 42-43. Por que os da sua esquerda foram condenados? Por _____ cuidar dos necessitados.
    c) Na parábola dos talentos, por que o terceiro servo foi julgado? Por _____ fazer _____.

38. Leia Tiago 4.17 e complete. Se alguém sabe fazer o _____, mas _____ o faz, é pecado.

TAREFA

Sublinhe as palavras de Tiago 4.17 em sua Bíblia

39. Que passagem bíblica diz que é pecado não fazer o bem que deveríamos fazer? _____
_____

40. Isto concorda com as três passagens de Mateus 25. Não basta evitar o mal; também é preciso praticar o bem. Quais dos seguintes estão em perigo de cair na mesma condenação que o terceiro servo (como as "cinco virgens" ou "os da esquerda")?
    a) "Eu não sou pecador; não faço mal a ninguém".
    b) "Agora que deixei o vício, Deus estará completamente satisfeito comigo".
    c) "Graças a Deus, que quando me tirou do pecado me deu um trabalho a fazer para ele, para poder expressar a minha gratidão".
    d) "Por algum tempo eu ensinava na Escola Dominical; diziam que eu era um bom professor, mas depois não me sobrava tempo e tive de deixar. Claro que não me voltei ao pecado anterior e vou à igreja quando posso".
    e) "Tenho pouca capacidade, mas me empenho em trabalhar nas atividades da igreja, confiando que o Senhor abençoa o que for do seu agrado".

f) "Parece que as pessoas ao redor não se interessam pelo evangelho, por isso penso que não vale a pena continuar dando testemunho".

41. Responda:
    a) Por que o terceiro servo foi julgado? _____
    _____
    b) Conforme essa parábola, o que Deus requer quanto aos talentos? _____
    _____

42. Leia novamente Mateus 25.21. Depois de louvar a fidelidade do primeiro servo, o patrão menciona dois aspectos de sua recompensa: "Sobre o _____ te colocarei; entra no _____ do teu Senhor". Continue lendo para anotar em que versículo o patrão repete exatamente as mesmas palavras. No versículo _____.

> Ainda que esses sejam só detalhes da parábola, pelo menos quando confirmados por outras parábolas, dão a entender que:
>
> Haverá uma recompensa especial para os servos de Cristo que forem fiéis em usar os talentos.
> Essa recompensa incluirá maiores oportunidades de servir ao Senhor e de compartilhar de seu deleite.

43. Responda:
    a) Por que foi julgado o terceiro servo? _____
    _____
    b) Que característica no crente o Senhor recompensará no céu? _____
    _____

> Peçamos que Deus nos ajude a usar bem os talentos em Seu serviço. Para isto Ele no-los deu. Descuidando deles, corremos o risco de ser como o terceiro servo. Usando-os, além de não os perder, teremos mais oportunidades de servir ao Senhor e compartilhar do Seu gozo.

GABARITO

1. a) Profético - b) 24 e 25 - c) Quinta-feira - d) À tarde - e) Controvérsia no templo e a denúncia contra os escribas e fariseus - f) Os sinais do fim e a vinda do Filho do Homem - g) A parábola dos talentos - h) 25.14-20 **2.** a) Três - b) Cinco - c) Cinco - d) Dois - e) Dois - f) Um - g) Enterrou-o **3.** c **4.** peso **5.** medida - dinheiro **6.** a) iii - b) Ao patrão - c) ii **7.** emprestou **8.** c **9.** a) usar - b) iii **10.** a) Deus - b) usar **11.** emprestado ou concedido - dele **12.** a - b - c - e -f - g - h **13.** Qualquer dos marcados na questão 12 **14.** emprestou (ou "concedeu") - usarmos **15.** a) Todos os crentes - b) alto - Pai - Deus - Deus - c) iii **16.** compartilhar nos encontros **17.** a) Concedido - Deus - usemos - dele - b) Usá-las para Deus **18.** concedido - Deus **19.** c **20.** c **21.** prosperidade - subir - baixar **22.** a) concedido - Deus - usemos - dele — b) Quaisquer dos marcados no item 12 **23.** Da verdade principal da parábola. **24.** c **25.** usemos - ele **26.** a) Algo concedido a nós por Deus - b) Quatro quaisquer dos marcados no item 12 - c) Que o usemos para ele ou em prol de sua vontade **27.** fiel - fiel - fiel **28.** c **29.** fidelidade **30.** a) D - b) B - c) A- C **31.** A e C **32.** fiel - fiéis **33.** a) Uma medida de peso - b) Algo concedido a nós por Deus - c) Que o usemos para ele **34.** a) Não - b) Não - c) Sim - ii **35.** c **36.** fiéis - nada **37.** a) não - b) não - c) não - nada **38.** bem - não **39.** Tiago 4.17 **40.** a, b, d, f **41.** a) Por não fazer nada - b) Que os usemos para ele **42.** muito - gozo - 23 **43.** a) Por não fazer nada - b) Ser fiel ou por sua fidelidade

LIÇÃO 115

O juízo das nações

> NÃO QUERO IR PARA O NORTE, NEM PARA O SUL. VOU SEGUIR EM FRENTE COMO ATÉ AGORA!

> GLÓRIA A DEUS!

> NÃO QUERO SER CRENTE COMO ESSES, MAS TAMBÉM NÃO SOU MAL COMO ESSE BÊBADO. SOU UM HOMEM RESPEITÁVEL, DECENTE. ISTO DEVE SER SUFICIENTE PARA AGRADAR A DEUS.

Nada seria tão insensato fazer como a atitude do motorista no desenho de cima, porém muitos estão dizendo como o homem do segundo desenho. Ambos se enganam da mesma maneira. Na vida cristã não há uma terceira possibilidade entre dois extremos. Vejamos como esta conclusão pode ser tirada da passagem que vamos estudar hoje...

QUADRO DE REVISÃO

1. Responda:
   a) Como se chama o sermão que Jesus pregou durante a Semana Santa? _____
   _____
   b) Em que capítulos de Mateus o encontramos? _____
   c) Em que dia da semana Jesus pregou esse sermão? _____
   d) Em que período do dia? _____
   e) Quais são os dois acontecimentos que sucederam mais cedo nesse mesmo dia? _____
   _____
   f) Quais são os dois assuntos que Jesus tratou durante a primeira parte de seu Sermão Profético em Mateus 24? _____
   _____
   g) Quais são as duas parábolas e suas respectivas referências que estudamos em Mateus 25?
   _____
   _____
   h) Qual é a parábola do Sermão Profético que nos resta estudar e qual é sua referência?
   _____

2. Leia Mateus 25.31-46. Essa passagem não é só uma parábola, como também uma descrição poética do Juízo Final. Por isso, podemos tirar conclusões também dos detalhes. Conforme o versículo 31, quem será o juiz no Juízo Final? O _____ do _____, isto é, _____.

3. Responda:
   a) Em Mateus 25.34, de que maneira Cristo se apresenta? _____
   b) Em Mateus 25.31, onde Cristo se assentará? _____
   c) Quem geralmente se assenta em um trono? _____
   d) Esse detalhe confirma que Cristo é o quê? _____

> SE O JUIZ NO ÚLTIMO DIA FOR JESUS, ISTO TRARÁ:
> - CONSOLO PARA OS QUE JÁ O TÊM COMO SALVADOR, E
> - ADVERTÊNCIA PARA OS QUE O REJEITAM COMO SALVADOR.

4. Responda:
   a) Conforme Mateus 25.32, quem será julgado no último dia? _____
   _____
   b) Quem será o juiz? _____

5. Conforme o Mateus 25.33, em quantos grupos será dividida a raça humana? _____

6. Responda ou complete:
   a) Leia Mateus 3.12. Conforme João Batista, em que dois grupos Cristo dividirá a humanidade? _____

b) Leia Mateus 7.13-14. Jesus menciona dois grupos: os que vão pelo caminho _____ e os que vão pelo caminho _____.
c) Leia Mateus 13.30. Conforme essa parábola, em que classes se dividiam as plantas que cresciam no campo e que representam os homens? _____
_____
d) Leia Mateus 13.49-50. Conforme essa parábola, em que grupos será dividida a raça humana no final? _____
e) Leia João 8.42,44. Jesus trata de dois tipos de paternidade: a de _____ ou a do _____.
f) Leia 1João 5.12. O autor menciona os que têm o _____ de Deus como Salvador; por isso, eles têm a _____ eterna, e dos que não têm o _____; por isso, não têm a _____ eterna.

7. Responda:
   a) Conforme essas passagens, em quantos grupos o Senhor dividirá a raça humana? _____
   b) Então, é possível ficar em um terceiro grupo "intermediário", "comum e correto", mais ou menos respeitável e decente, como opinava o homem na Introdução? _____
   c) Por que não? _____
   _____
   _____

8. Quantos terão de ser julgados? _____ as nações.

9. Leia novamente Mateus 25.46 e responda:
   a) A que destinos podem ir os seres humanos no fim do mundo? _____
   _____
   b) Isto confirma que a raça humana se dividirá em quantos grupos? _____

10. Leia Mateus 25.41. Que frase é usada ali para expressar a ideia de castigo eterno? "Apartai-vos de mim, malditos, para o _____ preparado para o Diabo e seus anjos".

11. A ideia do fogo é provavelmente um símbolo do castigo e não tanto uma descrição exata; porém, a realidade não será menos terrível que o símbolo. Ambos os versículos descrevem o castigo (o fogo) como _____, isto é, permanente.

12. O outro grupo, o da direita, irá para a _____ eterna.

13. Para resumir:
    a) Quem será o juiz no último dia? _____
    b) Quem será julgado? _____
    c) Em quantos grupos será dividida a raça humana? _____
    d) Quais serão os destinos desses grupos? _____
    _____

14. Conforme Mateus 25.35-36, por que os da direita herdarão o reino celestial?
    a) Por terem cuidado de seus amigos.
    b) Por terem cuidado dos necessitados.
    c) Por descuidarem dos necessitados.

15. Mateus 16.27 afirma que, no último dia, Cristo retribuirá a cada um conforme as suas _____, o que, sem dúvida, deve incluir o cuidado dos necessitados. De modo similar, Romanos 2.6 declara que Deus pagará a cada um conforme seu _____.

16. Isso é estranho à primeira vista, pois um pouco mais à frente, em Romanos 3.28, afirma-se que o homem é justificado pela fé, sem as _____ da lei, com o que concordam muitas outras passagens do Novo Testamento.

17. Será que o Novo Testamento estaria se contradizendo? Conforme Tiago 2.17, a fé, sem as obras, é _____. Quer dizer, uma fé viva dará lugar às _____. Por exemplo, levará o crente a cuidar dos necessitados como em Mateus 25.

18. Conforme o final de Tiago 2.18, recomenda-se mostrar a fé por meio de _____. Isso quer dizer que uma fé viva é demonstrada por meio de obras. As boas obras, como cuidar dos necessitados, são:
    a) Evidência de uma fé viva.
    b) O contrário de uma fé viva.
    c) Independente de uma fé viva.

19. Conforme o final de Tiago 2.22, a fé de Abraão se _____ por suas obras, quer dizer, mostrou-se viva. Podia-se ver, então, que ele tinha uma fé viva, porque suas obras serviam de _____ de sua fé.

20. Leia Efésios 2.8-9. Por outro lado, vemos aqui que as boas obras:
    a) São para merecer a salvação.
    b) São para merecer parte da salvação.
    c) Não são para merecer a salvação.

21. Se as boas obras não servem para merecer a salvação, como se recebe a salvação, conforme Efésios 2.8-9 (e muitos outros versículos)? Por meio da _____, isto é, confiando em Jesus Cristo como Salvador pessoal, próprio e único.

22. Agora podemos ver a relação das boas obras (p. ex., o cuidar dos necessitados) com a salvação. As boas obras não podem _____, mas são evidência de uma _____ viva.

23. Uma fé viva é manifestada mediante o quê? As _____ _____, como, por exemplo, cuidar dos necessitados.

24. As boas obras são evidência de uma _____ viva.

25. Apesar disso, não se pode merecer a _____ por meio das boas obras.

26. Qual é a relação entre as boas obras e a salvação? As boas obras não tornam ninguém _____ da salvação, mas são a _____ de uma _____ viva.

27. Voltando a Mateus 25, o fato de que os da direita fizeram boas obras (cuidando dos necessitados) serve de _____ de uma _____ viva.

28. Por isso, podemos deduzir que os da direita foram salvos porque tinham uma _____ viva. No juízo, suas boas obras servem de _____ de que são crentes e, por isso, salvos em Cristo.

29. Agora leia Mateus 25.41-43 e responda: Por que foram julgados os da esquerda? Porque _____ cuidaram dos _____.

30. O fato de que não cuidaram dos necessitados, quer dizer, não fizeram boas obras, serve de _____ de que não tinham uma _____ viva; por isso, não foram salvos.

31. Qual é a relação entre as boas obras e salvação? As boas obras não tornam ninguém _____ da salvação, mas são a _____ de uma _____ viva.

32. Nesse caso, alguém que pratica boas obras, mas não crê verdadeiramente em Cristo é salvo ou não? A resposta da Bíblia é "Não". Por quê? Porque as boas obras não tornam ninguém _____ da salvação. Essa pessoa não tem uma _____ viva por meio da qual pode ser salva.

33. A raça humana será dividida em dois grupos. Qual será o destino de cada um? _____
_____
_____

34. Algumas vezes nos falta o desejo de ajudar aos outros. Porém, conforme Mateus 25.35-36, quando damos de comer e de beber ao que não tem, é como dá-lo a _____; quando damos roupa ao que não tem é como dá-la a _____; quando recolhemos ou visitamos uma pessoa aflita, é como fazê-lo para _____.

35. Em contrapartida, conforme Mateus 25.42-43, ao negar a fazer essas coisas é como negar a _____.

36. Então, que motivo temos para ajudar aos necessitados?
    a) Para merecer a salvação.
    b) Talvez eles possam nos ajudar também.
    c) É como fazê-lo a Cristo.

37. Que motivo se dá aqui para ajudar aos necessitados? É como _____ para _____.

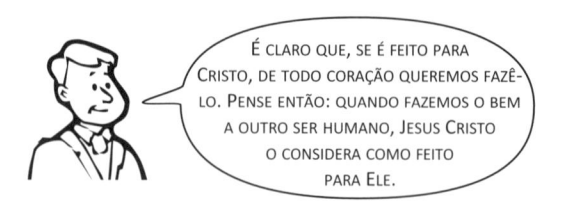

> É CLARO QUE, SE É FEITO PARA CRISTO, DE TODO CORAÇÃO QUEREMOS FAZÊ-LO. PENSE ENTÃO: QUANDO FAZEMOS O BEM A OUTRO SER HUMANO, JESUS CRISTO O CONSIDERA COMO FEITO PARA ELE.

38. Responda:
    a) Qual é a relação entre as boas obras e a salvação? As boas obras não tornam ninguém _____ da salvação, mas são a _____ de uma _____ viva
    b) Que motivo temos, então, para ajudar aos necessitados? É como se estivéssemos fazendo para _____.

39. Porém, como ajudá-los? Sabemos que muitas vezes não é fácil. Vejamos duas maneiras principais: (1) ajuda direta ou (2) reforma social. Agora, conforme o caso, escreva nos espaços abaixo *ajuda direta* ou *reforma social*.
    a) Entregar ajuda material aos necessitados, como, por exemplo, dar comida aos famintos, roupa aos que não a têm, pode-se chamar _____ _____.
    b) Procurar mudanças na organização e direção da sociedade, para que certos problemas deixem de existir, como, por exemplo, promulgar leis fixando salários mínimos para eliminar a pobreza, pode-se chamar _____ _____.

AJUDA DIRETA

40. Por muito boa e necessária que seja, há certos riscos nessa espécie de ajuda. Marque na lista abaixo as possíveis consequências negativas advindas da ajuda direta:
    a) Pode criar preguiça e uma atitude de dependência por parte do auxiliado, sempre que tiver de solucionar algum problema.
    b) Pode criar uma atitude de trabalho e esforço.
    c) Corre-se o risco de que o dinheiro dado seja mal empregado (gasto em vícios, por exemplo).
    d) Deixa que as causas básicas fiquem sem solução, como por exemplo, a falta de trabalho, salários baixos etc.
    e) Pode criar uma atitude de gratidão para com Deus.

41. Geralmente os necessitados pedem dinheiro, e já vimos, em muitos casos, que se corre o risco de o dinheiro ser mal empregado. Assim, como se pode evitar esse perigo e ainda ajudar realmente os necessitados?
    a) Só dar um pouco de dinheiro.
    b) Dar mantimentos ou comida pronta, mas não dinheiro.
    c) Dar um cheque.
    d) Oferecer-se para acompanhar o necessitado a comprar o que ele necessita (por exemplo, remédios, passagens de viagem etc.), a fim de não lhe entregar o dinheiro.
    e) Dar só aos que já conhecemos bem.

42. Como se chama essa maneira de ajudar aos necessitados? _____

43. Que motivo se dá nessa parábola para ajudarmos os necessitados? _____

REFORMA SOCIAL

44. Outra maneira de ajudar aos necessitados é por meio da *reforma social*, com o objetivo de eliminar as causas das necessidades e da aflição. A seguir, descrevemos vários problemas comuns, seguidos de duas possíveis maneiras de ajudar. Conforme o caso, escreva ao lado de cada possível solução *ajuda direta* ou *reforma social*.
    a) *Problema*: Casas pobres, em terrenos baixos, que são inundadas cada vez que chove muito.
        i. Reparar as casas e substituir as posses dos donos cada vez que houver inundações. _____.
        ii. Persuadir as autoridades a ceder-lhes terreno mais alto e apropriado para reconstruir, evitando assim mais inundações. _____.

    b) *Problema*: Trabalhadores que ganham salários tão baixos que não chegam nem perto de cobrir as despesas familiares necessárias.
        i. Cooperar com o grêmio/sindicato correspondente (organizar algum se não há), a fim de conseguir salários justos. _____.
        ii. Dar-lhes alimentos, dinheiro, roupa etc., cada vez que necessitem. _____.

    c) *Problema*: Crianças que adoecem frequentemente devido à falta de higiene no preparo de alimentos.
        i. Dar-lhes remédios etc., para curar as crianças cada vez que adoecerem. _____.
        ii. Organizar cursos simples para as donas de casa quanto à higiene doméstica, e como evitar as infecções. _____.

    d) *Problema*: Homens que não encontram trabalho em parte alguma.
        i. Persuadir uma empresa particular ou estadual a instalar uma fábrica ou outra fonte de trabalho na região. _____.
        ii. Dar dinheiro, alimento, roupas etc. aos desempregados. _____.

    e) *Problema*: Famílias de encarcerados não têm com o que se sustentar, porque os presos não podem trabalhar para ganhar, e as famílias têm de levar-lhes provisões.
        i. Dar comida, roupa etc. a essas famílias. _____.
        ii. Persuadir as autoridades a fazerem o possível para que os presos possam trabalhar e ganhar o sustento para si e para suas famílias. _____.

45. De que maneira podemos ajudar os necessitados, conforme estudado anteriormente?
_____
_____

46. Dessas duas maneiras:
    a) Qual consegue resultados mais rápidos? _____
    b) Qual consegue resultados mais permanentes? _____
    c) Qual geralmente será mais difícil de executar? _____

47. Qual dessas duas maneiras:
    a) Ataca a causa básica do problema? _____
    b) Alivia os sintomas do problema? _____
    c) Elimina a raiz do problema? _____
    d) Corta somente o fruto? _____
    e) Trata o problema do momento (de solução mais urgente)? _____
    _____
    f) Trata de evitar que o problema volte a acontecer no futuro? _____
    _____

> PEÇAMOS A DEUS QUE NOS IMPULSIONE A AJUDAR A OUTROS DA MANEIRA MAIS APROPRIADA A SEU CASO, LEMBRANDO QUE É COMO FAZÊ-LO PARA CRISTO, E DANDO ASSIM UMA EVIDÊNCIA DE QUE NOSSA FÉ É VIVA.

TAREFA

Lembre-se de que a passagem bíblica estudada hoje forma parte do Sermão Profético e é a última parte da análise que fizemos na Introdução (113). Agora, preencha os quadros com os títulos e referências correspondentes a cada desenho.

48. Com essa parábola, Jesus termina o Sermão Profético e volta para casa em Betânia. Faça agora sua própria análise do Sermão Profético a título de revisão.

Mateus, capítulo _____   Referências
1. _____   _____
2. _____   _____

Mateus, capítulo _____   Referências
3. _____   _____
4. _____   _____
5. _____   _____

PARA OS ENCONTROS – REVISÃO DO DIA DE TERÇA-FEIRA

Para terminar esta Lição, revise bem os acontecimentos desse grande dia. Relembre que o dia começou no Templo. Faça uma pequena análise da controvérsia no Templo, preenchendo o quadro a seguir:

1. Análise da controvérsia no Templo
Mateus 21.23 a 22.14
As três parábolas do reino   *Referências*
_____   _____
_____   _____

Mateus 22.15-46
As quatro perguntas   *Referências*
_____   _____
_____   _____
_____   _____
_____   _____

Mais tarde, no mesmo dia, depois da controvérsia no Templo, Jesus despediu-se pela última vez do Templo, como lemos em Mateus 23 e nos primeiros versículos de Mateus 24. Faça uma pequena análise dessa despedida.

2. Análise da despedida do Templo
Títulos   *Referências*
A denúncia dos _____ e _____   _____
A lamentação por _____   _____
A profecia da destruição do _____   _____

Depois desse dia tão cheio de controvérsias e ensinos no Templo, Jesus voltou a Betânia. Antes de chegar em casa, proferiu o Sermão das Oliveiras, relatado em Mateus 24 e 25. Faça uma pequena análise dele, usando como guia os títulos da sua Bíblia.

3. Análise do Sermão das Oliveiras
Mateus 24
As três parábolas do reino   *Referências*
Os _____   24.3_____
A _____   _____

Mateus 25
As três parábolas do reino   *Referências*
Parábola das _____   _____
_____   _____
O julgamento das _____   _____

GABARITO

1. a) Profético - b) 24 e 25 - c) Quinta-feira - d) À tarde - e) Controvérsia no templo - Denúncia dos escribas e fariseus - f) Sinais do fim - A vinda do Filho do Homem - g) As dez virgens (Mateus 25.1-13) - Os talentos (Mateus 25.14-30) - h) O julgamento das nações (Mateus 25.31-46) **2.** Filho - Homem - Jesus **3.** a) Como rei - b) No trono da sua glória - c) Um rei - d) Rei **4.** a) Todas as nações - b) Jesus **5.** dois **6.** a) Trigo e palha - b) largo - estreito - c) Joio e trigo - d) Maus e justos - e) Deus - Diabo - f) Filho - vida - filho - vida **7.** a) Dois - b) Não - c) Porque só existem dois caminhos **8.** Todas **9.** a) Vida eterna ou castigo eterno - b) Dois **10.** fogo eterno **11.** eterno **12.** vida **13.** a) Jesus - b) Todas as nações - c) Dois - d) Vida eterna ou castigo eterno **14.** b **15.** obras - procedimento **16.** obras **17.** morta - obras **18.** obras - a **19.** consumou - evidência **20.** c **21.** fé **22.** salvar - fé **23.** boas obras **24.** fé **25.** salvação **26.** merecedor - evidência - fé **27.** evidência - fé **28.** fé - evidência **29.** não - necessitados **30.** evidência - fé viva **31.** merecedor - evidência - fé **32.** merecedor - fé **33.** Os da esquerda: castigo eterno - Os da direita: vida eterna **34.** Cristo - Cristo - Cristo **35.** Cristo **36.** c **37.** fazê-lo - Cristo **38.** merecedor - evidência - fé - b) Cristo **39.** a) ajuda direta - b) reforma social **40.** a - c - d **41.** compartilhar nos encontros **42.** Ajuda direta **43.** É como fazê-lo para Cristo **44.** i. ajuda direta – ii. reforma social - b) i. reforma social – ii. ajuda direta; - c) i. ajuda direta – ii. reforma social - d) i. reforma social – ii. ajuda direta - e) i. ajuda direta – ii. reforma social **45.** Ajuda direta - Reforma social **46.** a) Ajuda direta - b) Reforma social - c) Reforma social **47.** a) Reforma social - b) Ajuda direta - c) Reforma social - d) Ajuda direta - e) Ajuda direta - f) Reforma social **48.** Mateus 24 - 1. Os sinais do fim (Mateus 24.3-28) - 2. A vinda do filho do homem (Mateus 24.29-51) — Mateus 25 - 3. As dez virgens (Mateus 25.1-13) - 4. Os talentos (Mateus 25.14-20) - 5. O julgamento das nações (Mateus 25.31-46)

LIÇÃO 116

Judas Iscariotes: as finanças da igreja

> Hoje estudaremos como conduzir e como não conduzir as finanças da igreja.

Folha 4

Datas	Detalhes	Assinaturas	Entradas	Saídas
	Saldo anterior		403,00	
20/7/11	Oferta (culto)		102,00	
20/7/11	Dízimos		307,00	
24/7/11	Compra de hinários			50,00
24/7/11	Ajuda a um irmão necessitado			20,00
27/7/11	Oferta (culto)		70,29	
	Totais			

Folha 5

Datas	Detalhes	Assinaturas	Entradas	Saídas
	Saldo anterior			

1. Faça os exercícios abaixo:
   a) Depois das grandes controvérsias no Templo, Jesus denunciou a falsidade dos escribas e fariseus, e depois de proferir o Sermão Profético (tudo isto se deu na _____-_____), Jesus e seus discípulos descansaram do dia seguinte, quer dizer, na _____-_____.
   b) Contudo, alguém do grupo apostólico não descansou naquele dia. Quem? (Leia Mateus 26.14) _____

> Antes de considerar os acontecimentos da quarta-feira, veremos algo acontecido no sábado anterior em Betânia.

2. Primeiro, uma observação sobre a cronologia. Para isso, temos de fazer uma comparação com o relato sobre a mesma história no evangelho de João.
   a) Conforme João 12.1, quantos dias antes da Páscoa aconteceu a cena em Betânia?
   b) Quantos dias antes da Páscoa os líderes fizeram o plano mencionado em Mateus 26.1-5? (Leia Mateus 26.2) _____
   c) Então, a cena em Betânia deu-se antes ou depois do plano de traição? _____

3. Parece que o desejo de Mateus (e Marcos, que tem a mesma ordem) era de agrupar alguns acontecimentos do mesmo assunto (o traidor, Judas), e talvez fazer ressaltar um contraste que notaremos mais adiante; por isso, Mateus e Marcos relatam a cena em Betânia depois do plano de traição, embora na realidade tenha sucedido antes. Agora, responda: Qual era o interesse maior de Mateus e Marcos nessa parte da história?
   a) A ordem cronológica exata.
   b) O assunto que estavam tratando.
   c) As festas religiosas.

4. Quando se deu a cena em Betânia? _____

5. Seguindo com nossa comparação com o relato de João, podemos identificar a mulher que ungiu Jesus em Betânia.
   a) Como se chamava? (Leia João 12.3) _____
   b) De quem era irmã? (João 12.2) _____

6. Podemos ver quão grande era o amor de Maria para com Jesus, quando calculamos o valor do perfume que derramou sobre ele.
   a) A que preço poderia ser vendido? (João 12.5) _____
   b) Em moeda romana, o salário diário de um trabalhador era um denário. Levando em consideração que nunca se trabalhava nos sábados, vemos que o valor do perfume era igual ao que um trabalhador ganhava em:

i. Uma semana.
   ii. Um mês.
   iii. Um ano.

7. Assim, podemos compreender a atitude dos discípulos ao falar em "desperdício". Mas o que Jesus reconheceu e estimou foi:
   a) A abundancia do amor de Maria.
   b) A preocupação dos discípulos.
   c) A necessidade dos pobres.

8. Você já experimentou algo desse amor para com o Senhor, que o tenha levado a fazer alguma coisa que outros chamariam "extravagância" ou "desperdício"? A resposta deve estar no seu coração. _____.

9. Provavelmente Maria não entendia plenamente o fim de sua ação em ungir o corpo de Jesus com perfume, porém, para ele, o propósito era prepará-lo para a _____. (Leia Mateus 26.12)

10. Era costume ungir o corpo dos defuntos antes do sepultamento, como vemos em Lucas 23.55-56 e 24.1. Conforme Lucas 24.3, as mulheres puderam ungir o corpo de Jesus após sua morte? _____

11. Assim, aquilo que as mulheres não poderiam fazer mais tarde, Maria fez antes ou depois da morte de seu amado Mestre. _____

12. Responda:
    a) Qual foi o discípulo que mais se opôs à generosidade de Maria? (Leia João 12.4-5) _____
    b) Qual era seu verdadeiro motivo? (Leia João 12.6) _____
    _____

13. Estamos agora em condições de estudar os acontecimentos da quarta-feira da Semana Santa.
    a) Que fez Jesus na quarta-feira, depois de tantas controvérsias no Templo acontecidas no dia anterior? _____
    _____
    b) Mas que fez Judas na quarta-feira? _____
    _____

TAREFA
Preencha a tabela do Apêndice 40, correspondente à quarta-feira, com os acontecimentos daquele dia.

QUARTA-FEIRA
(*Leia Mateus 26.1-5*)

14. Aproximava-se a grande festa da Páscoa e a cidade estava transbordante de multidões que chegavam de todas as partes. Era necessário que a ordem cívica fosse mantida.
    a) Que temiam os líderes judeus? (Leia o versículo 5) _____
    b) Contudo, que desejavam fazer depois? _____

> *Leia Mateus 26.14-16*

15. Os líderes judeus, como já notamos, não pensavam em prender Jesus durante a festa, mas Judas lhes deu a oportunidade inesperada de tomá-lo secretamente. Observe novamente os motivos de Judas. Qual foi a pergunta que fez aos principais sacerdotes?
    _____
    _____

16. Vemos uma diferença notável entre as atitudes de Maria e de Judas.
    a) Qual dos dois demonstrou amor? _____
    b) Qual demonstrou avareza? _____

17. Nessas passagens, encontramos um grande contraste entre o amor de _____ e a _____ de _____.

18. Como o amor de Maria foi expressado?
    a) Em muita atividade.
    b) Em dar algo generosamente ao amado.
    c) Em emocionar-se somente.

19. De que maneira podemos expressar nosso amor a Cristo e a nossos irmãos?
    a) Falando.   b) Provocando.   c) Dando algo generosamente.

20. Maria expressou seu amor dando algo generosamente a Cristo. Na lição anterior, vimos que ajudar a outros pode ser igual a ajudar a _____.

21. Quais das seguintes passagens são exemplos de tal expressão de amor?
    a) 2Coríntios 8.2-4.
    b) 2Coríntios 8.9.
    c) Filipenses 4.16.

22. Havia dois grupos principais a quem os crentes primitivos davam seu dinheiro, como se vê nas referências abaixo.
    a) Os que lhes _____ na Palavra (Gálatas 6.6).
    b) Os _____ (Romanos 15.26).

23. Expressamos nosso amor quando _____ generosamente a outros e à obra de Deus.

24. Contudo, não é um ato de verdadeiro amor dar a qualquer um sem examinar antes cada caso? Explique sua resposta. _____
_____
_____

25. Em outras lições aprendemos que somos apenas administradores de nossas posses e dinheiro, sendo _____ o verdadeiro dono.

26. Isto se refere a todos os nossos bens pessoais, mas agora consideraremos especialmente a administração das finanças da igreja.
    a) Sendo o dinheiro propriedade de Deus e não nossa, que deve caracterizar a administração das finanças? (Marque mais de um.)
        i. Ordem.
        ii. Descuido.
        iii. Exatidão.
        iv. Avareza.
        v. Desonestidade.
        vi. Confusão.
    b) Por que devemos anotar com cuidado e ordem cada entrada e saída de dinheiro?
    _____
    _____
    c) Por que convém anotar as saídas e entradas logo depois de efetuá-las? _____
    _____
    _____

27. Assim, a administração dos fundos deve ser caracterizada por cuidado e boa _____.

28. Um membro importante da congregação local é o tesoureiro. Que tipo de pessoa deve ser escolhida para esse cargo?
    a) Qualquer pessoa de boa vontade.
    b) Alguém que é generoso, mas entende pouco de assuntos financeiros.
    c) Alguém que saiba manter as contas em boa ordem.

29. Responda ou complete:
    a) Em 1Coríntios 12.28 encontramos uma lista de pessoas com diferentes capacidades para o serviço da igreja. Entre elas figuram os que _____, ou seja, os que têm dons de administração, como o de ser tesoureiro.
    b) Quem pôs essas pessoas na igreja? _____
    c) Então a capacidade de administrar as finanças é um dom que vem de Deus, e devemos pedir que ele nos mostre qual o membro da congregação dotado dessa _____ poderá ocupar o cargo de tesoureiro e administrador com boa _____.

30. Responda:
    a) Quem era o tesoureiro no grupo dos discípulos? (Leia João 12.4-6) _____

b) Que faltava àquele tesoureiro?
   i. Capacidade.
   ii. Honestidade.
   iii. Ordem.

31. Judas não deve ser nosso exemplo, pois o tesoureiro, tendo o importante cargo de cuidar das finanças da igreja, necessita não somente de _____ no manejo delas, mas também de _____.

32. Uma vez que o tesoureiro tem a capacidade apropriada, quais são as duas características essenciais para a administração das finanças da igreja? _____
_____

33. Algumas das frases na lista abaixo indicam possíveis tentações ou problemas do tesoureiro. Indique-as.
    a) Usar o dinheiro para um filho doente.
    b) Manter o livro de contas em boa ordem.
    c) Anotar na hora as entradas e saídas.
    d) Emprestar sem autorização a um necessitado.
    e) Usar o dinheiro para seu próprio negócio.
    f) Esquecer de anotar algum movimento do caixa.

34. Em 2Coríntios 8, Paulo fala de uma oferta para os crentes pobres de Jerusalém. Propõe enviar essa oferta por meio de vários irmãos de boa fama. Leia 2Coríntios 8.21 e responda:
    Como ele deseja as coisas sejam feitas? _____

35. A igreja local deve fazer tudo honestamente diante de Deus e dos homens. Leia com cuidado o que se segue e responda a pergunta abaixo.
    • Regra 1. Duas assinaturas — Pelo menos duas pessoas devem contar a oferta juntas e assinar o livro.
    • Regra 2. Recibos — para cada saída de dinheiro deve-se arquivar um recibo.
    • Regra 3. Cofre com chaves — Todo o efetivo (dinheiro para uso corrente) deve ser guardado num cofre trancado com chave.
    • Regra 4. Conta em um banco — Todo o dinheiro possível deve ser depositado em um banco.
    • Regra 5. Comissão Fiscal — Periodicamente pessoas interessadas devem rever as contas.

    Quantas dessas regras contribuirão para a honestidade e serão também uma proteção contra a tentação? _____. Anote-as abaixo.
    • Regra 1. _____.
    • Regra 2. _____.
    • Regra 3. _____.
    • Regra 4. _____.
    • Regra 5. _____.

36. Sim, todas as regras mencionadas são importantes para maior segurança. Se você é pastor ou membro da diretoria ou comissão, em sua igreja, deve fazer todo o possível para assegurar que se observem essas regras. Lembremo-nos de que o dinheiro não é nosso, mas pertence a _____, e é para a glória do seu nome que se deve fazer tudo honestamente, ou seja, com as duas características que já mencionamos: boa _____ e _____.

37. Quais são as cinco regras que nos dão maior segurança nas contas?
    - Regra 1. Duas _____.
    - Regra 2. _____.
    - Regra 3. _____ com _____.
    - Regra 4. _____ em um _____.
    - Regra 5. _____ fiscal.

38. Além de "fazer as coisas honestamente… diante dos homens" deve-se:
    A. Informar a todos os membros da igreja como está usando as ofertas e em que estado se encontram as finanças.
    B. Dar informações somente a alguns membros importantes.

    Qual é certo e conveniente?
    a) Somente A.
    b) Somente B.
    c) Ambas.
    d) Nenhuma.

39. Quem deve ser informado do uso que se faz das ofertas da igreja? _____
_____

40. Responda:
    a) Vimos que dar dinheiro ou coisas de valor (como no caso de Maria), é uma manifestação do nosso _____ a Cristo.
    b) Portanto é bom:
        i. Apresentar a oferta formalmente em um momento especial no culto.
        ii. Nunca enfatizar o valor de dar ao Senhor e aos irmãos.
        iii. Dar pouca importância à oferta nos cultos.

> *Em resumo, vimos várias coisas que devem ser postas em prática quanto às finanças da igreja. Façamos agora uma revisão.*

41. Quais são as duas coisas que devem caracterizar o movimento financeiro da igreja? _____ e _____.

42. Quais são as cinco regras para maior segurança?
    - Regra 1. _____.

- Regra 2. _____.
- Regra 3. _____.
- Regra 4. _____.
- Regra 5. _____.

43. Quem deve ser informado do uso que se faz das ofertas da igreja? _____
_____

44. É bom apresentar a oferta formalmente em um momento _____ no culto.

45. Voltemos ao assunto de Judas. Vimos que Mateus e Marcos não seguiram exatamente a ordem dos acontecimentos, mas agruparam o que correspondia a um _____: o de Judas, e o contraste entre o _____ de Maria e a _____ de Judas.

46. Saberemos ainda mais sobre o assunto de Judas lendo a história de seu suicídio. Agora, leia Mateus 27.3-10 e, em seguida, responda:
    a) Conforme Mateus 27.3, em que estado veio Judas para devolver as trinta moedas de prata? _____
    b) Em outra parte deste curso, vimos que há duas condições essenciais para um arrependimento ser considerado verdadeiro: confissão e *restituição*. Judas cumpriu essas duas condições? Leia Mateus 27.3-4. _____
    c) Podemos dizer então que seu arrependimento foi verdadeiro e completo, resultando em sua salvação? (Se não está seguro, leia João 17.12 que se refere a Judas.) _____

47. O que faltou no arrependimento de Judas foi que não confessou àquele contra quem pecara, isto é, a _____.

48. Leia Salmos 51.4 e responda: Por que devemos confessar os nossos pecados a Deus?
_____
_____
_____

Interpretação

Em Atos 1.18-19, é apresentado outro relato da morte de Judas. É difícil conciliar os detalhes deste com os de Mateus. Uma possível explicação é que:

1. Judas, ao enforcar-se, caiu, com os resultados mencionados em Atos 1.18.
2. A aquisição do campo é narrada de forma abreviada em Atos, dando a impressão de que Judas o comprou, quando, na realidade, foram os sacerdotes que o fizeram, com o dinheiro que ele devolveu.

UM MÉTODO SIMPLES DE CONTABILIDADE PARA FAZER CONTAS

49. Aprendemos que cada igreja deve ter um cofre com chaves onde se guarda o dinheiro da igreja. O tesoureiro deve fazer as anotações de todas as entradas e saídas desse cofre em um livro que se chama *caixa*. Então, o livro no qual são feitas todas as anotações das contas chama-se *livro-caixa* porque é nele que todas as _____ e _____ de _____ do _____ são registradas.

> Esse livro de contas só deve registrar movimentos do dinheiro que estiver no cofre. Haverá necessidade de outro livro corrente para o dinheiro que se guarda no Banco (anotando nos dois livros o dinheiro que se transfere do cofre para o Banco e do Banco para o cofre).

50. Por que se chama *caixa* o livro de contas da igreja? Porque nele são registradas todas as _____ e _____ de _____ da igreja.

51. O livro-caixa tem uma coluna para entrada e outra para saídas. Em qual dessas colunas se anotariam:
    a) As ofertas e os dízimos recebidos no caixa? _____
    b) Os gastos e donativos que saem do caixa? _____

52. Observe a Introdução desta lição, onde figuram como exemplos duas folhas de um livro-caixa de uma igreja. A folha 4 com suas anotações e a folha 5 em branco. Observe as anotações da folha 4. Em qual coluna, "Entradas" ou "Saídas", registrou-se a soma de dinheiro que corresponde:
    a) Ao saldo anterior? _____
    b) Aos dízimos? _____
    c) À compra de cantores? _____
    d) Ao auxílio a um irmão necessitado? _____
    e) Às ofertas? _____

53. Em que coluna — "Entradas" ou "Saídas" — se anotaria:
    a) Dízimos? _____
    b) Pagamento de luz? _____
    c) As ofertas? _____
    d) Ofertas para missões? _____
    e) Compra de folhetos? _____

54. Ao terminar cada página do livro-caixa, soma-se todo o dinheiro de cada coluna, anotando os resultados nos espaços correspondentes aos totais no final de cada

coluna. Na folha 4 da Introdução, some as duas colunas e anote os resultados de cada uma no espaço que lhe é reservado.

55. A diferença entre os totais das entradas e saídas chama-se *saldo*.
    a) Por exemplo: se as entradas de uma folha somam 15,00 e as saídas 4,00, qual é o saldo? Escreva a diferença aqui _____.
    b) Essa diferença chama-se _____, ou seja, a soma de _____ que permanece no cofre.

56. O que fica no caixa (cofre) é todo o dinheiro recebido (entradas), menos todas as saídas. Então o dinheiro no cofre sempre deve coincidir com:
    a) O total de entradas.
    b) O total das saídas.
    c) O saldo ou a diferença entre elas.

57. Voltemos à *folha 4* da Introdução. Os totais estão escritos em baixo. Qual é o valor do saldo?
    Entradas – 882,29
    Saídas   – 70,00
    Saldo   – _____

58. Anote o saldo de _____ na *folha 5* da Introdução, na parte superior da coluna "Entradas", no quadro correspondente ao "Saldo anterior".

59. O dinheiro que se tem no caixa (cofre) sempre deve coincidir com o saldo. Quanto se tem no caixa ao começar a *folha 5*? _____

60. Depois de anotar o saldo na folha seguinte, o tesoureiro deve contar cuidadosamente a quantia de dinheiro no cofre para assegurar-se se coincide com o _____. O saldo sempre deve coincidir com o _____ no _____.

61. Ao concluir cada folha do livro-caixa, o tesoureiro, acompanhado por outra pessoa, que assina como testemunha, deve fazer os quatro seguintes passos:
    1. Somar as duas colunas — "Entradas" e "Saídas" —, anotando os resultados nos lugares correspondentes aos _____.
    2. Calcular a diferença entre esses totais para saber qual é o _____.
    3. Anotar esse saldo na folha seguinte, na parte superior da coluna das _____, no lugar correspondente ao saldo _____.
    4. Contar cuidadosamente o dinheiro do cofre para ficar certo de que o saldo no livro-caixa corresponde exatamente à quantia de dinheiro que está no _____.

62. Responda:
    a) Ao completar uma folha no seu livro-caixa, em qual das colunas, "Entradas" ou "Saídas", o tesoureiro deve anotar o saldo na folha seguinte? _____
    b) Depois de anotar o saldo na folha seguinte, o tesoureiro deve contar o _____ para ter certeza de que coincide com o _____.

> O CONTROLE DO DINHEIRO COM O SALDO DO LIVRO CAIXA NÃO DEVE SER FEITO APENAS AO CONCLUIR A FOLHA, MAS FREQUENTEMENTE, ASSEGURANDO-SE DE QUE O DINHEIRO NO COFRE É EXATAMENTE O QUE CONSTA NO LIVRO CAIXA. ALGUMAS IGREJAS O FAZEM CADA DOMINGO, ESCREVENDO O SALDO CORRESPONDENTE EM UMA TERCEIRA COLUNA, AO LADO DAS SAÍDAS. NESTE CASO, DEVE JUNTAR ESTA COLUNA ÀS FOLHAS COM O TÍTULO "SALDO" EM CIMA.

Para os encontros
Se sua igreja não tem livro-caixa, prepare várias folhas de um caderno, copiando as mesmas colunas e títulos como se vê na Introdução.

GABARITO

1. a) terça-feira- quarta-feira - b) Judas **2.** a) Seis - b) Dois - c) Antes **3.** b **4.** Seis dias antes da Páscoa, ou no sábado **5.** a) Maria - b) Lázaro e Marta **6.** a) 300 denários - b) iii **7.** a **8.** Resposta pessoal **9.** sepultura **10.** Não **11.** Antes **12.** a) Judas - b) avareza **13.** a) Descansou - b) Traiu a Jesus **14.** a) Um tumulto - b) Prender a Jesus **15.** Que me quereis dar? **16.** a) Maria - b) Judas **17.** Maria - avareza - Judas **18.** b **19.** c **20.** Cristo **21.** a - b - c **22.** a) instruíam ou ensinavam - b) pobres **23.** damos **24.** compartilhar nos encontros **25.** Deus **26.** a) i - iii - b) compartilhar nos encontros - c) Para não esquecer de fazê-lo **27.** ordem **28.** c **29.** a) administrar - b) Deus - c) capacidade - ordem **30.** a) Judas - b) honestidade **31.** ordem - honestidade **32.** ordem - honestidade **33.** a - d - e - f **34.** honestamente **35.** As cinco — 1. Duas assinaturas - 2. Recibos - 3. Cofre com chaves - 4. Conta em um banco - 5. Comissão fiscal **36.** ordem - honestidade **37.** REGRA 1. Duas assinaturas - REGRA 2. Recibos - REGRA 3. Cofre com chaves - REGRA 4. Conta em um banco - REGRA 5. Comissão fiscal **38.** a **39.** Todos os membros **40.** a) amor - b) i **41.** ordem - honestidade **42.** REGRA 1. Duas assinaturas - REGRA 2. Recibos - REGRA 3. Cofre com chaves - REGRA 4. Conta em um banco - REGRA 5. Comissão fiscal **43.** Todos os membros da igreja **44.** especial **45.** tema - amor - avareza **46.** a) Remorso - b) Sim - c) Não **47.** Jesus **48.** Porque pecamos contra ele **49.** entradas - saídas - dinheiro - caixa **50.** entradas - saídas - dinheiro **51.** entradas - saídas **52.** a) entradas - b) entradas - c) saídas - d) saídas - e) entradas **53.** a) entradas - b) saídas - c) entradas - d) saídas - e) saídas **54.** Entradas - 882,29 — saídas - 70,00 **55.** a) 11,00 - b) saldo - dinheiro **56.** c **57.** 812,29 **58.** 812,29 **59.** 812,29 **60.** saldo - dinheiro - cofre **61.** 1. totais - 2. saldo - 3. entradas - anterior - 4. cofre **62.** a) Entradas - b) dinheiro - saldo

LIÇÃO 117

A instituição da Ceia do Senhor

QUADRO DE REVISÃO DA QUINTA-FEIRA

Use a Introdução da Lição 102 para fazer esta revisão.

Lembre-se de que a quinta-feira toda se ocupava na preparação da _____. Jesus mandou dois dos seus apóstolos para fazer os preparativos: foram _____ e _____ (Lucas 22.8). Eles saíram da casa em _____ (letra ____), onde compraram para o sacrifício um _____. Para sacrificá-lo, tiveram que o levar ao _____ (letra ____). Ali trabalhavam uns 7.000 _____ em três turnos, sacrificando um total de mais ou menos _____ cordeiros no dia da Páscoa. Eles tinham de matar os cordeiros de um só golpe de cutelo para que não escapasse da boca nem um só _____, fato simbólico cumprido por _____, quando, no dia seguinte, permaneceu mudo diante de seus acusadores. O sangue de cada animal era passado em vasos de ouro de mão em mão dos _____, que estavam parados em duas filas até chegar ao último que atirava o _____ sobre a pedra do altar do _____. Terminada a cerimônia no Templo, os apóstolos levaram o cordeiro morto ao lugar onde, naquela tarde, celebrariam com Jesus e os outros apóstolos a ceia da Páscoa no _____ (letra ____).

QUINTA-FEIRA
(Leia Mateus 26.17-19)

1. Complete:
    a) Conforme Mateus 26.17, era o primeiro dia da festa dos _____ _____.
    b) No fim Mateus 26.18, há outro nome para essa festa, a saber, _____.

2. Esses eram dois nomes que se davam à mesma festa, quando os judeus celebravam sua libertação da escravidão que haviam sofrido no Egito.
    a) Escreva o outro nome para a festa dos Pães Asmos. _____
    b) Escreva o outro nome para a festa da Páscoa. _____

3. Em que festa os judeus recordavam sua libertação da escravidão no Egito? _____ ou _____ _____.

4. Que celebravam os judeus na festa da Páscoa, ou dos Pães Asmos? Sua _____ da _____ no _____.

5. Leia Êxodo 12.15 e responda: Por que a festa da Páscoa se chamava também festa dos Pães Asmos? _____

6. Responda:
    a) Conforme Êxodo 12.15, quantos dias durava a festa? _____
    b) Conforme Êxodo 12.6,8, os israelitas tiveram de começar o período da festa com uma comida (ceia) especial. Em que noite do mês tinham de comer essa comida especial? Na noite do dia ____.

7. No ano em que Jesus morreu, o dia 14 desse mês caiu numa quinta-feira. Então, na noite de que dia da semana se comeu a comida especial para começar a festa daquele ano? _____

8. Responda ou complete:
   a) Conforme Mateus 26.18, Jesus mandou dizer: "Meu _____ está próximo".
   b) Próximo ao fim de que ano de seu ministério aconteceu isso? _____
   c) Então, Jesus queria dizer que estava próximo seu tempo de _____.

9. Começando na noite do dia 14 do primeiro mês, os judeus celebravam a festa da _____ ou dos _____ _____, para relembrar sua _____ da _____ no _____. Tinha esse nome porque, quando saíram do Egito, tiveram de _____ pães asmos. A festa durava sete dias ao todo, e o primeiro começava com uma ceia noturna, que Jesus e seus discípulos celebravam na noite de _____-_____. Como disse Jesus, seu tempo estava próximo, ou seu tempo para _____, o que aconteceu no dia seguinte, isto é, na _____-_____. Foi um momento significativo, apontando a morte de Cristo. Enquanto os judeus celebravam sua libertação da escravidão no _____, ele morreu para libertar seu povo da escravidão espiritual do _____.

> **NOTA**
>
> Esta observação é para aqueles muito apegados ao uso da Técnica de Comparação. Se este não for o seu caso, pule esta nota!
>
> Alguns versículos do Evangelho de João poderiam ser entendidos como indicando que Jesus morreu no dia antes de começar a Páscoa, e não depois do começo da Páscoa, como dizem os Evangelhos Sinóticos (Mateus, Marcos e Lucas). Os versículos que parecem dar essa impressão são os seguintes:
>
> **João 18.28** — Parece que aqui se usa a palavra "Páscoa" referindo-se a todo o período de festa e não só à comida que dava início às celebrações (e que, conforme os sinóticos, já se havia comido na noite anterior).
>
> **João 19.14, 31** — A frase "véspera da Páscoa" que aparece em algumas edições da Bíblia parece estar mal traduzida. A palavra original significava basicamente "preparação" (e é traduzida assim em outras edições e em Marcos 15.42). Chegara a significar, em uso popular, o dia da preparação para o dia do repouso; quer dizer, a "preparação" era o dia de sexta-feira (sendo sábado o dia de repouso). Então, esses versículos querem dizer que era "o dia da preparação para o dia do repouso", quer dizer, a sexta-feira, que ocorreu durante o período de sete dias da festa da Páscoa.
>
> **João 19.42** — Aqui aparece a mesma palavra "preparação" outra vez, dizendo agora que o dia da crucificação foi o dia da preparação (quer dizer, sexta-feira), que caiu durante o período da Páscoa, não que fosse o dia em que se preparava para a Páscoa. Tudo isso nos faz ver que, na realidade, o Evangelho de João não contradiz os Sinóticos, e que a noite da instituição da Ceia do Senhor foi na mesma noite em que os judeus celebravam a ceia especial que inicia a celebração da Páscoa.

10. Leia Mateus 26.20-25 e complete:
    a) Conforme 26.20, Jesus se assentou à _____. Tendo em vista essas palavras e muitos desenhos e quadros existentes poderia dar-se a impressão de que se sentavam em cadeiras como as nossas, ao redor de uma mesa como as nossas. Mas não era assim. Os judeus geralmente comiam reclinados no seu lado esquerdo, em cima de almofadas ou em um sofá baixo, apoiando-se no cotovelo, e tomando os alimentos de uma mesa baixa.

    b) Leia João 13.23, 25. Afirma-se que Pedro estava _____ ao lado de Jesus, quer dizer, descreve-se a maneira judaica de acomodar-se em roda de uma mesa _____.
    c) Leia Lucas 7.37-38. Diz-se que a mulher estava _____ de Jesus a seus _____, quer dizer, descreve-se a maneira judaica de sentar-se encostado ou reclinado para comer.

11. Leia Mateus 26.26-29 e complete:
    a) Em 26.26, quando Jesus tomou o pão, ele disse: "Isto ___ o meu corpo".
    b) Em 26.28, quando Jesus tomou o cálice, disse: "Isto ___ o meu sangue".

12. Observe a ilustração a seguir.

    Quando alguém diz: "Este é o campeão", que quer dizer?
    a) A fotografia transformou-se no campeão.
    b) O campeão está escondido atrás da fotografia.
    c) A fotografia representa o campeão.

13. Muitas vezes, na conversação diária, a frase "Isto é" tem de ser entendida como "Isto representa". Por isso, quando Jesus disse "Isto é o meu corpo", devemos entender como "Isto _____ o meu corpo", e quando eles disse: "Isto é o meu sangue", devemos entender como "Isto _____ o meu sangue".

14. Se não fosse a interpretação que tem sido dada a essas palavras pela Igreja Católica Romana, realmente não precisaríamos explicar o que já é muito claro, ou seja, que "é" pode significar "representa". Conforme a Igreja Católica Romana, quando o sacerdote repete durante a Missa essas palavras de Cristo, o pão se transforma literalmente e fisicamente no corpo de Cristo, e o vinho se transforma literalmente e fisicamente no sangue de Cristo, embora ninguém possa ver nem apalpar qualquer transformação. Esse ensino é chamado de "doutrina da transubstanciação". Contudo, durante a última ceia, Jesus ficou em seu lugar enquanto os discípulos passavam o pão uns aos outros. Se o pão tivesse sido transformado no corpo de Cristo, seu corpo físico estaria dividido em várias partes, cada uma em lugar diferente.
    a) Pode tal coisa acontecer com um corpo humano vivo? _____
    b) Jesus teve um corpo humano vivo? _____
    c) Então, o que a Igreja Católica Romana afirma poderia acontecer na última ceia? _____

15. Então, apesar do que diz a Igreja Católica Romana, a frase "Isto é o meu corpo" tem de ser entendida como "Isto _____ o meu corpo", e a frase "Isto é o meu sangue", como "Isto _____ o meu sangue".

> CHEGAMOS A ESTA CONCLUSÃO POR DUAS RAZÕES:
> 1. PORQUE É O SIGNIFICADO NATURAL DAS PALAVRAS E SEU CONTEXTO.
> 2. PORQUE O CORPO HUMANO DE JESUS NÃO PODIA ESTAR EM VÁRIAS PARTES AO MESMO TEMPO.

16. Quando é dito que "Jesus pôs-me à mesa":
    a) Que tipo de mesa seria? _____
    b) De que maneira os judeus se sentavam para comer? _____

17. Em Mateus 26.28, Jesus diz que o cálice na ceia é ou representa seu sangue da nova _____. O que é uma aliança?
    a) Um pacto entre duas partes.
    b) Uma ideia que uma pessoa pensa em transmitir a outra.
    c) Algo que impressiona fortemente.

18. A aliança de que se fala continuamente na Bíblia é um pacto entre:
    a) Deus e o Diabo.
    b) Um homem e outro.
    c) Deus e o seu povo.

19. "Aliança" na Bíblia é um _____ entre _____ e _____ povo.

20. Em Mateus 26.28 menciona-se a _____ aliança. Quer dizer, a aliança *antiga* foi renovada por Cristo, e o fato de que ele fala aqui de "meu _____ da nova aliança" dá a entender que foi renovada na base de sua _____.

21. Complete:
    a) O cálice da Ceia do Senhor é símbolo da Nova Aliança. Isto quer dizer que a aliança antiga foi renovada por Cristo na base de sua _____.
    b) Que é uma aliança? _____
    _____.
    c) Entre quem se firma a aliança na Bíblia? Entre _____ e seu _____.

22. Leia Mateus 26.29. Depois da instituição da Ceia do Senhor, Jesus se refere ao futuro de forma simbólica. Tendo em conta que na Bíblia o vinho é símbolo de *deleite* ou *alegria*, quais dos seguintes detalhes aparecem em sua descrição em Mateus 26.29?
    a) Cristo e os discípulos estarão juntos.
    b) Cristo e os discípulos estarão separados.
    c) Será uma situação triste.
    d) Será uma situação alegre.
    e) Será completamente igual àquele tempo.
    f) Será novo e diferente.

23. Então podemos deduzir que quando Jesus diz que ele "beberá do fruto da videira no reino" de seu Pai está se referindo a:
    a) Companheirismo no céu.
    b) Companheirismo na Ceia do Senhor.
    c) Companheirismo em qualquer comida ou reunião social.

24. A que se refere Jesus quando diz que beberá do fruto da videira com seus discípulos no reino de seu Pai? _____

Leia Mateus 26.30-35

---

25. Procure a profecia do Antigo Testamento em Mateus 26.31 e, usando as referências ao pé da página em sua Bíblia, escreva a referência do Antigo Testamento de onde é tomada. _____

26. Responda:
    a) Durante o dia seguinte, quem foi ferido até a morte? _____
    b) Quem foram dispersados? _____

27. Responda:
    a) Então, quem era o pastor da profecia que seria ferido? _____
    b) Quem eram as ovelhas que seriam dispersas? _____

28. Quando Jesus diz que beberá do fruto da videira com seus discípulos no Reino de seu Pai, a que se refere? _____

29. Quando Cristo adverte que seus discípulos o abandonariam, Pedro responde que Jesus nunca seria um _____ para ele (Mateus 26.33) e que mesmo que fosse necessário morrer com Cristo, ele não o _____ (Mateus 26.35).

30. Agora, leia Mateus 26.70,72,74. Apesar do que havia dito, que fez Pedro? _____

31. Que tragédia depois de prometer tanto! Suas próprias palavras, comprometendo-se até a morte, dão evidencia de que, na prática, já estava preparando o caminho para que Pedro negasse a Cristo. Se Jesus disse que Pedro o negaria, e Pedro disse que não o negaria, o que o apóstolo estava fazendo em relação a Jesus? _____

32. O primeiro erro de Pedro, que preparou o caminho para que ele negasse a Jesus, foi _____ o próprio Jesus quando este o advertiu de que o negaria.

33. Em Mateus 26.33, Pedro reconhece que outros poderiam escandalizar-se de Cristo, mas ele não o faria. Assim, aqui, Pedro está:
    a) Comparando-se com outros.
    b) Reconhecendo sua própria fraqueza.
    c) Expressando sua confiança no apoio dos outros discípulos.

34. Agora vimos dois dos erros de Pedro, que prepararam o caminho para que negasse a Cristo: Pedro _____ a Cristo e se _____ com outros.

35. Se Pedro tivesse dito "Permanecerei fiel com tua ajuda", teria sido outra coisa. Em não tê-lo dito, indica que ele estava:
    a) Confiando em Cristo.
    b) Confiando em si mesmo.
    c) Confiando no apoio dos demais discípulos.

36. Que três erros Pedro cometeu que prepararam o caminho para que ele negasse a Cristo?
    a) Pedro _____ a Cristo.
    b) Pedro se _____ com outros.
    c) Pedro _____ em si mesmo.

37. Vamos ver como esses três erros abriram caminho para que Pedro negasse a Cristo. Leia Mateus 26.40-41 e responda:
    a) O que Pedro deveria ter feito durante aquele tempo? _____ e _____.
    b) Na realidade, o que fez no Getsêmani? _____
    c) Por que dormia, em vez de orar? (Marque duas respostas certas.)
        i. Porque confiavam muito em Cristo.
        ii. Porque confiavam muito em si mesmo.
        iii. Porque pensava que era mais firme que os outros.
        iv. Porque já havia orado a maior parte do dia.

38. Assim, confiando em si mesmo e comparando-se com outros, Pedro não se preocupou em orar. Por isso, negou a Jesus. Leia Mateus 26.75 e responda: Quando Pedro se lembrou das palavras de advertência de Jesus?
    a) Antes de negá-lo.
    b) No momento de negá-lo.
    c) Depois de negá-lo.

39. Provavelmente Pedro não se lembrou antes, nem quando começou a negar a Jesus, porque quando Jesus lhe disse essas palavras, Pedro _____ a Jesus. Por isso, perdeu o benefício da advertência e caiu.

40. Escreva ao lado das frases abaixo o que lhes corresponde segundo estas três sentenças:
    • Contradiz ao Senhor.
    • Compara-se com outros.
    • Confia em si mesmo.
    a) "Sim, a Bíblia diz isto, mas eu não aceito". _____
    b) "É demais orar acerca de cada coisinha; temos de ter confiança em nossas próprias capacidades para nos sair bem". _____
    c) "Que coisa terrível o que aconteceu com o Alberto, não foi? Eu, pelo menos, não cairia nessa cilada". _____
    d) "Com os conhecimentos modernos, não vejo como alguém pode crer em todo o ensino de Jesus". _____
    e) "Estes jovens demonstram tão pouca responsabilidade; em compensação, eu sei que sou responsável". _____

41. Na profecia de Zacarias, em Mateus 26.31:
    a) Quem era o pastor que seria ferido? _____
    b) Quem eram as ovelhas que seriam dispersadas? _____

42. Que três erros Pedro cometeu, os quais prepararam o caminho para que ele negasse a Cristo?
    a) Pedro _____ a Cristo.
    b) Pedro se _____ com outros.
    c) Pedro _____ em si mesmo.

> EM QUALQUER MOMENTO EM QUE VEJAMOS QUE ESTAMOS SEGUINDO A PEDRO EM QUALQUER DESTES ERROS, DEVEMOS TER CUIDADO! PODEM NOS LEVAR AO MESMO PONTO TERRÍVEL DE NEGAR A CRISTO, DE UMA MANEIRA OU DE OUTRA.

43. Para que isso não aconteça, escreva-os uma vez mais, a fim de estar seguro de reconhecê-los imediatamente, e peça ao Senhor que o defenda de tais tendências. Três erros que preparam o caminho para negar a Cristo são:
   1. _____ ao Senhor.
   2. _____-se com outras pessoas.
   3. _____ em si mesmo.

GABARITO

QUADRO DE REVISÃO DA QUINTA-FEIRA: Páscoa - Pedro - João - Betânia - Q - cordeiro - Templo - D - sacerdotes - 250.000 - balido - Jesus - sacerdotes - sangue - holocausto - cenáculo - H

1. a) Pães Asmos - b) Páscoa **2.** a) Páscoa - b) Pães Asmos **3.** Páscoa - Pães Asmos **4.** libertação - escravidão **5.** Porque quando saíram do Egito, os judeus tiveram de comer pães asmos **6.** Sete - b) 14 **7.** quinta-feira **8.** a) tempo - b) Paixão - c) morrer **9.** Páscoa - pães asmos - libertação - escravidão - Egito - comer - quinta-feira - morrer - sexta-feira - Egito - pecado ou Diabo **10.** a) à mesa - b) reclinado - baixa - c) detrás - pés **11.** a) é - b) é **12.** c **13.** representa - representa **14.** a) Não - b) Sim - c) Não **15.** representa - representa **16.** a) baixa - b) reclinados **17.** aliança - a **18.** c **19.** pacto - Deus - seu **20.** nova - sangue - morte **21.** a) morte - b) Um pacto entre duas partes - c) Deus - povo **22.** a - d - f **23.** a **24.** Ao companheirismo céu **25.** Zacarias 13.7 **26.** a) Jesus - b) Os discípulos **27.** a) Jesus - b) Os discípulos **28.** Ao companheirismo no céu **29.** tropeço - negaria **30.** Negou a Jesus **31.** Contradizendo-o. **32.** contradizer **33.** a **34.** contradisse - comparou **35.** b **36.** a) contradisse - b) comparou - c) confiou **37.** a) Vigiado - orado - b) Dormiu - c) ii - iii **38.** c **39.** contradisse **40.** a) Contradiz ao Senhor - b) Confia em si mesmo- c) Compara-se com outros - d) Confia em si mesmo - e) Contradiz ao Senhor - **41.** a) Jesus - b) Os discípulos **42.** a) contradisse - b) se comparou - c) confiou **43.** 1. Contradizer - 2. Comparar-se - 3. Confiar

LIÇÃO 118

O significado da Ceia do Senhor

A Santa Ceia

DEUS oferece
certeza de salvação completa
aos crentes

A Missa

A DEUS
sacrifício contínuo
sacerdote oferece

> É ESTRANHO QUE ESSES DOIS CULTOS, QUE SE DIZEM BASEAR NA ÚLTIMA CEIA DE JESUS COM OS SEUS DISCÍPULOS, VÃO EM DIREÇÕES TOTALMENTE OPOSTAS! ESTA LIÇÃO TRATA DA CEIA DO SENHOR. O QUE SIGNIFICA, COMO PARTICIPAR E DE QUE MANEIRA SUAS IDEIAS BÁSICAS SÃO DIFERENTES DAS IDEIAS BÁSICAS DA MISSA NA IGREJA CATÓLICA ROMANA.

1. Na lição anterior aprendemos que Cristo instituiu a Ceia do Senhor na primeira noite da festa da _____ (1), também chamada a festa dos _____ _____ (2), quando os judeus celebravam sua _____ (3) da _____ (4) do _____ (5). Por isso, foi um momento muito propício para Cristo morrer, livrando os crentes da escravidão espiritual e do _____(6).

2. Já vimos que a Igreja Católica Romana afirma que, na Missa, o pão se converte literalmente no corpo de Cristo e que o vinho se converte literalmente em sangue. Também vimos que é natural entender as palavras "Isto é o meu corpo" como significando "Isto _____ o meu corpo" e "Isto é o meu sangue" como significando "Isto _____ o meu sangue".

3. Neste caso, o pão e o vinho na Ceia do Senhor servem para:
   a) Satisfazer a fome e a sede.
   b) Operar um milagre.
   c) Simbolizar algo (o sacrifício de Cristo).

4. Embora sempre se fale de "vinho", na prática muitas igrejas agora usam algum suco não alcoólico. Mas continuaremos a usar a palavra "vinho" para não complicar a lição. Agora, responda: Que tipo de coisas são usadas na Ceia do Senhor?
   a) Comestíveis.
   b) Substâncias químicas.
   c) Medicinais.

5. Se na Ceia do Senhor são usados comestíveis, de que são símbolos?
   a) De que Cristo é o "médico dos médicos".
   b) De que Cristo nos alimenta espiritualmente.
   c) De que Cristo nos limpa do pecado.

6. Na Ceia do Senhor, o uso de comestíveis simboliza que Cristo nos _____ espiritualmente.

7. Leia João 6.35. O próprio Jesus diz que ele é o _____ da vida; que vindo a ele nunca teremos _____, e que crendo nele jamais teremos _____. (É claro que tudo isso tem de ser entendido em sentido _____.)

8. Então, na Ceia do Senhor, que simboliza o uso de comestíveis? _____
_____

9. Agora pense na maneira de agir do ministro durante o culto. Embora haja diferenças entre uma igreja e outra, basicamente o ministro segue a maneira de agir de Jesus na última ceia.
   a) Leia Mateus 26.26. Depois de tomar o pão e "abençoá-lo" (quer dizer bendizê-lo ou agradecer a Deus pelo pão), que fez Jesus com o pão? _____
   b) Se o pão representa o corpo de Cristo, partir o pão simbolizará que o corpo de Jesus foi _____.
   c) Quando foi partido o corpo de Jesus? _____

10. Leia 1Coríntios 11.24. As palavras de Cristo citadas por Paulo confirmam isto, porque ali Jesus disse: "Isto é [representa] o meu corpo que é _____ por vós".

11. Então a ação do ministro em partir o pão durante a Ceia do Senhor simboliza que Cristo _____ por nós na cruz.

12. Leia Mateus 26.28 e complete:
    a) Agora, referindo-se ao cálice (ou seja, ao vinho que estava nele), Jesus diz que representa seu sangue, "que é _____ em favor de muitos, para remissão de pecados".
    b) Quando o sangue de Cristo foi derramado para remissão de pecados? Na _____.

13. Então a ação do ministro no culto, em relação tanto ao pão como ao vinho, simboliza que Cristo _____ por nós.

14. Na Ceia do Senhor, que simbolizam:
    a) O uso de comestíveis? Que Cristo nos alimenta _____.
    b) A ação do ministro partindo o pão e distribuindo o vinho? Que Cristo _____ por nós.

15. A Ceia do Senhor é um culto notável pelo fato de que não só o ministro tem de agir, mas também cada participante tem algo a fazer.
    a) Leia Mateus 26.26. Depois de abençoar e partir o pão, que Jesus disse que fizessem com o pão? _____
    b) Leia Mateus 26.27. Que disse Jesus que fizessem com o cálice? _____
    c) No caso do cálice, Jesus disse especificamente quantos tinham de beber dele: "Bebei dele _____". Esse é um ponto importante em contraste com a tendência da Igreja Católica Romana de negar o cálice aos membros comuns da igreja.

16. Se o pão representa o corpo de Cristo partido na cruz e o vinho representa seu sangue derramado, não é difícil entender que quando *eu recebo* o pão e o vinho, simboliza que eu já _____ o próprio Cristo, que foi crucificado por mim.

17. É possível participar da Ceia do Senhor sem sinceridade, porém, ao receber o pão e o vinho, o crente sincero deve pensar dentro de si: "Ao receber literalmente este pão e este vinho eu lembro que já recebi espiritualmente a _____".

18. Na ceia do Senhor, que simbolizam:
    a) O uso de comestíveis? _____
    b) A ação do ministro partindo o pão e distribuindo o vinho? _____
    c) A ação de cada participante recebendo o pão e o vinho? _____

19. Na vida diária, o comer juntos não e só uma questão de conveniência. Além disto, comemos juntos:
    a) Para expressar amizade aos que estão presentes.
    b) Para expressar inimizade entre os que estão presentes.
    c) Para criticar os que estão ausentes.

20. Da mesma maneira, o comer e o beber juntos a Ceia do Senhor é uma expressão de amizade e companheirismo cristão. Então, na Ceia do Senhor, o comer juntos simboliza:
    a) Que cada um tem de se salvar individualmente.
    b) Que cada um tem que se concentrar só em sua relação pessoal com Cristo.
    c) Que todos os crentes pertencem à família cristã.

21. Leia 1Coríntios 10.17 e responda:
    a) Quantos pães são usados na Ceia do Senhor? _____
    b) Quantos participam na Ceia do Senhor? _____
    c) Muitos comendo do mesmo pão, a quantos corpos pertencemos simbolicamente?
       _____

22. Então, comer juntos na Ceia do Senhor simboliza que todos somos crentes e que _____ à família cristã.

23. Na Ceia do Senhor, que simboliza:
    a) O uso de comestíveis? _____
    b) A ação do ministro partindo o pão e distribuindo o vinho? _____
       _____
    c) A ação de cada participante recebendo o pão e o vinho? _____
       _____
    d) O comer juntos? _____

24. Se uma das coisas simbolizada pela Ceia do Senhor é que todos os crentes convertidos pertencem à família cristã, isto significa que, quando se celebra a Ceia, todos os membros locais da família deveriam participar. Porém, muitas pessoas deixam de ir por não entenderem bem o que se requer para participar da forma devida. Para resolver, é preciso ler 1Coríntios 11.27-32. Em 11.28, Paulo diz que cada um deve _____ a si mesmo antes de participar, e em 11.31, que devemos _____ a nós mesmos antes de participar.

25. Ao examinar-se ou julgar-se, se alguém vê que tem algum pecado em sua vida do qual não se arrependeu, que deve fazer a esse respeito? _____

26. Então, o primeiro requisito para participar da Ceia do Senhor é o _____. O que é arrependimento? (Veja a Lição 28 sobre a descrição de "arrependimento".)

27. Para ver o segundo requisito a fim de participar da Ceia do Senhor, leia 1Coríntios 11.24-25. Além do arrependimento é necessário participar da ceia em _____ de _____. Então, os requisitos para participar da ceia são o *arrependimento* e o

lembrar do sacrifício de Cristo. Isto é muito natural quando lembramos que a ação de cada participante ao *receber* o pão e o vinho simboliza que já _____ o próprio Cristo e sua salvação.

28. Como se deve participar da Ceia do Senhor? _____
_____

29. Muitos irmãos, porém, não compreendendo bem o evangelho da *graça* (o amor *não merecido* que recebemos de Deus), pensam que eles têm de alcançar certo grau de *merecimento* para serem *dignos* de participar da Ceia. Eles sabem que têm pecado e pensam que, por isso, é impossível participarem (ou pelo menos participarem "dignamente", como declara 1Coríntios 11.27). São como a Janice do desenho a seguir.

> AH, QUE CARA SUJA. IA VISITAR MINHA AMIGA, MAS ASSIM NÃO DÁ, TENHO QUE FICAR EM CASA.

a) Janice pode ir *assim*? _____
b) Ela tem de ficar em casa por causa disso? _____
c) O que ela tem de fazer? _____

30. Veja a ilustração abaixo.

> AH! COMO SOU PECADORA! IA PARTICIPAR DA CEIA, MAS NÃO POSSO IR ASSIM!

Aqui vemos Júlia, um exemplo parecido com a Janice, não é? Mas, nesse caso, sua atitude é no campo espiritual. Responda:
a) Júlia tem razão em dizer que não pode participar da Ceia do Senhor assim? _____
b) Tem razão em dizer que, por causa disso, deve ficar em casa? _____
c) O que ela deve fazer? _____
_____

31. A atitude de Júlia (e de muitos outros) chama-se *legalismo*, porque implica pensar que alguém pode ser salvo ou participar da Ceia do Senhor se guardar toda a *lei*. É uma tentativa *legalista* de ser aceito pelo Senhor.
a) Essa atitude de *legalismo* torna impossível que alguém participe corretamente da Ceia do Senhor, porque (1) o *legalista* pensa que agora merece participar e então

vai confiar não em _____, mas em ___ mesmo, ou (2) o *legalista* pensa que não merece participar, e simplesmente não vai.
   b) Por isso, para participar devidamente da Ceia do Senhor, é preciso fazê-lo *sem _____*.

32. Quais das pessoas abaixo pensam de maneira *legalista*?
    a) "Passei a semana toda sem me zangar, agora estou em condições de participar da Ceia do Senhor".
    b) "Sei que não mereço nada do Senhor, porém sempre participo da Ceia do Senhor porque me asseguro do seu amor para comigo".
    c) "Agora que sou evangélico sei que agrado mais ao Senhor, e especialmente assistindo tantas vezes ao culto".
    d) "É certo que menti várias vezes durante o dia, mas, por outro lado, consegui falar do Senhor ao meu vizinho. Creio que isto significa que estou em condições de dirigir o culto esta noite".
    e) "Graças a Deus que ajudando a outros pude expressar-lhe algo da minha gratidão por ter me salvado".
    f) "Cada vez que me dói a consciência por ter cometido algum pecado, procuro apagá-lo fazendo alguma coisa boa de igual valor; assim, mantenho bem a minha relação com Deus".

33. Como se deve participar da Ceia do Senhor?
    a) Com _____.
    b) Em _____ de _____.
    c) Sem _____.

34. Quando se vai celebrar a Ceia, para não cair em legalismo, o que o crente deve fazer quando sente a consciência acusando-o de algum pecado? Em primeiro lugar, _____ prontamente; em segundo, _____ da _____ do _____ e confiar no perdão gratuito de Cristo.

35. Na Ceia do Senhor, que simbolizam:
    a) O uso de comestíveis? _____
    b) A ação do ministro partindo o pão e distribuindo o vinho? _____
    c) A ação de cada participante recebendo o pão e o vinho? _____
    d) O comer juntos? _____

36. Já vimos uma grande diferença entre a Igreja Católica Romana e as igrejas evangélicas quanto à Ceia do Senhor.
    a) Conforme a Igreja Católica Romana, que acontece ao pão e ao vinho na Ceia do Senhor? Convertem-se literalmente no _____ e _____ de Cristo.
    b) Que dizem as igrejas evangélicas acerca do pão e do vinho na Ceia do Senhor? Que _____ o corpo e o sangue de Cristo.

37. Veja a Introdução. Ali se vê que, na realidade, as ideias atrás dos dois cultos são totalmente contrárias.
    a) Na Missa, quem toma a iniciativa oferecendo algo? _____
    b) Na Ceia do Senhor, quem toma a iniciativa oferecendo algo? _____
    _____

38. Complete:
    a) A missa é oferecida pelo sacerdote (e o povo) a _____.
    b) A Ceia do Senhor é oferecida por Deus aos _____. (Se não se lembrar, olhe a Introdução.)

39. Na Missa, o _____ oferece a _____. Na Ceia do Senhor, porém, _____ oferece aos _____.

40. Percebe-se que é assim ao ver a direção que os ministros olham no momento culminante dos cultos.
    a) Na Missa (pelo menos na sua forma tradicional), o sacerdote para, dando as costas à congregação. Isto dá a entender que naquele momento está oferecendo a _____.
    b) Na Ceia do Senhor o ministro não fica de costas para a congregação. Isto dá a entender que naquele momento, Deus, através do ministro, está oferecendo aos _____.

> **NOTA:** Embora tenha havido muitas mudanças na forma externa da celebração da Missa, a doutrina continua a mesma.

41. O que se oferece nos dois cultos? Vejamos primeiro o caso da Missa: "Na Missa se oferece a Deus um sacrifício (vicário-verdadeiro) e propiciatório pelos vivos e pelos mortos" (Credo do Papa Pio IV, Artigo 5°).
    a) Leia Hebreus 10.10 e mantenha a Bíblia aberta.
        i. Quantas vezes Jesus Cristo se sacrificou? _____
        ii. Por quanto tempo seu sacrifício é eficaz? _____
        iii. Agora leia Hebreus 10.10-14, e anote todos os versículos que dizem que o sacrifício de Cristo foi feito "uma vez por todas ou para sempre". _____
    b) Em João 19.30, Jesus, imediatamente antes de morrer, disse: "Está consumado". Então, conforme o próprio Jesus:
        i. Temos de fazer algo mais para nos salvar.
        ii. Temos de repetir seu sacrifício para nos salvar.
        iii. Ele já fez tudo o que era necessário para nos salvar.
    c) Diante disso, a Igreja Católica Romana tem razão ou não em intentar repetir na Missa o sacrifício de Cristo? _____

42. Na Missa, o que o sacerdote oferece a Deus? Um _____ contínuo.

43. Na Ceia do Senhor, ao contrário, Deus oferece aos crentes a certeza da *salvação completa*. Por que é uma salvação completa? Porque Cristo morreu na cruz _____ só vez para _____; quer dizer, ele fez tudo o que era necessário para nos salvar, e não ficou mais nada a fazer. Por isso, Deus nos oferece a certeza de uma salvação _____.

44. Responda:
    a) Na Missa, o que o sacerdote oferece a Deus? _____
    b) Na Ceia do Senhor, o que Deus oferece aos crentes? _____
    _____

45. Sem olhar atrás, preencha os espaços nas flechas para resumir as ideias por detrás dos cultos.

    A
    1. _____
    2. _____
    3. _____

    B
    1. _____
    2. _____
    3. _____

46. Como se deve participar da Ceia do Senhor?
    a) Com _____.
    b) Em _____ de _____.
    c) Sem _____.

47. Quando um cristão vai participar da Ceia do Senhor e tem a consciência de algum pecado na sua vida, deve fazer duas coisas. Quais são?
    Primeira: _____ Segunda: _____

48. Escreva as ideias sobre os dois cultos:
    a) Na Missa, o _____ oferece _____ contínuo a _____.
    b) Na Ceia do Senhor, _____ oferece _____ de _____ completa aos _____.

GABARITO

1. (1) Páscoa - (2) Pães Asmos - (3) libertação - (4) escravidão - (5) Pecado ou Diabo (6) pecado 2. representa - representa 3. c 4. a 5. b 6. alimenta 7. pão - fome - sede - espiritual 8. Que Cristo nos alimenta espiritualmente 9. a) Partiu - b) partido - c) Quando ele morreu 10. dado 11. morreu 12. a) derramado - b) crucificação 13. morreu 14. a) espiritualmente - b) morreu 15. a) Tomai e comei - b) Bebei dele todos - c) todos 16. recebi 17. Cristo 18. a) Que Cristo nos alimenta espiritualmente - b) morrer por nós - c) Eu já recebi a Cristo 19. a 20. c 21. a) Um - b) Muitos - c) Um 22. pertencemos 23. a) Que Cristo nos alimenta espiritualmente - b) Cristo morreu por nós - c) Eu recebo a Cristo - d) Que pertencemos à família cristã 24. examinar - julgar 25. Arrepender-se de seus pecados 26. arrependimento - Mudança de atitude 27. memória - Cristo - recebeu 28. Com arrependimento e em memória de Cristo 29. a) Não - b) Não - c) Lavar e visitar a amiga 30. a) Sim - b) Não - c) Arrepender-se dos seus pecados e participar da Ceia do Senhor. 31. a) Cristo - si - b) legalismo 32. a - c - d - f 33. a) arrependimento - b) memória - Cristo - c) legalismo 34. arrepender-se - participar - ceia - Senhor 35. a) Cristo nos alimenta espiritualmente - b) Cristo morreu por nós - c) Eu recebi a Cristo - d) Pertencemos à família cristã 36. a) corpo e sangue - b) representam ou simbolizam 37. a) O sacerdote - b) Deus 38. a) Deus - b) crentes 39. sacerdote - Deus - Deus - crentes 40. a) Deus - b) crentes 41. i. Uma vez - ii. Sempre - iii. 10, 12, 14 -ب) iii - c) Não 42. sacrifício 43. uma - sempre - completa 44. a) Um sacrifício contínuo - A certeza de salvação completa 45. A — 1. Sacerdote - 2. Sacrifício contínuo - 3. Deus - B — 1. Deus - 2. Certeza de salvação completa - 3. Aos crentes 46. arrependimento - memória - Cristo - legalismo 47. Primeira: arrepender-se - Segunda: participar 48. a) o sacerdote - sacrifício - Deus - b) Deus - certeza - salvação - crentes

LIÇÃO 119

O Sermão do Cenáculo (João 13—17)

> Dos milhares de sermões que Jesus pregou na Palestina, destacam-se três: o Sermão do Monte, o Sermão das Oliveiras (profético) e o Sermão do Cenáculo. Já estudamos os dois primeiros, vejamos então o terceiro.

1. Responda:
    a) Que título é dado aos três evangelhos que se parecem bastante? _____

    b) Que evangelho foi escrito de outro ponto de vista, cujo conteúdo é bastante diferente? _____

COMPARAÇÃO COM JOÃO: O CENÁCULO

2. Quanto à última Ceia do Senhor e às horas passadas com os discípulos no cenáculo na noite antes da sua morte, há grandes diferenças entre o relato dos Sinóticos e o de João. Este apóstolo *não* relata a instituição da Ceia do Senhor, mas apresenta *muito mais* acerca do ensino dado naquela noite. Também no capítulo 13 narra um acontecimento que não é mencionado nos Sinóticos. Veja o título acima de João 13.1. Qual é? _____

3. Podemos descrever a história de João 13.1-20 (Jesus lava os pés dos seus discípulos) como uma:
    a) Explicação.
    b) Ação.
    c) Oração.

4. Sim, é uma *ação*, mas essa ação é imediatamente seguida por um longo discurso. A título de resumo, chamaremos esse longo discurso de "explicação".
    a) Jesus *explica* repetidamente aos discípulos o que ocorrerá com ele. De acordo com João 16.5 e 18.26, o que sucederia com o Senhor? _____
    b) Por que lhes conta isto antes que aconteça? (Leia João 14.29) _____

5. Essa _____ se encontra no restante do capítulo 13 e nos capítulos 14 a 16. Já o título do capítulo 17 indica que o conteúdo se trata de uma _____.

6. Façamos uma análise simples dos capítulos 13 a 17 de João.
   João 13.1-20 Uma _____ (Jesus lava os pés dos discípulos).
   João 13—16   Uma _____ (Jesus vai para o Pai).
   João 17   Uma _____ (Jesus ora por seus discípulos).

7. Indique em que capítulo(s) de João se encontra a:
   a) Ação ____
   b) Explicação ____ a ____
   c) Oração ____

8. Quantas dessas três divisões tratam da iminente ida de Jesus ao Pai? (Leia 13.1; 14.2; 17.13) _____

9. Assim, essa passagem inteira está olhando para o *futuro*. Agora, responda: Jesus está *preparando os discípulos* para viverem no mundo *sem* ou *com* a sua presença corporal? _____

10. Qual é o tema de João 13.17? Jesus prepara os discípulos para o:
    a) Passado.
    b) Presente.
    c) Futuro.

11. Olhando para o futuro, Jesus sabia que seus discípulos teriam de se relacionar em três direções: com o *mundo*, uns com *os outros* e com *Deus*. Para todos esses níveis de _____, ele quer instruir a mente deles e _____ seus corações para o _____.

12. Responda:
    a) Qual é o tema dos capítulos 13 a 17 do evangelho de João? Jesus _____ os _____ para o _____.
    b) Quais eram as três direções em que os discípulos teriam de se relacionar?
       i. Com o _____.
       ii. _____ com os _____.
       iii. Com _____.

13. Primeiro, trataremos de sua relação (e a nossa) para com o *mundo*. Essa palavra aparece umas quarenta vezes nesses capítulos.
    1. Às vezes significa *terra*, o lugar em que vivemos.
    2. Mas a maior parte das vezes indica os *habitantes* do globo terrestre, especialmente os que são *contra* Deus e Cristo, que formam o sistema inteiro dominado por Satanás, o "príncipe deste mundo".

    Na lista a seguir, marque com "T" as passagens bíblicas em que "mundo" é uma referência *à terra*, o lugar em que vivemos, e com "C" quando significar o sistema *contrário* a Deus e a Cristo.
    a) João 13.1 ____
    b) João 14.7 ____

c) João 14.30 ____
d) João 15.19 ____
e) João 16.21 ____
f) João 17.5 ____
g) João 17.14 ____

14. Quais são os dois significados principais da palavra *mundo* no Novo Testamento?
    a) Esta _____, o lugar em que vivemos.
    b) Os que são _____ Cristo.

15. Responda:
    a) Qual seria a atitude do mundo para com os discípulos? (Leia João 15.19) ____
    b) Os discípulos pertenciam ao mundo? (Leia João 17.16) _____
    c) Qual então, seria a relação entre eles e o mundo? (Leia João 17.18) _____
    d) Que missão teriam no mundo? (Leia João 15.27) _____
    e) Cristo lhes dava a esperança de algum êxito nessa missão? (Leia João 15.16) _____

16. Assim, o mundo _____ os discípulos, mas eles seriam _____ ao mundo para dar _____ de _____.

17. Que quer dizer a palavra "mundo" no Novo Testamento? _____

18. O *tema* dos capítulos 13 a 17 de João é: Jesus _____ os _____ para o _____. Os discípulos teriam de se relacionar não somente com o _____, mas também uns com os _____ e com _____.

19. Vê-se como os discípulos teriam de se relacionar *uns com os outros* em todas as três divisões desses capítulos:
    a) Tanto na _____ do capítulo 13.
    b) Como na _____ dos capítulos 13 a 16.
    c) Como na _____ do capítulo 17.

20. Conforme João 13.14, o que os discípulos deveriam fazer? _____

21. Lavar os pés de outra pessoa é expressar um espírito humilde de serviço e de *amor*.
    a) Qual foi o novo mandamento que Cristo deu aos discípulos? (Leia João 13.34) _____
    b) Com que resultados? (Leia João 13.35) _____
    c) A expressão "todos" em João 13.35 se refere aos habitantes do _____ a quem eles teriam de dar _____.

22. Que tipo de amor Cristo queria que estivesse nos discípulos? (Leia João 17.26) ___
___

23. Esse amor teria de se expressar na *unidade*.
    a) Qual foi o pedido de Jesus na sua oração? (Leia João 17.21) ___
    ___
    b) A quem ele se referia? (Leia 17.20) ___
    ___
    c) Estamos incluídos nisso? ___
    d) Que relação, então, devemos ter com todos os que creem em Cristo?
        i. Amizade moderada.
        ii. Amor exclusivo.
        iii. Unidade e amor.
    e) Que tipo de unidade Cristo pediu para nós? (Leia João 17.23) ___
    ___

24. Quais devem ser então as *duas marcas* ou *características* mais notáveis de nossa relação uns com os outros dentro da família cristã? ___

25. Com quem os discípulos deveriam se relacionar? ___
___

26. Responda:
    a) Qual seria a atitude do *mundo* para com eles? ___
    b) Os discípulos seriam ___ ao mundo para ___ de ___.

27. Sua relação (e a nossa) *com Deus* é a mais preciosa e importante de todas. Vimos que o *tema* principal dos capítulos 13 a 17 de João é que Jesus estava ___ os ___ para o ___, quando ele não estaria mais entre eles fisicamente. Mas segundo João 14.18, Jesus não os deixaria por completo.

28. Vimos também que a relação dos discípulos *entre si* teria de ser uma relação de ___ e ___. Também teriam de amar a *Jesus*. Segundo João 14.15, esse amor é expresso ao se guardar os seus ___.

29. O resultado de *amar* e *obedecer* seria a presença constante de ___ e do ___ (leia João 14.23).

30. Leia João 17.24. O desejo de Cristo expressado em sua ___ sacerdotal é que os seus discípulos estivem com ele onde ele estivesse, e que assim víssemos a sua ___.

31. Quão maravilhosa é a vida que podemos desfrutar com Jesus! Ele disse que se o ___, iríamos ___ sua palavra, e o resultado seria sua ___ entre nós.

32. Qual é a condição para experimentarmos a presença constante de Jesus e do Pai?
_____

33. Você compreendeu que pode viver assim em todo momento? Está desfrutando dessa provisão para sua vida diária? Está ensinando esta verdade a outros? (*A resposta deste item deve estar no seu coração*).

34. Cristo prometeu que estaria presente continuamente, não em forma corpórea, mas por meio do _____ que viria em seu lugar. (Leia João 14.16) Esse "Consolador" é o _____ _____. (Leia João 14.26)

> O ensino sobre o Espírito Santo é o que mais se destaca no Discurso de Cristo em João (14—16). Trataremos mais da doutrina do Espírito Santo no livro 6 deste curso. Enquanto isso, faça a tarefa a seguir.

TAREFA

Com lápis verde, ponha um círculo em volta das seguintes passagem em João que falam sobre o Espírito Santo: 14.16-17; 15.26-27; 16.7-15. Em cada caso, escreva as iniciais "ES" na margem.

35. Responda:
    a) Como os discípulos deveriam expressar seu amor para com Jesus? _____
    _____
    b) Qual seria o resultado de guardar seus mandamentos? _____
    _____
    c) Por meio de quem experimentariam a presença de Jesus? _____
    _____

36. Em João 15 Jesus fala dessa relação de outra forma.
    a) Em João 15.4, ele diz que devemos _____ nele.
    b) Em João 15.5, compara-se a si mesmo com uma _____, sendo os discípulos os _____.

37. Essa *união íntima* é o propósito do Senhor para conosco. Assim como a relação dos discípulos entre si tinha de ser uma relação de _____ e _____, eles também deviam permanecer em Jesus em _____ e _____.

38. São muitas as bênçãos que recebemos se vivermos em *amor, obediência* e *união* com Jesus, prometidas nos capítulos 13 a 17 de João. Agora, ligue as referências com as

bênçãos mencionadas abaixo, escrevendo as *letras* apropriadas ao lado das referências bíblicas.

Lista 1	Lista 2
1. Ensino e conhecimento da verdade	A. João 14.26
2. Fruto	B. João 14.27
3. Gozo	C. João 15.5
4. Orações respondidas	D. João 15.7
5. Paz	E. João 15.11
6. Santificação	F. João 16.13
	G. João 17.19

PARA OS ENCONTROS

1. Que significa, na prática, estar no mundo mas não ser "do mundo"? (João 17.15-16)
2. Como podemos expressar mais plenamente nossa unidade com todos os que são de Cristo em nossa localidade?
3. Como podemos "praticar a presença de Cristo" em nossa vida diária?

SUGESTÃO PARA SEU ESTUDO DEVOCIONAL

Leia detalhadamente os capítulos 13 a17 de João e anote em um caderno tudo o que é ensinado sobre cada um dos seguintes tópicos:

Nossa relação com o mundo.
Nossa relação com os outros.
Nossa relação com o Senhor.

Peça ao Senhor que essas bênçãos prometidas por ele sejam uma realidade em sua vida diária.

GABARITO

1. a) Sinóticos - b) João **2.** Jesus lava os pés dos seus discípulos **3.** b **4.** a) Ele iria para o Pai - b) Para que cressem **5.** explicação - oração **6.** ação - explicação - oração **7.** a) 13 - b) 13-16 - c) 17 **8.** Todas **9.** Sem **10.** c **11.** relacionamento - preparar - futuro **12.** a) prepara - discípulos - futuro - b) i. mundo - ii. uns - outros - iii. Deus **13.** a) T - b) C - c) C - d) C - e) T - f) T - g) C **14.** a) terra - b) contra **15.** a) Os odiaria - b) Não - c) Seriam enviados ao mundo - d) Dar testemunho - e) Sim **16.** adiaria - enviados - testemunho - Cristo **17.** Esta terra, os que são contra Cristo **18.** prepara - discípulos - futuro - mundo - outros - Deus **19.** a) ação - b) explicação - c) oração **20.** Lavar os pés uns dos outros **21.** a) Amarem-se uns aos outros - b) Que todos conhecessem que eles eram seus discípulos - c) mundo - testemunho **22.** O amor com que Deus amou a Cristo **23.** a) Que todos fossem um - b) Aos discípulos e aos que creriam por meio deles - c) Sim - d) iii - e) Perfeita **24.** Amor e unidade **25.** Com o mundo, uns com os outros e com Deus **26.** a) Os odiaria - b) enviados – testemunhar - Cristo **27.** preparando - discípulos - futuro **28.** amor - unidade - mandamentos **29.** Jesus - Pai **30.** oração - glória **31.** amássemos - guardar ou obedecer a - presença **32.** Amá-lo e guardar seus mandamentos **33.** Não há gabarito **34.** Consolador – Espírito Santo **35.** a) Guardando seus mandamentos - b) Experimentar sua presença (ou semelhante) - c) O Espírito Santo **36.** permanecer - b) videira - ramos **37.** amor - unidade - amor - unidade **38.** 1 - B) 5 - C) 2 - D) 4 - E) 3 - F) 1 - G) 6

LIÇÃO 120

Getsêmani (a vontade consagrada)

1. Responda:
   a) Ao terminar a festa do cenáculo em Jerusalém, para onde Jesus e seus discípulos foram, conforme João 18.1? _____
   b) Onde se localizava? _____
   c) Como se chamava este jardim? (Mateus 26.36) _____
   d) Que *letra* marca seu local na Introdução 102? _____
   e) Sobre que monte estava situado o jardim do Getsêmani? _____
   f) Tudo isto aconteceu muito tarde, depois da última ceia, quase à meia-noite de que dia da semana? _____

> **TAREFA**
> 1. Preencha o quadro "Quinta-feira" no Apêndice 40.
> 2. Em Mateus 26.36-46, leia a história dos acontecimentos que se deram dentro do jardim do Getsêmani.

OBSERVAÇÃO: QUINTA-FEIRA À MEIA-NOITE

2. Responda:
   a) O que Jesus quis fazer no jardim do Getsêmani? _____
   b) Com esse propósito, ele entrou no jardim acompanhado dos três apóstolos mais íntimos. Qual o nome deles? (Observação: Você deve saber esses três nomes, mas no caso de não os lembrar, procure-os em Marcos 14.33.) _____
   c) Quantas vezes Jesus foi orar? _____
   d) Enquanto isto, o que os discípulos fizeram? _____
   e) Qual a razão desse fracasso: a fraqueza do espírito ou a fraqueza da carne? ____
   f) À vontade de quem o Senhor Jesus quis submeter-se? _____

3. Hoje consideraremos justamente *a vontade*, a terceira e última parte da personalidade humana que nos falta estudar. Lembre-se de como o primeiro mandamento nos proporciona uma das passagens mais claras sobre a *personalidade humana*. Dos quatro termos que Jesus usou em Marcos 12.30, indique qual corresponde:

a) Às emoções _____.
   b) Ao intelecto _____.
   c) À vontade _____.
   d) À personalidade em sua totalidade _____.

4. Lembre-se também que Deus criou a *alma* do primeiro homem à sua imagem. Isso quer dizer que Deus criou o homem *perfeito* em todas as suas partes: em suas _____, em seu _____ e em sua _____. Porém, depois da queda no pecado, a personalidade do homem ficou _____ e _____ em todas as suas partes.

5. Responda:
   a) Como Deus criou a vontade humana? _____
   b) Como Paulo nomeia a vontade distorcida e enfraquecida pelo pecado? (Leia Efésios 2.3) _____
   c) Ficando a vontade humana enfraquecida pelo pecado, Jesus nos convida a consagrar de novo toda a nossa personalidade a Deus, incluindo a nossa vontade. Quando se diz que devemos amar a Deus com todas a nossa força, a qual parte da nossa personalidade se refere? _____

6. Lembre-se de como o dicionário define a vontade: "Uma força espiritual em cada pessoa, que a leva a *fazer*, ou *não*, algo".
   a) Que é a vontade, conforme essa definição? _____
   _____
   b) O que faz essa força espiritual? _____
   c) Em quantas pessoas essa força espiritual pode ser encontrada? _____
   _____
   d) Esta força espiritual está em você? _____

7. Defina a palavra "vontade": É uma _____ _____ em cada _____, que a leva a _____, ou _____, algo.

8. Lembre-se: as *emoções* abrangem somente o *desejo* de fazer algo, enquanto a *vontade* nos leva a *fazê-lo*; por isto, necessita de muita força espiritual. Paulo afirma em Romanos 7.18: "O *querer* o bem está em mim, não, porém, o efetuá-lo". Que parte de sua personalidade estava fraca? _____

9. Não é o querer o bem, mas o *fazê-lo* ou pô-lo em prática que mais nos custa. Qual é a parte de nossa personalidade que mais dificilmente podemos governar e consagrar a Deus? _____

10. O crente então deve consagrar toda a sua personalidade de novo a Deus, incluindo a sua vontade. Mas o que quer dizer uma vontade consagrada? Conforme Jesus em João 6.38, a vontade consagrada quer dizer não _____ sua própria _____, mas a _____ de _____.

11. Então no caso da vontade consagrada, ela fará a _____ de _____ e não fará a sua própria _____. No caso de alguém querer fazer a vontade

da carne, ela fará a sua própria _____, mas não fará a _____ de _____.

12. Defina:
    a) *Vontade:* É uma _____ _____ em cada _____, que a leva a _____, ou _____, algo.
    b) *Vontade consagrada:* É aquela que faz a _____ de _____ e não a sua própria _____ .

> Agora que conhecemos o que encerra e significa a palavra vontade, estudaremos o que aconteceu no jardim do Getsêmani, que fala de fazer ou não a vontade de Deus.

VENCENDO POR MEIO DA VONTADE CONSAGRADA

13. Lembre-se de que Jesus não é somente verdadeiro Deus, mas também verdadeiro homem.
    a) Que título Jesus usa ao referir-se à sua própria entrega à morte? (Veja Mateus 26.45) _____
    b) Como verdadeiro homem, dotado de corpo, nervos e sensibilidade como nós, qual teria sido a reação de Jesus diante da perspectiva de ser crucificado? _____

14. Apesar do seu horror diante dessa perspectiva da cruz, Jesus demonstra sua absoluta obediência à vontade do Pai com algumas palavras. Escreva-as abaixo, tendo como base os textos a seguir.
    a) Em Mateus 26.39. _____
    b) Em Mateus 26.42. _____

15. Responda:
    a) Que quer dizer uma *vontade consagrada*, conforme Jesus? _____
    b) Como verdadeiro homem, qual foi a vontade de Jesus no Getsêmani? _____
    c) Que significava para Jesus fazer a *vontade de Deus*? _____

16. Vontade é uma _____ _____ em cada _____, que a leva a _____, ou _____, algo.

17. A vontade consagrada requer força espiritual. Os médicos afirmam que, dadas certas circunstâncias de extrema *força espiritual* ou *moral*, o corpo se excede tanto que se arrebentam os vasos capilares debaixo da pele, deixando sair sangue no suor desta

pessoa. Agora, responda: Que manifestação física evidencia a tremenda *força espiritual* que Jesus exerceu em aceitar, contra os seus desejos humanos, a vontade de Deus no Getsêmani? (Leia Lucas 22.44) _____
_____

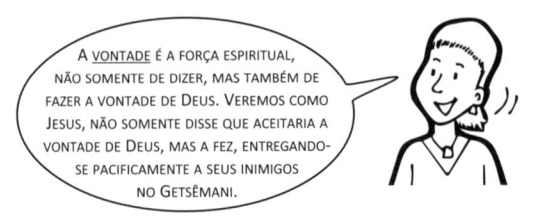

> A VONTADE É A FORÇA ESPIRITUAL, NÃO SOMENTE DE DIZER, MAS TAMBÉM DE FAZER A VONTADE DE DEUS. VEREMOS COMO JESUS, NÃO SOMENTE DISSE QUE ACEITARIA A VONTADE DE DEUS, MAS A FEZ, ENTREGANDO-SE PACIFICAMENTE A SEUS INIMIGOS NO GETSÊMANI.

Leia Mateus 26.47-56

OBSERVAÇÃO E COMPARAÇÃO

18. Responda:
    a) Qual foi o único apóstolo que não dormiu naquela hora? _____
    b) Quem enviou guardas armados para prender Jesus? _____
    c) Com que sinal Judas entregou Jesus? _____
    d) Quem tirou a espada? (João 18.10) _____
    e) A quem feriu? (João 18.10) _____
    f) Que fez Jesus? (Lucas 22.51) _____
    g) Que disse Jesus? (Mateus 26.52) _____
    _____
    h) Quais eram as duas forças dispostas a lutar para salvar Jesus? (Mateus 26.51,53)
    _____
    i) Por que Jesus não lhes permitiu lutar em sua defesa, mas se entregou pacificamente a seus inimigos? (Mateus 26.54-56) _____
    _____
    _____
    _____

19. Jesus venceu por causa da vontade consagrada que conseguiu somente mantendo uma união íntima com o Pai celestial. Que meio Jesus usou por três vezes no Getsêmani para vencer a tentação de não fazer a vontade de Deus?
    _____

20. A oração é o meio pelo qual se consegue a força espiritual para fazer sempre a vontade de Deus.
    a) Conforme Mateus 26.38, o que Jesus havia pedido aos discípulos? _____
    _____
    b) Como os discípulos cumpriram isto? _____
    c) Que meio não usaram? _____

21. Responda ou complete:
    a) O pedido de Jesus, conforme o Mateus 26.41, foi "Vigiai e _____".
    b) Enquanto os discípulos dormiam, o que fazia Jesus? _____
    c) Escreva a pergunta ou reprovação de Jesus, conforme Mateus 26.40. _____
    _____

22. Responda ou complete:
    a) Que exemplo temos no Getsêmani da vontade enfraquecida? _____
    b) Que exemplo temos da vontade consagrada? _____
    c) O meio que Jesus usou para conseguir a força necessária para consagrar sua vontade a Deus foi a _____.

23. Saiba, pois, que você também pode encontrar forças por meio do Espírito Santo para fazer a vontade de Deus. Você sabe se tem usado essa força corretamente, como Jesus a usou, ou se tem seguido a vontade da carne, como fizeram os discípulos no Getsêmani. O que é triste é que ao deixar essa força de lado, você pode criar o hábito de desobedecer a vontade de Deus. Pode-se aplicar isto a todas as situações diárias da nossa vida. Por exemplo, leia Hebreus 10.25.
    a) Qual era o hábito de alguns? _____
    b) Para os que não se reuniam, tornou-se um _____ deixar de fazer a vontade de Deus.

24. Por outro lado, o fazer a vontade de Deus também pode chegar a ser um hábito. Leia Lucas 4.16 e responda:
    a) Quem entrou na sinagoga? _____
    b) Por que entrou ali? _____

25. Jesus, tendo o costume de fazer a vontade do Pai, nos dá um exemplo que muitos não seguem. Que exemplo vimos de como se pode formar um hábito de:
    a) *Não* fazer a vontade de Deus? _____
    b) *Fazer* a vontade de Deus? _____

26. Escreva *sim* ao lado do que você acha conveniente para criar o hábito de fazer a vontade de Deus, e *não* ao lado do que nos afasta do hábito de fazer a vontade dele.
    a) Obediência a Deus. ____
    b) Mentira. ____
    c) Ordem. ____
    d) Bom trato com o patrão. ____
    e) Bom trato com o empregado. ____
    f) Falsificar os negócios. ____
    g) Dizer uma pequena mentira. ____
    h) Dizer uma grande mentira. ____
    i) Falar mal dos outros. ____
    j) Desobedecer ao patrão. ____
    k) Ser amável. ____
    l) Ser alegre. ____
    m) Não assistir às reuniões. ____
    n) Desordem. ____

27. Embora pareça que essas pequenas coisas não têm muita importância para criar o hábito de fazer a vontade de Deus, ao marcá-las você está dando a entender que sabe o que é fazer a vontade dele, mas, por causa da força poderosa do inimigo, às vezes não consegue fazer o que você sabe que é bom. Leia Efésios 2.3 e responda:
    a) Antes de nos convertermos, o que vivíamos fazendo? _____

    b) Agora faça uma revisão das palavras da lista anterior (item 26), que correspondem à vontade da carne, e junte mais *três* de sua experiência. _____

28. Para vivermos uma vida que agrada a Deus, temos de criar o hábito, tal como Jesus, de sempre fazer a sua vontade. Leia João 8.29 e responda:
    a) O que Jesus sempre fazia para o Pai? _____
    b) Que recompensa Cristo recebeu de seu Pai? _____
    c) Por que Deus, o Pai, não deixou Jesus sozinho? _____

29. O que o Pai havia dito do seu Filho na época do batismo? (Leia Mateus 3.17) _____
_____

30. *Prazer* é o que a pessoa sente quando algo lhe agrada. Quer dizer: estar alegre, de acordo, satisfeito com o que a outra pessoa fez por alguém. Por isso, o prazer e a vontade vão juntos na obra ou trabalho que fazemos.
    a) Conforme Mateus 3.17, quem tinha prazer no Filho? _____
    b) Além de ser o objeto de prazer para o Pai, que mais o Filho era? _____
    c) Por que o Pai amava o Filho e não o deixava só? _____

31. Conhecemos vários nomes de Jesus, como, por exemplo; Cristo, Messias, Ungido, Filho de Deus, Filho do Homem etc. Mas Deus dá a Jesus outro nome, pois Jesus sempre cumpria sua vontade. Que nome Deus pôs em Jesus, conforme Mateus 12.28? _____

32. O nome "Amado" em Mateus 12.18 é um nome próprio, tal como colocamos nomes nas pessoas conforme suas qualidades. Por que Deus colocou esse nome em Jesus?
_____

33. Por fazer sempre a vontade de Deus em vez da sua própria, vimos que Jesus desfrutava em toda a sua plenitude essa dupla bênção do Pai:
    a) Era o *Amado* do Pai porque desfrutava do _____ de Deus.
    b) O Pai não o deixou só, quer dizer, desfrutava da _____ de Deus.

34. Jesus disse: "Se alguém me ama, guardará a minha palavra, e meu Pai o amará, e viremos para ele e faremos nele morada". (João 14.23) Guardar a *palavra* de Cristo aqui é igual a fazer a *vontade* de Deus.
    a) Se fazemos a vontade de Deus, quem nos amará? _____
    b) Quem fará morada em nós? _____

35. Assim podemos ver quão maravilhoso é consagrar nossa vontade totalmente a Deus em amor. Recebemos assim a dupla bênção que Jesus também desfrutava: o _____ de Deus e a sua _____.

> SE OS CRENTES REALMENTE EXERCITASSEM A SUA VONTADE FAZENDO A VONTADE DE DEUS, QUE TRANSFORMAÇÃO HAVERIA NA IGREJA E NO MUNDO. POR ISSO, IRMÃO, VIGIE E ORE PARA QUE A SUA VONTADE SEJA MOVIDA PELA VONTADE DE DEUS.

GABARITO

1. a) A um jardim - b) Do outro lado do ribeiro do Cedrom - c) Getsêmani - d) M - e) Monte das Oliveiras - f) Quinta-feira **2.** a) Orar - b) Pedro, João, Tiago - c) Três - d) Dormiram - e) A fraqueza da carne - f) À vontade do Pai **3.** a) Coração - b) Entendimento - c) Força - d) Alma **4.** emoções - intelecto - vontade - distorcida - desequilibrada **5.** a) Perfeita - b) Carne - c) À vontade **6.** a) Uma força espiritual - b) Leva a pessoa a fazer algo - c) Em cada pessoa - d) Sim **7.** força espiritual - pessoa - fazer - não **8.** Sua vontade **9.** A vontade **10.** fazer - vontade - vontade - Deus **11.** vontade - Deus - vontade - vontade - vontade - Deus **12.** a) força espiritual - pessoa - fazer - não - b) vontade - Deus - vontade **13.** a) Filho do Homem - b) Querer evitá-la (semelhante) **14.** a) Não seja como eu quero, e sim como tu queres - b) Faça-se a tua vontade **15.** a) Fazer a vontade de Deus a própria vontade - b) Ele desejou não ser crucificado - c) Ser crucificado **16.** força espiritual - pessoa - fazer - não **17.** Seu suor era como gotas de sangue **18.** a) Judas - b) Os principais sacerdotes e anciãos - c) Um beijo - d) Simão Pedro - e) O servo do sumo sacerdote (ou Malco) - f) Curou-o - g) Embainha tua espada, pois todos os que lançam mão da espada, à espada perecerão - h) Seus discípulos e os anjos - i) Porque estava resolvido a cumprir a vontade do Pai anunciada nas Escrituras (ou algo semelhante). **19.** A oração **20.** a) Ficai aqui e vigiai - b) Eles dormiram - c) A oração **21.** a) orai - b) Orava - c) Nem por uma hora pudestes vigiar comigo? **22.** a) Os discípulos dormindo - b) Jesus orando - c) oração **23.** a) Não se congregar - b) hábito **24.** a) Jesus - b) Era seu costume **25.** a) O costume de alguns de não se congregarem - b) O costume de Jesus de ir às sinagogas **26.** a) Sim - b) Não - c) Sim - d) Sim - e) Sim - f) Não - g) Não - h) Não - i) Não - j) Não - k) Sim - l) Sim - m) Não - n) Não **27.** a) A vontade da carne - b) compartilhar nos encontros **28.** a) O que lhe agradava - b) Não foi deixado só - c) Porque Jesus fazia o que agradava ao Pai **29.** Este é meu filho amado em quem tenho prazer **30.** a) O Pai - b) Amado - c) Porque o Filho agradava ao Pai e fazia sua vontade **31.** Amado **32.** Porque Jesus sempre fazia sua vontade, isto é, a do Pai **33.** a) amor - b) presença **34.** a) O Pai - b) O Pai e o Filho **35.** amor - presença

LIÇÃO 121

Os julgamentos (judeu e romano)

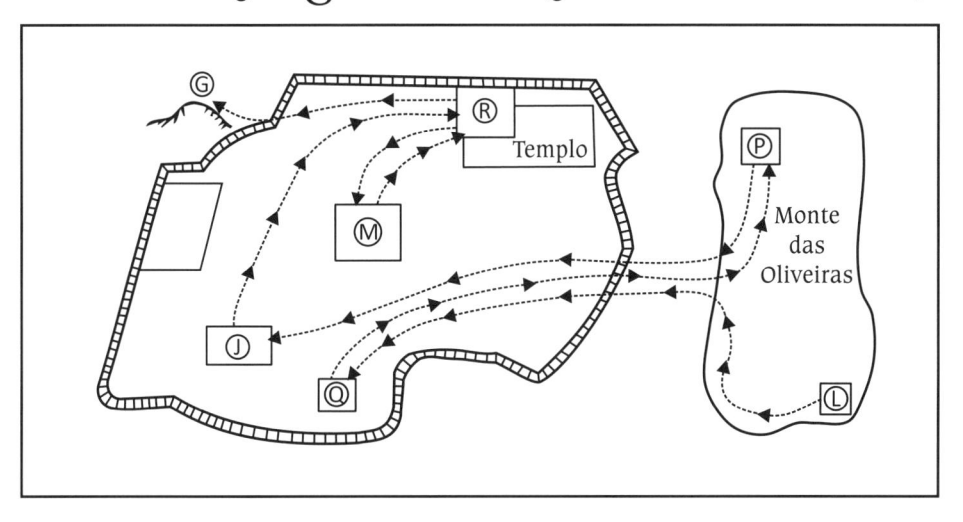

QUADRO DE REVISÃO
(Baseado no mapa acima)

1. Lembre-se de como Jesus, com a maioria dos apóstolos, havia saído de Betânia (letra ____ no mapa acima) tarde, na quinta-feira, com o fim de celebrar a última _____ (na festa da _____) no _____ (letra ____).
2. Depois da última ceia, pouco antes da meia-noite, ou seja, ainda na _____-_____, Jesus saiu de Jerusalém, atravessando de novo o rio _____ e entrou no jardim do _____ (letra ____).
3. No Getsêmani, Jesus foi preso pela guarda do sumo sacerdote e, pouco depois da meia-noite, cedinho, na _____-_____, foi levado (leia Mateus 26.57) ao palácio dos _____ (letra ____), onde se efetuou o julgamento diante do Conselho Superior dos judeus.

TAREFA

1. Pinte de azul os passos de Jesus na quinta-feira, seguindo a linha de pontos no mapa acima, entre L e Q, e Q e P.
2. Pinte de vermelho os passos na sexta-feira entre P e J.

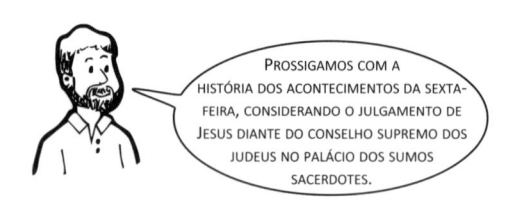

PROSSIGAMOS COM A HISTÓRIA DOS ACONTECIMENTOS DA SEXTA-FEIRA, CONSIDERANDO O JULGAMENTO DE JESUS DIANTE DO CONSELHO SUPREMO DOS JUDEUS NO PALÁCIO DOS SUMOS SACERDOTES.

SEXTA-FEIRA

1. Em uma lição anterior aprendemos que o Conselho Supremo dos judeus se chamava:
   a) Sinédrio.
   b) Parlamento.
   c) Senado.

2. Vimos que havia dois partidos religiosos no Sinédrio: o dos fariseus e dos saduceus. O grupo predominante era o dos _____, que se compunha principalmente de _____.

3. Aprendemos também que o partido que tratava abertamente com os romanos era o dos _____, e que o presidente do Sinédrio, que era o sumo _____, era nomeado pelos _____.

4. O Sinédrio era composto dos maiores líderes religiosos judaicos. Então podemos dizer que o julgamento de Jesus diante do Sinédrio foi um julgamento (marque dois):
   a) Civil.
   b) Religioso.
   c) Romano.
   d) Judaico.

5. Abra sua Bíblia em Mateus 27. Qual é o título no cabeçalho do capítulo na versão *Almeida Revista e Atualizada*? _____
_____

6. Numa lição anterior aprendemos que, durante os três anos do ministério de Jesus, o governador romano do território deixado por Herodes Arquelau era Pôncio Pilatos. Esse último governava as províncias da _____ e de _____, que incluía Jerusalém, que ficava na província da _____.

TAREFA

Escreva em sua Bíblia os seguintes títulos:

1. Julgamento religioso (judaico) acima de Mateus 26.57.
2. Julgamento civil (romano) acima de Mateus 27.1

7. Jesus passou então por _____ julgamentos: um _____ (judaico) e outro _____ (romano).

8. A razão desse julgamento duplo foi a situação política do país. Durante o ministério de Jesus, a Judeia estava sujeita ao Império _____. O governador romano da Judeia e Samaria durante o ministério de Jesus era _____ _____.

9. Apesar desse domínio, não era a política de Roma despojar os países subjugados de todas as formas de governo próprio. Na Palestina, Roma permitiu ao Sinédrio julgar todas as causas religiosas. Somente se a sentença fosse de pena de morte, a execução não podia efetuar-se antes que o caso fosse revisado pelo governo em um julgamento civil. Com base nessas informações, indique as respostas certas:
   a) Roma eliminava todas as formas de governo próprio nos países subjugados.
   b) Durante o tempo de ocupação romana na Palestina, o Sinédrio exercia julgamentos religiosos.
   c) O governador romano tinha de verificar toda sentença determinada pelo Sinédrio.
   d) Jesus compareceu diante do governador romano num julgamento civil.
   e) Jesus submeteu-se a um julgamento religioso.
   f) Na Palestina, se um réu era sentenciado à morte pelo Sinédrio, era necessário ter a verificação do governador romano.

> Bem, já estamos em condições de estudar os dois julgamentos de Jesus; ambos se deram na sexta-feira em que Jesus morreu.

O JULGAMENTO RELIGIOSO (JUDAICO)

10. Responda:
    a) Qual era o nome do juiz no julgamento religioso? (Mateus 26.57) _____
    _____
    b) Que ofício tinha? _____

Comparação com João

11. João 18.24 também informa que o juiz era _____, o _____ _____.

12. Conforme João 18.24, _____ mandou Jesus a Caifás. João 18.13 explica esse pormenor importante do julgamento religioso quando nos informa de que antes de comparecer diante de Caifás, Jesus foi levado primeiramente a _____.

13. Então, no julgamento religioso Jesus, ele foi levado diante de importantes líderes judaicos. Quem eram? _____

14. Antes da ocupação do império romano, o cargo de sumo sacerdote era vitalício, ou seja, para a vida inteira. Porém, no tempo da ocupação romana, estes depunham os sumos sacerdotes e nomeavam outros. Apesar dessa prática, os judeus continuavam pensando que uma vez designado sumo sacerdote, o seria por toda a vida. Agora, responda:
    a) Antes do tempo do domínio estrangeiro, por quanto tempo o eleito ocupava o cargo de sumo sacerdote? _____
    b) Durante a vida terrena de Jesus, que império tinha o poder de nomear o sumo sacerdote? _____
    c) Depois de ser deposto pelos romanos, o sumo sacerdote continuava sendo reconhecido como sumo sacerdote pelo povo judeu? _____

15. Anás tinha sido sumo sacerdote desde o ano 6 até o ano 15 d.C. Durante o tempo do ministério publico de Jesus, esse cargo era ocupado por Caifás, o genro de Anás; mas Anás exercia uma poderosa influência na vida da nação judaica.
    a) Qual era o parentesco entre Anás e Caifás? _____
    b) No Ano da Paixão, quem era o sumo sacerdote? _____
    c) Quem designou Caifás para o cargo de sumo sacerdote? _____
    d) Anás se envolvia nos assuntos religiosos e políticos da nação judaica? _____
    e) Quando Caifás era sumo sacerdote, de que título desfrutava também Anás? ___ _____
    f) Por que o povo reconhecia Anás como sumo sacerdote? _____ _____

16. Muito bem! Aprendemos que Jesus compareceu diante de duas pessoas que tinham o título de _____ _____. Jesus foi apresentado primeiramente diante de _____ e depois diante de _____. Também diante do Conselho Supremo dos judeus, que se chamava _____.

17. Leia Mateus 26.59-60 e responda: Que tipo de testemunhas se apresentaram no julgamento religioso de Jesus? _____.

18. Responda ou complete:
    a) Em Mateus 26.61, eles testificaram contra Jesus no julgamento afirmando que ele mesmo havia dito que poderia _____ o Templo.
    b) Agora leia o que na realidade Jesus havia dito em João 2.19. Vemos que Jesus não havia dito que ele mesmo poderia destruir o Templo, mas que se _____ mesmos o destruíssem, ele poderia _____ de novo em três dias. (Observação: Veja a *Bíblia Viva*: "Destruam este santuário e em três dias o levantarei!".)
    c) Leia também João 2.21. Explica-se que Jesus não falava do templo em Jerusalém, mas do seu _____.
    d) Há uma grande diferença entre dizer que ele mesmo poderia destruir o Templo de Herodes feito de mármore e ouro, e dizer que, se eles destruíssem o templo

do seu corpo, ele poderia levantá-lo de novo. Diante desses dados, o testemunho de tais homens era verídico ou falso? _____.

19. Na realidade, a acusação pela qual Jesus foi condenado à morte no julgamento religioso foi de _____, ou seja, de que ele afirmava ser _____. (Leia Mateus 26.63-66)

20. Responda:
   a) Que palavras Jesus havia dito afirmando que ele era Deus? (Leia Mateus 26.64) _____
   b) Ele tomou sobre si a profecia de _____ _____.____. (Se não se lembra, use uma Bíblia com referências.)

21. Responda:
   a) Por que condenaram a Jesus? _____
   b) Escreva a referência da profecia que Jesus afirmava cumprir em sua pessoa e que demonstrava sua divindade. _____

22. No julgamento religioso, nomeie:
   a) As duas pessoas diante das quais Jesus teve de comparecer. _____
   _____ - _____.
   b) O conselho que o julgou. _____.

PEDRO NO PALÁCIO DOS SUMOS SACERDOTES

23. Agora examinemos o que se passou com Pedro enquanto Jesus se apresentava diante do Sinédrio. Das referências a seguir, quais são as que demonstram a coragem de Pedro?
   a) Mateus 26.51.
   b) Mateus 26.58.
   c) Mateus 26.69-70.
   d) Mateus 26.71-72.
   e) Mateus 26.73-75.

24. É certo que Pedro demonstrou grande coragem em seguir a Jesus até o pátio interno do palácio dos sumos sacerdotes. Queria estar perto do seu amado Mestre até o fim. Porém, no meio de uma situação muito tensa, a fraqueza lhe sobreveio. Pedro tornou-se covarde e negou seu Senhor quando:
   a) Puxou a espada para defender seu Senhor.
   b) Seguiu o Senhor até o pátio interno do palácio dos sumos sacerdotes.
   c) Interrogado por uma criada doméstica, fingiu não conhecer Jesus.
   d) Mesmo quando sua maneira de falar o denunciava como Galileu, negou ter qualquer ligação com Jesus e seu grupo.

25. Não que Pedro não tivesse coragem nem força para enfrentar a perseguição, mas negou a seu Senhor por ter *confiança demasiada em si mesmo*, o que lhe trouxe uma queda amarga no meio de uma situação muito tensa. Pedro negou a seu Senhor porque:

A. Cria que podia encarar qualquer situação nas suas próprias forças.
B. Alguém lhe tirou a espada.

Qual é a resposta certa?
a) Somente A.
b) Somente B.
c) Ambas.
d) Nenhuma das duas.

26. De que duas maneiras Pedro demonstrou coragem durante a prisão e o julgamento de Jesus? _____ - _____

27. Embora Pedro fosse corajoso, uma das suas características que o fez negar o Senhor quando se encontrou numa situação difícil foi sua demasiada _____ em si mesmo.

28. Das seguintes declarações, quais são as que demonstram uma pessoa negando a seu Senhor?
    a) Negar que alguém seja crente quando os companheiros começam a falar de um assunto religioso.
    b) Durante o almoço criticar o pastor e os dirigentes da igreja.
    c) Quando alguém lhe pede ajuda material, a pessoa finge que não é crente a fim de não se sentir obrigado a ajudar.
    d) Falar de Cristo a uma pessoa que viaja com você no ônibus ou no trem.
    e) Convidar uma pessoa mal vestida para o culto da igreja e, quando esta vier, fingir que não a conhece temendo a opinião dos amigos.

PARA OS ENCONTROS

Anote uma ocasião em que você negou o Senhor e também a conduta positiva com que poderia ter evitado essa situação. Depois, nos encontros, troque experiências num ambiente de franqueza e amor sobre esses pontos.

---

29. Depois do seu julgamento religioso, Jesus foi levado para o julgamento _____. Este julgamento era necessário porque a sentença de _____ tinha de ser _____ pelo _____ romano.

O JULGAMENTO CIVIL (ROMANO)

30. Responda:
    a) Leia Mateus 27.1-12. Ao amanhecer, diante de quem Jesus foi levado? _____
    _____
    b) Qual era o ofício desse homem? _____

c) A residência dele ficava em Cesareia (de Samaria), mas durante essa Páscoa, onde morava em Jerusalém? _____
d) Que letra marca seu local na Introdução 121? _____
e) Quem mandou um recado para ele? (Mateus 27.19) _____

> **TAREFA**
> Pinte de vermelho a trajetória de Jesus do palácio dos sumos sacerdotes até a Torre de Antônia, ou seja: entre J e R, na Introdução.

31. Lembre-se de que, no julgamento religioso, Jesus teve de comparecer diante de duas pessoas: _____ e _____. Também, no julgamento civil, Jesus teve de comparecer diante de duas pessoas. Já sabemos que uma foi o governador romano _____ _____. Conforme Lucas 23.6-8, o outro era _____.

Comparação com Lucas

32. Leia Lucas 23.6-12 e responda:
    a) Por que Pilatos o enviou a Herodes? _____
    b) Esse Herodes governava a Galileia. Qual dos dois Herodes? _____
    c) Que relação tinha Herodes com Pilatos *antes* deste acontecimento? _____
    d) Que relação tiveram entre si *depois*? _____
    e) Por que Herodes quis ver a Jesus? _____
    f) Como Jesus respondeu às perguntas de Herodes? _____
    g) O que, então, Herodes e seus soldados fizeram a Jesus? _____
    h) Antipas era de Tiberíades na Galileia; mas onde morava em Jerusalém durante essa Páscoa? _____
    i) Qual é a letra que marca o local na Introdução 121? _____
    j) A quem Jesus foi enviado depois desse acontecimento com Herodes? _____

33. Muito bem! Vemos, então, que durante o julgamento civil Jesus compareceu:
    a) Primeiramente perante _____, na Torre de _____.
    b) Depois perante _____, no _____ dos _____.
    c) Por último, outra vez perante _____, na _____ de _____.

> Pinte de vermelho os passos de Jesus entre a Torre Antônia e o Palácio dos Macabeus, ida e volta, ou seja: entre R e M, e M e R na Introdução.

34. Agora consideremos o julgamento diante de Pilatos. Os governadores romanos tinham de vigiar para impedir que pessoas que pretendiam ser reis tentassem encabeçar uma revolta.
    a) Qual foi a primeira pergunta que Pilatos lançou? (Mateus 27.11) _____
    b) Que disseram depois os soldados romanos a Jesus como zombaria? (Mateus 27.29) _____

> Sublinhe de vermelho a palavra "rei" em Mateus 27.11, 29.

35. Veja, então, como Jesus foi condenado:
    a) No julgamento *religioso* por sua afirmação de ser _____.
    b) No julgamento *civil* por sua afirmação de ser _____.

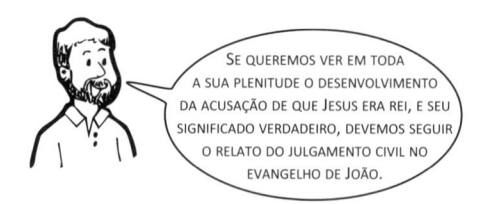

> SE QUEREMOS VER EM TODA A SUA PLENITUDE O DESENVOLVIMENTO DA ACUSAÇÃO DE QUE JESUS ERA REI, E SEU SIGNIFICADO VERDADEIRO, DEVEMOS SEGUIR O RELATO DO JULGAMENTO CIVIL NO EVANGELHO DE JOÃO.

> Sublinhe de vermelho as palavras "rei" e "reino" cada vez que aparecem João 18.33,36-37, 39; 19.3,14-15,19,21; e "coroa" em João 19.5.

Comparação com João

36. Leia João 18.36-38. Jesus afirmou que sua autoridade de rei era exercida não pela _____, mas no coração dos homens que amam e seguem a _____.

37. Leia João 18.39-40. Qual era o privilégio concedido uma vez por ano pelos romanos ao povo judaico na festa da Páscoa? _____

38. Normalmente, havia muitos homens nos cárceres, e muitos desses eram presos políticos. Naquela semana da Páscoa, Pilatos deu ao povo uma eleição entre duas pessoas famosas. Uma era bem conhecida por sua violência e seu terrorismo político, e a outra por seu amor.
    a) Conforme João 18.40, como se chamava esse homem violento? _____
    b) Qual foi seu crime? (Marcos 15.7) _____

39. Que privilégio era outorgado ao povo judeu uma vez por ano? _____

40. Encarando essa escolha, o povo, persuadido pelos principais sacerdotes, pediu o homem violento. Como se chamava esse homem? _____

41. Que castigo pediram os judeus para Jesus? (João 19.6) _____

42. Leia João 19.2-3. Que símbolo real usaram os soldados romanos zombando das pretensões de Cristo ser Rei? _____

43. A tensão entre Pilatos e os líderes judaicos aumentou ainda mais nesse dramático julgamento. Qual foi o veredicto de Pilatos quanto à culpabilidade de Jesus? (João 19.6) _____

44. Leia João 19.12-16. Chegamos ao ponto culminante do julgamento.
    a) Que quis fazer Pilatos com Jesus? (João 19.12) _____
    b) Então, os judeus fizeram uma acusação contra Pilatos que o atemorizou. Que acusação foi? (João 19.12) _____
    c) Por fim, para conseguir de Pilatos a morte de Jesus, seu Rei verdadeiro, o que os judeus tiveram de dizer? (João 19.15) _____
    d) Sob essa pressão política por parte dos judeus, que fez Pilatos com o verdadeiro Rei, Jesus? _____

45. Leia João 19.19-22 e responda:
    a) Que inscrição Pilatos pôs sobre a cabeça de Jesus na cruz? _____
    b) Então Jesus morreu sob seu verdadeiro título. Como os judeus reagiram? _____
    c) Que lhes respondeu Pilatos? _____

46. Volte para Mateus 27. Compare Mateus 27.19 com 27.24. Quais foram as duas pessoas que testificaram que Jesus não somente era inocente, mas também justo? _____
_____

> Sublinhe com azul a palavra "justo" em Mateus 27.19, 24.

47. Que fez Pilatos para tentar se livrar da sua própria responsabilidade quanto à morte de Jesus? (Mateus 27.24). _____

48. Tanto Pilatos como a sua esposa testificaram que Jesus não somente era inocente, mas também _____. Contudo, Pilatos entregou-o à _____.

49. Então, Jesus foi levado da Torre Antônia ao monte do Calvário, onde o verdadeiro Rei de amor e de verdade foi crucificado fora das muralhas da cidade. Qual a letra que marca o monte Calvário na Introdução 121? _____

> Pinte de vermelho a trajetória de Jesus da Torre Antônia ao Calvário, ou seja, entre R e G na Introdução.

50. No julgamento _____, Jesus foi condenado por suas afirmações de ser Deus; no _____, por suas afirmações de ser rei.

51. Por qual afirmação Jesus foi condenado:
    a) No julgamento civil? _____
    b) No julgamento religioso? _____

PARA OS ENCONTROS

Usando a Introdução 121 e as notas abaixo, faça a revisão dos acontecimentos dramáticos da noite de quinta-feira e da madrugada e manhã da sexta-feira.
1. Getsêmani (letra P) (Mateus 26.36-46).
2. Jesus é preso (Mateus 26.47-56).
3. Audiência com Anás (letra J) (João 18.12-14).
4. Julgamento religioso diante de Caifás (letra J) e do Sinédrio (Mateus 26.57-75).
5. Julgamento civil diante de Pilatos (letra R) (Mateus 27.2-14).
6. Pilatos envia Jesus a Herodes Antipas (letra M) (Lucas 23.6-12).
7. Jesus volta a Pilatos e é entregue para ser crucificado às 6 da manhã (letra R) (Mateus 27.15-31).
8. Crucificação às 9 da manhã de sexta-feira (letra G) (Mateus 27.32-56).

GABARITO

1. a 2. saduceus - sacerdotes 3. saduceus - sacerdote - romanos 4. b - d 5. Jesus entregue a Pilatos 6. Judeia - Samaria - Judeia 7. dois - religioso - civil 8. romano - Pôncio Pilatos 9. b - d - e - f 10. a) Caifás - b) sumo sacerdote 11. Caifás - sumo sacerdote 12. Anás - Anás 13. Anás e Caifás 14. a) Por toda vida - b) Romano - c) Sim 15. a) Sogro e genro - b) Caifás - c) César ou os romanos - d) Sim - e) Sumo sacerdote - f) Porque antes o cargo era vitalício (para toda a vida) 16. sumo sacerdote - Anás - Caifás - Sinédrio 17. Falsas 18. a) destruir - b) eles - levantá-lo - c) corpo - d) Falso 19. blasfêmia; Deus 20. a) Disse que o Filho do Homem que viria nas nuvens do céu - b) Daniel 7.13 21. a) Porque afirmava ser Deus - b) Daniel 7.13 22. a) Anás - Caifás - b) Sinédrio 23. a - b 24. d - c 25. a 26. Usou a espada - Seguiu até o pátio interno do palácio 27. confiança 28. a - b - c - e 29. civil - morte - verificada - governador 30. a) Pôncio Pilatos - b) Governador - c) Na Torre de Antônia - d) R - e) Sua mulher 31. Anás - Caifás - Pôncio Pilatos - Herodes 32. a) Porque Jesus era da Galileia - b) Antipas ou Tetrarca - c) Inimizade - d) Amizade - e) Esperava ver algum sinal - f) Não respondeu - g) Menosprezaram-no e vestiram-no de roupa esplendida - h) No Palácio dos Macabeus - i) M - j) Pilatos 33. a) Pilatos - Antônia - b) Herodes Antipas - Palácio Macabeus - c) Pilatos - Torre - Antônia 34. a) És tu o rei dos judeus? - b) Salve, rei dos judeus 35. a) Deus - b) rei 36. violência - verdade 37. Soltar um preso à sua escolha (ou palavras semelhantes a essas) 38. a) Barrabás - b) Homicídio 39. Soltar um preso à sua escolha 40. Barrabás 41. A crucificação 42. Uma coroa de espinhos 43. "Não acho nele crime algum" 44. a) Soltá-lo - b) O que se faz rei, opõe-se a César - c) "Não temos outro Rei, senão César" - d) Entregou-o para que fosse crucificado 45. Jesus Nazareno, Rei dos Judeus - b) Quiseram mudar - c) O que escrevi, escrevi 46. A esposa de Pilatos e o próprio Pilatos 47. Lavou as mãos 48. justo - morte ou crucificação 49. G 50. religioso - civil 51. a) De ser rei - b) De ser Deus

LIÇÃO 122

A morte e sepultura

As palavras sobre a cruz de Jesus foram escritas por Pôncio Pilatos em hebraico, grego e latim, e dizia: "Este é Jesus, o rei dos judeus".

Mas em que sentido Pilatos pensara nessas palavras?
Em que sentido pensaram muitos judeus?
Em que sentido essas palavras são certas?

As respostas a essas três perguntas refletem três atitudes acerca de Jesus naquele tempo e que ainda são muito comuns. Nós as estudaremos nesta lição, junto com muitos outros detalhes do que aconteceu naquele dia quando Jesus morreu.

NOTA: Ponha um marcador de página em Mateus 27, porque cada vez que lermos outra passagem, voltaremos a esse capítulo.

Leia Mateus 27.32-36

1. Continuemos com os tristes acontecimentos da Sexta-Feira. Conforme Mateus 27.34, que ofereceram a Jesus? _____

Observação:

Em algumas versões da Bíblia aparece a palavra "vinagre" em vez de "vinho". "Fel" era um extrato de árvore usado como droga para aliviar a dor e também como perfume para preservar cadáveres sepultados.

2. Depois de provar a mistura, que Jesus fez?
   a) Bebeu-a.
   b) Não a bebeu.
   c) Pediu mais.

3. Para que se usava o vinho misturado com fel? _____

4. Leia João 18.11. A palavra "cálice" aqui simboliza "vontade de Deus", o Pai — a missão para a qual ele comissionou Jesus. Então, aqui, Jesus disse que:
   a) Estava disposto a fazer a vontade do Pai.
   b) Não estava disposto a fazer a vontade do Pai.
   c) Queria refrescar-se primeiro.

5. Jesus, disposto a cumprir a vontade do Pai de forma total, não quis beber o vinagre ou vinho com fel, porque aquela mistura agia como uma _____ e ele queria estar totalmente desperto para sofrer o que lhe estava destinado.

6. Por que Jesus não quis tomá-la? _____

Leia Mateus 27.37-44

---

7. Que título foi posto sobre a cruz? _____

8. Leia João 19.19-22 e responda:
   a) Quem escreveu o título? (Nota: Era costume escrever assim o crime pelo qual o criminoso era castigado, para que todos soubessem.) _____
   b) Depois de haver escrito "Jesus, o Rei dos Judeus", Pilatos:
      i. Arrependeu-se de tê-lo escrito.
      ii. Apagou-o a pedido de Jesus.
      iii. Recusou-se a mudá-lo.

9. Lembrando que Pilatos se negou a escrever o que os judeus pediram, em que sentido Pilatos escrevera essas palavras?
   a) Para agradar os judeus.
   b) Para agradar os romanos.
   c) Por zombaria, quer aos judeus quer a Jesus.

10. Responda:
    a) Que título Pilatos pôs sobre a cruz? _____
    b) Em que sentido Pilatos pensara nisto? _____

11. Leia João 6.15. Muitos dos judeus realmente tinham pensado em Jesus como seu Rei. Mas em que sentido?
    a) Como conquistador militar e político.
    b) Como Rei espiritual.
    c) Como Rei derrotado.

12. Quando Pilatos escreveu "Jesus, o Rei dos Judeus":
    a) Em que sentido pensou nisto? _____
    b) Em que sentido pensaram muitos judeus? _____

13. Ainda que Pilatos e muitos judeus tivessem entendido mal essas palavras escritas, no sentido espiritual eram certas. Mas em que sentido se deve entender a palavra "judeu"?
    a) Leia Romanos 2.28-29. Ali diz que o judeu verdadeiro não é "quem o é _____, mas aquele que o é _____".
    b) Assim, Jesus é Rei dos judeus verdadeiros, os membros do povo espiritual de Deus, os verdadeiros filhos de Abraão pela fé, porque não é questão do _____, de pertencer a certa raça ou nação, mas de _____, isto é, de ser crente verdadeiro em Cristo.

14. Por isto devemos dizer que o título tinha razão de ser entendido "Rei dos Judeus" no sentido de que Jesus é Rei dos que _____ nele.

15. "Jesus, o Rei dos Judeus":
    a) Em que sentido pensou Pilatos? _____
    b) Em que sentido pensaram muitos judeus? _____
    c) Qual é o sentido certo? _____

16. Por que Jesus não quis beber do vinho misturado com fel? _____
_____

17. Responda:
    a) Procure novamente Mateus 27. Conforme 27.40, o que disseram em zombaria os que passavam? _____
    b) Leia Mateus 26.61. De acordo com o relato das testemunhas de acusação de Jesus, o que ele teria dito? _____

18. Responda:
    a) Leia João 2.19-22. Ainda que tenham dado falso testemunho no Sinédrio, era certo que Jesus havia dito algo parecido com o que eles diziam. Mas, conforme João 2.21, a que Templo Jesus se referia? _____
    b) Além do mais, as testemunhas falsas no Conselho disseram que ele dera a entender que ele mesmo derrubaria o Templo. O que Jesus disse na realidade é "Destruam este templo" (João 2.19). Ao dizer isso, Jesus estava se referindo ao seu corpo. Então, o que Jesus estava dando a entender? _____

19. Então as palavras originais de Jesus foram:
    a) Uma profecia do seu nascimento.
    b) Uma profecia de sua segunda vinda.
    c) Uma profecia da sua morte e ressurreição.

20. Leia Mateus 27.63. Ali se vê que pelo menos alguns judeus haviam entendido bem as suas palavras, profetizando sua morte e ressurreição. Mas as testemunhas falsas e os que zombavam dele na cruz as haviam:
    a) Esquecido.
    b) Entendido mal.
    c) Entendido bem.

> **Observação:**
>
> Outro exemplo de como estas palavras de Jesus foram mal interpretadas é Atos 6.14.

21. Os judeus interpretaram mal as palavras de Jesus acerca de destruir o Templo e reedificá-lo em três dias.
    a) A que templo se referia Jesus? _____
    b) As palavras originais de Jesus eram profecias de quê? _____
    _____

22. As palavras que Pilatos escreveu — "Jesus, o Rei dos Judeus" — estavam corretas em que sentido? _____

23. Os que zombavam de Jesus em Mateus 27.40 diziam-lhe que se era Filho de Deus que _____ da cruz. Também, em Mateus 27.42, outros diziam que se ele era o Rei de Israel, que _____ da cruz. Em Mateus 27.44, os dois _____ crucificados a seu lado proferiam as mesmas palavras.

24. Responda:
    a) Jesus era Filho de Deus e Rei de Israel? _____
    b) Como tal, ele era *capaz* de descer. Porém, não poderia fazê-lo, porque se descesse:
       i. Poderia salvar igualmente os pecadores.
       ii. Poderia salvar só a alguns pecadores não tão ruins.
       iii. Não poderia salvar ninguém mais.

25. Quando diziam "A si mesmo não pode salvar-se":
    a) Era falso ou verdadeiro? _____
    b) Se podia salvar-se, por que não o fez? _____
    _____

26. Fazendo revisão da Lição 36 acerca das tentações de Jesus, podemos dizer que essa tentação de descer da cruz significava usar seu poder divino:

a) Para aliviar sua própria dor, como na tentação do _____.
b) Para seu próprio prestígio (fazendo ver que ele realmente era Filho de Deus e Rei de Israel) como na tentação do _____.

27. Então, além de suportar a *dor física* da crucificação, a *dor espiritual* de levar sobre si mesmo os nossos pecados, ele também teve de suportar também essas *tentações* tão atraentes. Assim, quando diziam "As si mesmo não pode salvar-se":
   a) Era falso ou verdadeiro? _____
   b) Se podia salvar-se, por que não o fez? _____

28. As palavras que Pilatos escreveu, "Jesus, o Rei dos Judeus", são verdadeiras em que sentido? _____

Leia Mateus 27.45-50

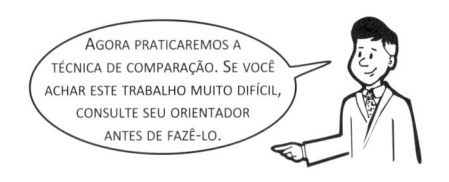

> AGORA PRATICAREMOS A TÉCNICA DE COMPARAÇÃO. SE VOCÊ ACHAR ESTE TRABALHO MUITO DIFÍCIL, CONSULTE SEU ORIENTADOR ANTES DE FAZÊ-LO.

Comparando as horas mencionadas em João 19.14, Marcos 12.25 e Mateus 27.45-46, parece que João dá uma hora para o julgamento de Jesus diante de Pilatos, *depois* da hora que os Sinóticos dão para a própria crucificação.

Provavelmente a melhor maneira de harmonizar o evangelho de João com os Sinóticos é supor que usam sistemas diferentes de medir o tempo. João segue o sistema romano (igual ao nosso, em que a "hora sexta" é às 6 da manhã), e os Sinóticos seguem o sistema judaico, que começava a contar as horas desde o amanhecer, e em que "hora terceira" seria às 9 da manhã. (Lembre-se do diagrama da Lição 98.)

Em tal caso, o resultado parece ser o seguinte:

1. João 14.19 diz que o julgamento continuou até às 6 da manhã.
2. Marcos 15.25 diz que crucificaram Jesus às 9 da manhã.
3. Mateus 27.45-46 diz que houve trevas desde o meio-dia até às 3 da tarde.

Porém, até essas horas são aproximadas, pela falta de relógio naquele tempo!

29. Responda:
   a) Que disse Jesus em Mateus 27.46? _____
   b) De onde essas palavras foram extraídas? _____

30. Procure Salmos 22.1. Muitas das suas palavras se cumpriram na crucificação de Jesus. Preencha cada espaço abaixo com o versículo de Mateus 27 que lhe corresponde, tomado da lista a seguir: 46, 43, 39, 35.
    a) Salmos 22.7 se cumpriu em Mateus 27.____.
    b) Salmos 22.8 se cumpriu em Mateus 27.____.
    c) Salmos 22.18 se cumpriu em Mateus 27.____.
    d) Salmos 22.1 se cumpriu em Mateus 27.____.

31. Em que salmo Jesus estaria meditando na cruz? _____

32. Embora saibamos de onde vieram as palavras de Jesus em Mateus 27.46, de qualquer maneira é estranho que ele tenha dito: "Deus meu, Deus meu, por que me desamparaste?". Que Jesus queria dizer com essas palavras? Teria perdido a fé naquele instante? Leia Isaías 59.2 e responda: O que as iniquidades humanas produzem? Elas causam _____ entre nós e nosso _____.

33. Jesus não tinha iniquidade própria. Mas no momento de morrer, ele levou sobre si as nossas _____. Já vimos que a iniquidade causa _____ entre _____ e o homem. Naquele momento, quando _____ levava as nossas _____, houve entre ele e Deus, o _____, uma _____.

34. Então a explicação dessas palavras tão profundas "Deus meu, Deus meu, por que me desamparaste?" deve ser que:
    a) Jesus perdeu a fé em Deus.
    b) A iniquidade humana impediu naquele momento sua comunhão com Deus, o Pai.
    c) Jesus se sentiu muito abandonado pelos discípulos e com essas palavras culpou a Deus pelo que havia acontecido.

35. Por que Jesus disse essas palavras: "Deus meu, Deus meu, por que me desamparaste"?
_____
_____
_____

36. Quando diziam "A si mesmo não pode salvar-se":
    a) Era falso ou verdadeiro? _____
    b) Por que então ele não se salvou? _____
    _____

37. Por que Jesus disse: "Deus meu, Deus meu, por que me desamparaste"? _____
_____
_____
_____

Leia Mateus 27.51-56

38. Entre os sinais assombrosos que acompanharam a morte de Jesus, o que aconteceu dentro do Templo de Jerusalém? _____

39. Como você já sabe, o véu era a grossa cortina que dividia o Lugar Santíssimo (onde Deus se manifestava de maneira especial) do Lugar Santo. Mesmo que o povo pudesse entrar no Pátio, e os sacerdotes pudessem entrar no Lugar Santo, somente o sumo sacerdote podia entrar no Lugar Santíssimo, e apenas uma vez por ano, levando o sangue de um cordeiro sacrificado. Essas normas eram iguais tanto no Tabernáculo como no Templo. Se o véu excluía o povo do Lugar Santíssimo, era símbolo de que o pecado _____ os pecadores da presença do Deus Santo, como se lê em Isaías 59.2.

40. Que simbolizava o véu? Que o pecado _____ os pecadores da presença do Deus Santo.

41. Responda:
    a) Que aconteceu com o véu? _____
    b) Quando se rasgou? _____

42. Então o véu rasgado em duas partes simboliza que:
    a) Cristo abriu o caminho para a presença de Deus por sua morte.
    b) Cristo pôde entrar, por fim, na presença de Deus.
    c) Deus se aborreceu com os judeus por matarem seu Filho, e destruiu parte do Templo.

43. Resumindo: O véu simboliza que o pecado _____ os pecadores da _____ de _____. O fato de ele ter-se rasgado em duas partes simboliza que Cristo _____ o caminho para a _____ de _____ por meio de sua _____.

44. Leia Hebreus 10.19-20, 22. Agora que Cristo morreu, e abriu o caminho à presença de Deus, o que devemos fazer? Devemos nos _____ da presença de Deus com coração _____ em plena certeza de _____.

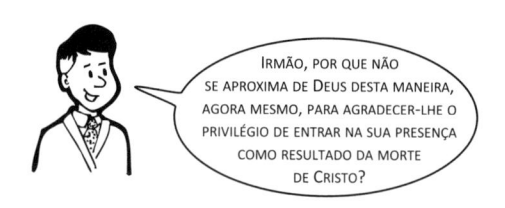

> IRMÃO, POR QUE NÃO SE APROXIMA DE DEUS DESTA MANEIRA, AGORA MESMO, PARA AGRADECER-LHE O PRIVILÉGIO DE ENTRAR NA SUA PRESENÇA COMO RESULTADO DA MORTE DE CRISTO?

45. Responda:
   a) Por que Jesus disse estas palavras: "Deus meu, Deus meu, por que me desamparaste?". _____
   _____
   b) Que simbolizava o véu do Templo? Que o pecado nos _____ da _____ de _____.
   c) Que simbolizava o rasgar do véu em duas partes? Que Cristo _____ o caminho ou acesso a _____ de _____ por meio de sua _____.

> *Leia Mateus 27.57-66*

46. José de Arimateia deu a Jesus uma sepultura digna. De outra maneira, teria sido sepultado numa vala comum, junto com outros executados, como se fosse um criminoso, sem nenhum cuidado nem respeito.

   Agora, preencha os espaços a seguir com uma das palavras correspondentes:
   FÁCIL - CUSTOSO - PERIGOSO - DESNECESSÁRIO - DESAGRADÁVEL.

   O trabalho de tirar o cadáver da cruz e enterrá-lo significava:
   a) Identificar-se com o executado, que morreu como criminoso, depois de grandes manifestações públicas contrárias, naquela mesma manhã, seria uma atividade _____.
   b) Comprar a mortalha, dar sua própria sepultura e gastar várias horas e esforço por ocasião de um feriado público seria um trabalho _____.
   c) Preparar e envolver um cadáver ferido e ensanguentado seria um trabalho _____.

47. Quando fazemos o bem e servimos a Cristo, geralmente o fazemos *em parte* por interesse pessoal, como o de *desfrutar do êxito, receber aplauso humano* ou *receber alguma recompensa pelo que fazemos*. Mas quando José enterrou Jesus:
   • Os discípulos estavam dispersos.
   • Jesus estava morto.
   • Todas as esperanças de que Jesus estabelecesse o reino de Deus pareciam perdidas.

   Além disso, a nenhum discípulo ocorreu que Jesus ressuscitaria! Então, na mente de José, enquanto enterrava Jesus, que esperança haveria de:
   a) Desfrutar do êxito na causa de Cristo? _____
   b) Conseguir o aplauso humano pelo que fazia? _____
   c) Receber alguma recompensa pelo que fazia? _____

48. Então, por que José de Arimateia o teria feito?
    a) Por amor a Cristo mais a esperança de êxito.
    b) Por amor a Cristo mais a esperança de aplauso humano.
    c) Por amor a Cristo mais a esperança de recompensa.
    d) Por amor a Cristo e nada mais.

49. Parecia que agora não haveria nenhuma possibilidade de êxito, aplauso ou recompensa, porque com Jesus estando morto, todas as esperanças que ele havia despertado pareciam sonhos impossíveis de serem realizados. Então José de Arimateia não poderia ter tido outros motivos senão o simples _____ por Cristo.

50. Muitas vezes nós fazemos algum bem:
    - Por amor a Cristo mais a esperança de êxito.
    - Por amor a Cristo mais a esperança de aplauso humano.
    - Por amor a Cristo mais a esperança de alguma recompensa.

    José de Arimateia nos serve de exemplo de que deveremos fazer o bem e servir ao Senhor por _____ a Cristo, nada mais que _____.

51. Responda:
    a) Por que Jesus disse estas palavras: "Deus meu, Deus meu, por que me desamparaste?" _____

    b) Que simbolizava o véu do Templo? _____

    c) Que simbolizava o rasgar do véu em duas partes? _____

52. Quando pensamos que, em certo sentido, o eterno Filho de Deus foi excluído da presença do Pai Celestial por um tempo, para que nós pudéssemos entrar na sua presença, isso deve encher nosso coração de gratidão e levar-nos a fazer o bem e a servir a _____ por _____, como fez José de Arimateia.

TAREFA

Preencha os quadros correspondentes à sexta-feira e ao sábado no Apêndice 40.

GABARITO

1. Vinho misturado com fel **2.** b **3.** Como droga ou entorpecente **4.** a **5.** droga **6.** Porque ele queria estar totalmente desperto **7.** Jesus, o Rei dos judeus **8.** a) Pilatos - b) iii **9.** c **10.** a) Jesus, o Rei dos judeus - b) Por zombaria **11.** a **12.** a) De zombaria - b) Que Jesus seria um conquistador militar e político **13.** a) exteriormente - interiormente - b) exterior - interior **14.** creem **15.** a) De zombaria - b) Que Jesus seria um conquistador militar e político - c) Que Jesus é o Rei dos creem **16.** Queria estar totalmente desperto **17.** a) "Ó tu que destróis o santuário [Templo] e em três dias o reedificas!"- b) Que era capaz de destruir o Templo e reedificá-lo em três dias **18.** a) Ao seu corpo - b) Que os judeus o crucificariam **19.** c **20.** b **21.** a) Ao seu corpo - b) De sua morte e ressurreição **22.** Que Jesus é Rei dos crentes ou dos que creem nele **23.** descesse - descesse - ladrões **24.** a) Sim - b) iii **25.** a) Falso - b) Porque salvando-se a si mesmo não poderia salvar mais ninguém. **26.** a) deserto - b) pináculo **27.** a) Falso - b) Porque salvando-se a si mesmo não poderia salvar mais ninguém **28.** Que Jesus é o Rei dos crentes ou dos que creem nele **29.** a) "Deus meu, Deus meu, por que me desamparaste" - b) Salmos 22.1 **30.** a) 39 - b) 43 - c) 35 - d) 46 **31.** 22 **32.** separação - Deus **33.** iniquidades - separação - Deus - Cristo/Jesus - iniquidades - Pai - sepração **34.** b **35.** Porque a iniquidade humana impedia sua comunhão com o Pai. **36.** a) Falso - b) Porque se salvando, ele não poderia salvar a mais ninguém **37.** Porque a iniquidade humana impedia sua comunhão com o Pai. **38.** O véu do Templo se rasgou em duas partes **39.** exclui/separa **40.** exclui/separa **41.** a) Rasgou-se em duas partes - b) Quando Jesus morreu **42.** a **43.** exclui/separa - presença - Deus - abriu - presença - Deus - morte **44.** aproximar - sincero - fé **45.** a) Porque a iniquidade humana impedia sua comunhão com o Pai - b) exclui/separa - presença - Deus - c) abriu - presença - Deus - morte **46.** a) perigosa - b) custoso - c) desagradável **47.** a) Nenhuma - b) Nenhuma - c) Nenhuma **48.** d **49.** amor **50.** amor - amor **51.** a) Porque a iniquidade humana impedia sua comunhão com Deus - b) O pecado exclui/separa da presença de Deus - c) Cristo abriu o caminho para a presença de Deus por sua morte **52.** Cristo - amor

LIÇÃO 123

O significado da morte de Cristo (1)

A — ACEITA, Ó DEUS, ESTE CORDEIRO EM SACRIFÍCIO...

B — POR COMETER UM CRIME TÃO HORRÍVEL, A LEI O CONDENA AO CASTIGO DE MORTE! (JUIZ)

C — VITÓRIA!!!

D — VENDEM-SE ESCRAVOS

1. Em primeiro lugar, vamos estudar a *vitória* de Cristo. Na cruz, o Senhor conquistou a vitória. Agora, observe os desenhos acima, e escreva a letra do desenho correspondente a essa mensagem. ____

2. Leia Colossenses 2.15. Conforme esse versículo:
   a) Sobre quem Cristo triunfou? _____
   b) Quando triunfou sobre eles? _____

3. Nessa passagem tem-se em mente um costume daquele tempo. Quando um rei voltava vitorioso depois da batalha, levava os prisioneiros de guerra em desfile de triunfo pela cidade, para mostrar a grande vitória que havia conquistado.
   a) Onde existe um desenho (em baixo relevo) do desfile do triunfo dos romanos quando levavam os móveis de ouro do Templo em Jerusalém no ano 70 d.C.? (Observe e leia as palavras da Introdução 112 para poder completar.) O _____ de Tito em _____.
   b) Por esse motivo, a *Nova Tradução na Linguagem de Hoje* em Colossenses 2.15 diz: "E foi na cruz que Cristo se livrou do poder dos governos e das autoridades espirituais. Ele humilhou esses poderes publicamente, levando-os prisioneiros no seu desfile de vitória". Conforme o inicio desse versículo, quando se deu essa vitória e o "desfile vitorioso"? Quando ele _____ na cruz.

4. Quem eram os prisioneiros no desfile vitorioso de Cristo?
   a) Os soldados romanos.
   b) As autoridades judaicas.
   c) Os poderes do mal.

5. Na cruz, Cristo conquistou a _____. Ele havia lutado ali contra os poderes do _____.

6. Leia Hebreus 2.14. Ali diz que Cristo participou da carne e do sangue (isto é, da natureza humana), para _____ por meio de sua morte ao que tinha o império da morte, isto é, o _____. (*Observação:* a palavra original traduzida por "destruir" significa "incapacitar" ou "tirar o poder" do Diabo.)

7. Como Jesus destruiu (incapacitou) o Diabo? Por meio da sua _____.

8. Na cruz, Cristo _____ a vitória, que foi alcançada sobre os poderes do _____. É em parte por isso que não há necessidade de o crente ter medo dos espíritos malignos, como vimos no Livro 4. O poder deles é limitado por _____; além disso, eles mesmos foram _____ por Cristo na cruz.

9. Naquele tempo, era costume ter escravos, que eram comprados ou vendidos como propriedades. (Na Introdução, a letra ____ do desenho correspondente a essa informação.) O Novo Testamento usa esse costume para ilustrar o que Cristo fez na cruz. Ali, Cristo nos redimiu da _____ espiritual.

10. Na cruz, Cristo nos _____ da escravidão.

11. Façamos uma revisão do que Cristo fez na cruz:
    a) Cristo conquistou a _____.
    b) Cristo nos redimiu da _____.

12. Antes de estudar mais esse aspecto, devemos notar que há várias palavras relacionadas com *redimir*.
    • *Resgatar* é "redimir", isto é, livrar (pagando um preço).

- *Resgate* é "redenção", isto é, o preço pago para livrar.
- *Redentor* é o que resgata ou redime a outro.

No tempo de Jesus havia muitos escravos, os quais eram considerados posses de seu dono. Eles tinham de trabalhar de forma dura, sem receber salário, e muitas vezes eram muito maltratados. Não tinham nenhum direito, nem ainda podiam reclamar. Sua única esperança era comprar sua liberdade, pagando uma soma grande de dinheiro ao seu dono. Nesse caso, o escravo era "resgatado" ou _____, e a soma paga de dinheiro se chamava _____ ou _____. Se outro havia pago o dinheiro ao dono, era chamado de _____ dos escravos.

13. Agora apliquemos essas ideias ao que Cristo fez na cruz. Leia João 8.34. De acordo com Jesus, quem é escravo do pecado? _____

14. Então, quantos homens, por natureza, são escravos do pecado?
    a) Nenhum.
    b) Só os homens beberrões ou os que têm um vício especial.
    c) Todos os homens.

15. Leia Mateus 20.28 e responda: Para que Jesus veio ao mundo? Para dar sua _____ em _____ de muitos.

16. Leia 1Pedro 1.18-19. Com que preço Cristo resgatou os escravos do pecado? Não com coisas _____, como _____ ou _____, mas com o seu _____.

17. "O preço da redenção foi o sangue de Cristo". Essa frase se refere a nada mais que a:
    a) Seu nascimento.
    b) Sua morte.
    c) Sua ressurreição.

18. Responda:
    a) Como éramos antes de ser resgatados? _____ do pecado.
    b) Qual foi o preço pago para resgatar-nos? O _____ de Cristo, que se refere à sua _____.

19. Responda:
    a) De que coisa Cristo nos redimiu? Da _____ ao _____.
    b) Éramos escravos do pecado, mas Cristo nos _____.

20. Leia Romanos 6.17-18 e complete:
    a) Conforme o 6.17, os crentes antes eram _____ do pecado.
    b) Conforme o 6.18, os crentes foram _____ do pecado.

21. Responda:
    a) Como fica o crente diante do seu dono anterior, o pecado? _____
    b) Mas, conforme o Romanos 6.18, de quem ele é servo agora? _____

22. Então, embora o crente agora não seja escravo do pecado, isso não quer dizer que pode se portar como bem quiser. Ele tem de servir a seu novo dono.
    a) Leia Tito 2.14. O apóstolo Paulo afirma que Cristo se _____ por nós a fim de redimir-nos de toda _____ e purificar para _____ mesmo um povo _____ seu.
    b) Então, quem é o novo dono do crente? _____
    c) Por que ele é o nosso novo dono? Porque ele derramou seu _____ como preço para resgatar-nos da escravidão!

23. Conforme Tito 2.14, como deve ser o povo de Cristo? Zeloso de _____ obras, quer dizer, desejoso de praticá-las.

24. Leia 1Coríntios 6.19-20.
    a) O crente pertence a si mesmo ou não? _____
    b) A quem pertence? _____
    c) Por quê? Porque conforme o 1Coríntios 6.20, ele foi _____ por _____.
    d) Baseado no que vimos antes, qual foi o preço para comprar-nos ou restaurar-nos? _____
    e) Conforme 1Coríntios 6.20, que devemos fazer como consequência? _____ a Deus em nossa vida.

25. Responda:
    a) Como éramos antes de sermos resgatados? _____ do _____.
    b) Agora resgatados, como ficamos diante de nosso antigo dono? _____
    c) Quem é nosso novo dono? _____
    d) Como ficamos diante desse novo dono?
        i. Livres para servi-lo se quisermos.
        ii. Sem nenhuma obrigação para com ele.
        iii. Obrigados a servi-lo.

26. Por que estamos obrigados a servir a Cristo?
    a) Porque ele nos comprou e agora pertencemos a ele.
    b) Porque é lindo servi-lo.
    c) Para merecer a salvação.

27. Responda:
    a) Qual é a obrigação da pessoa resgatada diante do seu novo dono? _____ _____
    b) Toda essa história de "escravos", "redenção" e "donos" pode ser resumida dizendo-se que, na cruz, Cristo nos _____ da _____.

28. Na cruz Cristo conquistou a _____. Ele nos _____.

29. No Antigo Testamento, havia muitos sacerdotes que continuamente ofereciam a Deus muitos sacrifícios de animais. Na Introdução, a letra _____ do desenho

corresponde a essa informação. O Novo Testamento usa esse sistema para ilustrar outra parte do que Cristo fez na cruz, isto é, ali Cristo ofereceu-se como _____.

30. Na cruz Cristo se _____ como sacrifício.

31. Faça uma revisão das três coisas que Cristo fez na cruz e que estudamos até agora.
    a) Cristo _____ a _____.
    b) Cristo nos _____ da _____.
    c) Cristo se _____ como _____.

32. O sistema de sacrifícios do Antigo Testamento se baseava nas seguintes ideias:
    A. O pecado humano merece castigo de morte.
    B. Era possível que outro morresse no lugar do pecador para remover a justa ira de Deus contra o pecado.
    C. Oferecia-se a Deus o sangue do que morria, como símbolo de sua morte.

    Em referência ao sistema do Antigo Testamento, Hebreus 9.22 diz que não havia remissão de pecados sem _____ de _____.

33. Leia Hebreus 10.4. O sangue de animais realmente tirava o pecado humano ou não? _____

34. Todos aqueles sacrifícios não serviam para obter realmente o perdão, mas somente apontavam para o que havia de vir como sacrifício verdadeiro e suficiente. Agora, leia João 1.29 e responda: Quem era o Cordeiro que ia se oferecer como sacrifício verdadeiro e suficiente pelos pecados humanos? _____

35. Leia Hebreus 9.26 e preencha essa citação com as palavras que faltam: "Cristo se manifestou de uma vez por todas para aniquilar, pelo sacrifício de _____ o pecado".

36. Qual é o sacrifício verdadeiro e suficiente que foi oferecido para conseguir a salvação?
    a) Os animais oferecidos durante os tempos do Antigo Testamento.
    b) O próprio Cristo.
    c) Os méritos dos santos beatificados e canonizados.

37. Responda:
    a) Conforme Hebreus 9.26, quantas vezes foi necessário oferecer esse sacrifício? _____
    b) Por quanto tempo permanece eficaz? _____

38. Leia Hebreu 10.12. Que fez Cristo depois de subir aos céus? _____

39. Que simboliza o fato de Cristo ter-se assentado quando chegou aos céus?
    a) Havia terminado sua obra de salvar-nos.

b) Aborreceu-se com sua obra de salvar-nos.
c) Votaria logo para trabalhar para salvar-nos.

40. Então, se Cristo ofereceu seu sacrifício uma só vez para sempre e depois "sentou-se" à destra do Pai, significa que:
    a) Restava-lhe muito que fazer para oferecer-nos uma salvação completa.
    b) Agora pode oferecer-nos uma salvação parcial.
    c) Agora pode oferecer-nos uma salvação completa.

41. Na cruz, Cristo ofereceu-se como sacrifício uma vez para sempre. Por isso, o que nos pode oferecer? _____

42. Que palavras de Jesus, logo antes de morrer, demonstram que ele já havia feito todo o necessário para nos salvar? (Leia João 19.30) _____

43. Agora que fomos resgatados, qual é a nossa obrigação diante do nosso novo dono?
_____

44. O Novo Testamento diz que Cristo se ofereceu como sacrifício uma vez para sempre. Por isto, o que nos pode oferecer? _____

45. O que vimos do sistema de sacerdotes e sacrifícios do Antigo Testamento nos explica o terceiro aspecto da sua morte: que, na cruz, Cristo se _____ como _____.

46. No Antigo Testamento havia muitos sacerdotes para oferecer aqueles sacrifícios de animais. Leia Hebreus 9.11 e responda: Quem é o sumo sacerdote que ofereceu o sacrifício verdadeiro e suficiente? _____

47. Responda ou complete:
    a) Então vemos que os sacrifícios e holocaustos do Antigo Testamento apontavam para _____, o *sacrifício verdadeiro e suficiente*.
    b) Também vemos que o trabalho dos sacerdotes do Antigo Testamento apontava o *sumo sacerdote* verdadeiro e perfeito, isto é, _____.
    c) Os sacerdotes do Antigo Testamento ofereciam seus sacrifícios dia após dia, ano após ano, século após século, sem que fossem suficientes em si para conseguir a salvação. Em vez disso, Cristo se ofereceu _____ _____ _____ como sacrifício pelo pecado. Seu sacrifício permanece eficaz para _____. Por isso, ele pode nos oferecer salvação _____.

48. Que livro/carta do Novo Testamento explica mais acerca de como Jesus Cristo cumpriu em sua pessoa e na sua morte o que significam os sacrifícios e os sacerdotes do Antigo Testamento? _____

49. Agora que fomos resgatados:
    a) Quem é nosso novo dono? _____

b) Qual é a nossa obrigação diante desse novo dono? _____

50. O que o sistema de sacrifícios, ritos e sacerdotes do Antigo Testamento nos explica sobre a morte de Jesus? _____

51. Escreva três coisas que Cristo fez na cruz:
    a) Cristo _____ a _____.
    b) Cristo nos _____ da _____.
    c) Cristo se _____ como _____.

GABARITO

1. C 2. a) Principados e potestades - b) Na cruz 3. a) Arco - Roma - b) morreu 4. c 5. vitória - mal 6. destruir - Diabo 7. morte 8. conquistou - mal - Deus - vencidos 9. D - escravidão 10. redimiu 11. a) vitória - b) escravidão 12. redimido - resgate - redenção - redentor 13. Todo aquele que comete pecado 14. c 15. vida - resgate 16. corruptíveis - ouro - prata - sangue 17. b 18. a) Escravos - b) sangue - morte 19. escravidão - pecado b) redimiu/resgatou 20. escravos - b) resgatados 21. a) Livre - b) Da justiça 22. a) deu - iniquidade - si mesmo - exclusivamente - b) Cristo - c) sangue 23. boas 24. a) Não - b) Cristo/Deus - c) comprado - preço - d) O sangue de Cristo - e) Glorificar 25. a) Escravos - pecado - b) Livres - c) Cristo - d) iii 26. a 27. a) Servi-lo - b) redimiu/resgatou - escravidão 28. vitória - redimiu 29. A - sacrifício 30. ofereceu 31. a) conquistou - vitória - b) redimiu - escravidão - c) ofereceu - sacrifício 32. derramamento - sangue 33. Não 34. Cristo 35. si mesmo 36. b 37. a) Uma vez - b) Para sempre 38. Assentou-se à destra de Deus 39. a 40. c 41. Salvação completa 42. Está consumado 43. Servi-lo 44. Salvação completa 45. ofereceu - sacrifício 46. Cristo 47. a) Cristo - b) Cristo - c) uma só vez - sempre - completa 48. Hebreus 49. a) Cristo - b) Servi-lo 50. Que ele se ofereceu como sacrifício 51. a) conquistou - vitória - b) redimiu - escravidão - c) ofereceu - sacrifício

LIÇÃO 124

O significado da morte de Cristo (2)

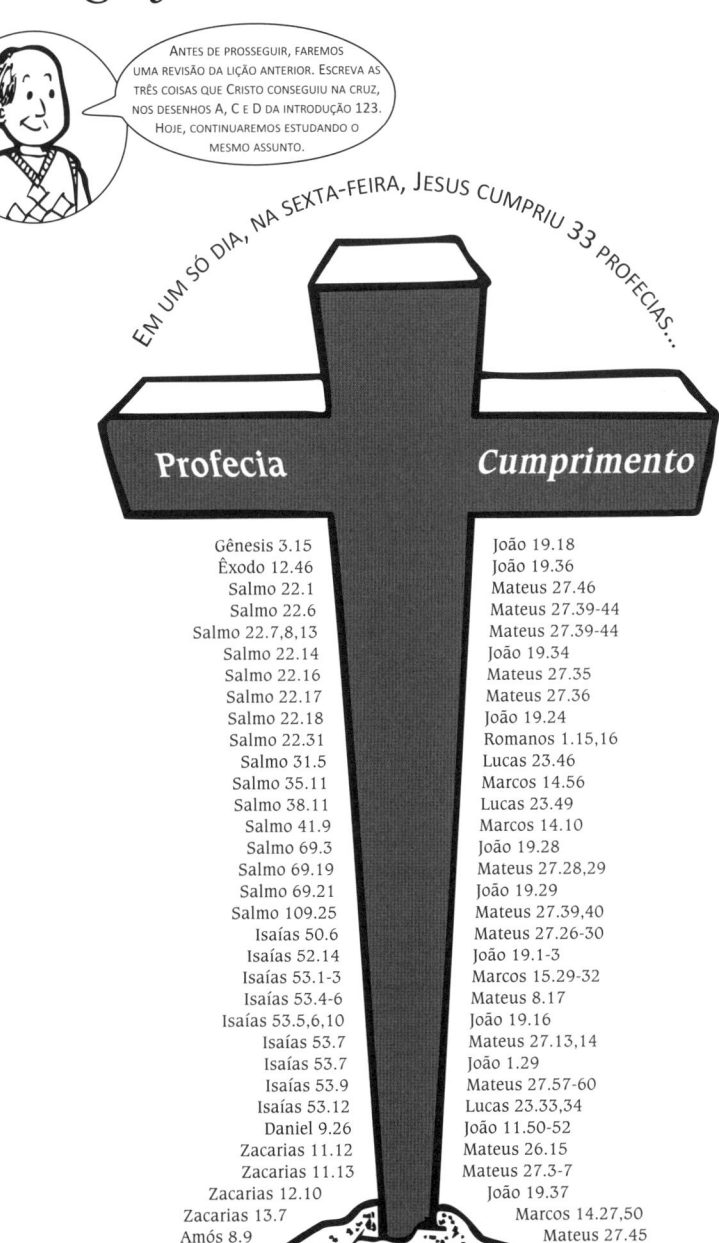

Antes de prosseguir, faremos uma revisão da lição anterior. Escreva as três coisas que Cristo conseguiu na cruz, nos desenhos A, C e D da introdução 123. Hoje, continuaremos estudando o mesmo assunto.

EM UM SÓ DIA, NA SEXTA-FEIRA, JESUS CUMPRIU 33 PROFECIAS...

Profecia	Cumprimento
Gênesis 3.15	João 19.18
Êxodo 12.46	João 19.36
Salmo 22.1	Mateus 27.46
Salmo 22.6	Mateus 27.39-44
Salmo 22.7,8,13	Mateus 27.39-44
Salmo 22.14	João 19.34
Salmo 22.16	Mateus 27.35
Salmo 22.17	Mateus 27.36
Salmo 22.18	João 19.24
Salmo 22.31	Romanos 1.15,16
Salmo 31.5	Lucas 23.46
Salmo 35.11	Marcos 14.56
Salmo 38.11	Lucas 23.49
Salmo 41.9	Marcos 14.10
Salmo 69.3	João 19.28
Salmo 69.19	Mateus 27.28,29
Salmo 69.21	João 19.29
Salmo 109.25	Mateus 27.39,40
Isaías 50.6	Mateus 27.26-30
Isaías 52.14	João 19.1-3
Isaías 53.1-3	Marcos 15.29-32
Isaías 53.4-6	Mateus 8.17
Isaías 53.5,6,10	João 19.16
Isaías 53.7	Mateus 27.13,14
Isaías 53.7	João 1.29
Isaías 53.9	Mateus 27.57-60
Isaías 53.12	Lucas 23.33,34
Daniel 9.26	João 11.50-52
Zacarias 11.12	Mateus 26.15
Zacarias 11.13	Mateus 27.3-7
Zacarias 12.10	João 19.37
Zacarias 13.7	Marcos 14.27,50
Amós 8.9	Mateus 27.45

1. A lei de todo país prevê certos castigos para os que a desobedecem.
   a) Observe a Introdução da Lição 123 e escreva a letra do desenho correspondente a essa informação. _____.
   b) O Novo Testamento usa isso para ilustrar que, na cruz, Cristo levou o _____ do _____.
   c) Na cruz Cristo levou o castigo do _____.

2. Recapitulemos as quatro coisas que Cristo fez na cruz, que estudamos até agora:
   a) Cristo _____ a _____.
   b) Cristo nos _____ da _____.
   c) Cristo se _____ como _____.
   d) Cristo levou o _____ do _____.

> **TAREFA**
> Depois de conferir as respostas no gabarito, escreva essas quatro coisas várias vezes num papel qualquer até que as tenha dominado por completo.

3. Entende-se que:
   - Deus é *Santo*, e é da sua natureza reagir de forma forte, constante e justa contra o pecado.
   - Deus é *amor*, e é da sua natureza procurar reconciliar-se com o pecador, perdoando-lhe os pecados.

   Leia 1Pedro 2.24. (*Observação*: Na Bíblia, a frase "Carregando [...] os nossos pecados" significa levar a responsabilidade, as consequências, a pena, a culpa ou o castigo do pecado.)

   Conforme 1Pedro 2.24:
   a) Quem carregou os pecados? _____
   b) De quem eram esses pecados? _____

4. Leia 1Pedro 3.18 e responda ou complete:
   a) Que palavra é usada para nos descrever? _____
   b) Que palavra é usada para descrever a Cristo? _____
   c) Então ele sofreu em nosso lugar, o _____ pelos _____. Quer dizer, ele sofreu o castigo que era _____.

5. Conforme 1Pedro 3.18, qual foi o propósito de Cristo em sofrer por nossos pecados? O propósito de nos _____ a _____, de abrir novamente a comunhão entre _____ e os pecadores _____.

6. Responda:
   a) Conforme 1Pedro 3.18, quantas vezes Cristo sofreu pelos nossos pecados? _____
   b) Do que aprendemos na lição anterior, por quanto tempo sua morte é eficaz? _____
   c) Por isso, que tipo de salvação pode nos oferecer? _____

7. Preencha os espaços abaixo com o atributo de Deus que lhe corresponde. (Tire-os da seguinte lista: PODER - AMOR - ONISCIÊNCIA - JUSTIÇA.)
   a) Na Cruz, Cristo levou o castigo do pecado; por isto, a _____ de Deus foi satisfeita.
   b) Consequentemente, Deus agora pode perdoar os pecadores arrependidos sem violar em tempo nenhum sua própria lei justa; por isso, podendo agora perdoar, o _____ de Deus fica satisfeito.

8. Esse ato de Cristo que desviou a ira justa de Deus contra nosso pecado tem um nome especial na Bíblia:
   a) Cristo é a _____ por nossos pecados. (Leia 1João 2.2)
   b) Deus enviou Cristo em _____ por nossos pecados. (Leia 1João 4.10)
   c) Deus propôs a Cristo como _____. (Leia Romanos 3.25)

9. Baseado nas referências acima, que palavra a Bíblia usa para descrever como Cristo desviou a ira de Deus contra os nossos pecados? _____

10. O fato de a ira de Deus expressar-se *contra* o pecado e *contra* o mal significa que é sempre uma ira _____.

11. A palavra "propiciação" significa que, na cruz, Cristo desviou a _____ justa de _____ contra o nosso _____.

12. Responda:
    a) Qual é a atitude constante de Deus contra o pecado? _____
    b) Que palavra o Novo Testamento usa para dizer que, na cruz, Cristo a desviou? _____

> Vista assim, a morte de Cristo não somente tem consequências para *conosco* — ele pode perdoar-nos, limpar, salvar etc. —, mas também tem consequências *para com* Deus, desviando sua ira justa contra o pecado do homem.

13. Mas ao pensar e falar nisso, é muito importante não dar a impressão de que um Filho compassivo tinha se interposto para desviar o desgosto de um Pai manhoso que não queria salvar, mas só castigar.

a) Leia 2Coríntios 5.19. Na cruz, quem estava em Cristo reconciliando consigo o mundo? _____
b) Isso quer dizer que não foi apenas Deus, o Filho, que agiu na cruz para salvar-nos, mas também Deus, o _____. Todas as pessoas da Trindade queriam salvar os homens, não apenas o Filho.

14. Essas ideias de propiciação — que Cristo sofreu a pena justa merecida pelos pecadores, o Justo pelos injustos etc. — podem resumir-se como a quarta coisa que Cristo fez na cruz:
Ele levou o _____ do _____.

15. Responda:
a) Qual é a atitude de Deus para com o pecado? _____
b) Que palavra a Bíblia usa para dizer que na cruz Cristo a desviou? _____

16. Se a lei condena um criminoso a pagar uma multa, e o criminoso a paga, devem prendê-lo outra vez pelo mesmo crime? _____
Pagando a pena, o criminoso fica diante da lei como se não tivesse cometido esse crime. Agora a lei não o considera mais um criminoso.

17. Se alguém pagar a multa pelo criminoso, devem prendê-lo outra vez pelo crime? _____
Tendo-se pago a pena (seja quem for que a pagou), o criminoso fica diante da lei como se não tivesse cometido o crime. Agora a lei não o considera culpado.

18. Responda:
a) Então, se Cristo pagou a pena do pecado de Jorge (um crente convertido), a lei de Deus deve ainda acusar a Jorge por seu pecado? _____
b) Tendo-se pago a pena (mesmo que não tenha sido Jorge quem a pagou, mas Cristo), Jorge fica diante da lei de Deus *como se nunca tivesse pecado*; a lei de Deus agora não o considera mais um _____, mas o trata como justo.

19. Vejamos uma palavra importante usada no Novo Testamento para expressar essa ideia. Romanos 3.24 afirma que os crentes são _____ gratuitamente, isto é, são *tratados* como justos, como se nunca tivessem _____.

20. Romanos 3.28 diz que o homem é _____ pela fé; isto é, ele é tratado como _____, como se realmente fosse justo, sem nunca haver pecado.

21. A palavra "justificado" descreve a situação legal do pecador salvo diante de Deus. Que quer dizer essa palavra?
a) Feito justo em caráter.
b) Tratado como justo (embora não o seja).
c) Tratado como injusto.

22. A palavra "justificado" descreve a situação legal do pecador salvo diante de Deus. Que significa "justificado"? _____
_____

23. Qual é a palavra que descreve a situação legal do pecador salvo diante de Deus? ___
_____

24. Romanos 5.1 afirma que somos justificados pela _____. Consequentemente:
    a) Temos paz com Deus agora.
    b) Só teremos paz com Deus no futuro.
    c) Não temos paz com Deus.

25. Se uma pessoa realmente confia em Cristo *agora*, tem a paz com Deus *agora*, e significa que, como resultado de sua fé, fica justificado _____. Isto é, a pessoa é _____ como justa por Deus, embora seu caráter não seja perfeito. (No céu o será.)

26. Marque as afirmações certas acerca do crente justificado:
    a) Tem um caráter perfeito.
    b) É tratado por Deus como justo.
    c) Terá um caráter perfeito no céu.
    d) É tratado por Deus como injusto.
    e) Quando se apresenta diante de Deus em oração, ele o olha como se nunca tivesse pecado.
    f) Seu caráter não é perfeito, mas vai se aperfeiçoando aos poucos.

27. A palavra _____ descreve a situação legal do pecador salvo diante de Deus. Essa palavra significa ser tratado como _____. Deus pode nos tratar assim como resultado direto da morte de _____, na qual ele levou o _____ dos nossos _____.

28. Responda:
    a) Qual é a atitude de Deus para com o pecado? _____
    b) Que palavra a Bíblia usa para dizer que, na cruz, Cristo a levou? _____
    _____

29. É importante não confundir essas palavras. Escreva abaixo as palavras *propiciação*, *justificado* e *ira justa* onde for o caso.
    a) A *situação* legal do pecador salvo diante de Deus: _____.
    b) O *ato de Cristo* desviando a ira justa de Deus contra o pecado: _____.
    c) *Tratado* como justo: _____.
    d) A *atitude de Deus* para com o pecado: _____ _____.

30. Essas ideias de propiciação, justificação e de que Cristo sofreu como justo pelos injustos etc. podem resumir-se como o quarto aspecto da morte de Cristo: Ele levou o _____ do _____.

31. Escreva as quatro coisas que Cristo fez na cruz.
_____
_____
_____

32. Que aprendemos do fato de que Cristo se dispôs a morrer por nós? (Leia I João 4.10) Esse versículo propõe explicar em que consiste o amor verdadeiro. Insinua que não se vê isto em *nossa* atitude para com Deus. Então:
    a) Em que se vê o amor verdadeiro? Em que Deus enviou seu _____ como _____ por nossos pecados.
    b) Que significa Cristo ser a propiciação por nossos pecados? Que na cruz Cristo desviou a _____ _____ de Deus contra o pecado.

> Aqui se vê o amor verdadeiro, em que Cristo dispôs-se a agir como propiciação por nossos pecados, levando sobre si o castigo que merecíamos, e assim desviou a ira justa de Deus contra esses pecados.

33. O que aprendemos do fato de que Cristo dispôs-se a morrer por nós em propiciação por nossos pecados? _____

34. Podemos extrair de 1João 4 duas conclusões acerca do amor de Deus mostrado principalmente na cruz.
    a) Leia 1João 4.19. Se Deus nos amou tanto, antes de nós o amarmos, isto inevitavelmente deve produzir em nós _____ por ele.
    b) Leia 1João 4.11. Se Deus nos amou assim, nós devemos _____ aos outros.

35. Então se você aprendeu bem essas lições acerca da cruz, qual será o resultado mais valioso?
    a) Tirar boas notas na prova.
    b) Dar uma lição ou pregação muito clara na igreja acerca deste assunto.
    c) Mostrar mais amor para com Deus e para com os outros.

> Espero que você alcance todos esses alvos! Mas não há duvida de que o principal é corresponder mais ao amor de Deus demonstrado na cruz, amando a ele e aos outros.

36. Responda:
    a) Que palavra descreve a situação legal do pecador salvo diante de Deus? _____
    b) Que significa essa palavra? _____

PARA OS ENCONTROS

1. Na Introdução desta lição você tem as referências de 33 profecias cumpridas por Jesus na sexta-feira. Será um estudo muito interessante olhá-las quando você tiver um momento livre.
2. Destas duas Lições (123 e 124), escreva uma lista das suas conclusões para conversar nos encontros acerca de por que o crente convertido:

   a) Não deve temer os espíritos malignos.
   b) Não deve continuar obedecendo a Satanás.
   c) Não deve considerar que sua vida pertence a si mesmo para gastar como ele quer.
   d) Não deve ficar com peso de consciência ou sentimento de culpa quanto aos pecados já confessados sinceramente ao Senhor.
   e) Não tem de apresentar "méritos próprios" para conseguir a salvação.
   f) Não deve nunca duvidar do amor de Deus, mesmo nos momentos mais difíceis de aflição etc. É justamente nesses momentos que deve olhar para Cristo a fim se lembrar do amor de Deus para com ele.

GABARITO

1. a) B - b) castigo - pecado - c) pecado 2. a) conquistou - vitória - b) redimiu - escravidão - c) ofereceu - sacrifício - d) castigo - pecado 3. a) Cristo - b) Nossos 4. a) Injustos - b) Justo - c) justo - injustos - nosso 5. conduzir - Deus - Deus - arrependidos 6. a) Uma - b) Para sempre - c) Completa 7. a) justiça - b) amor 8. a) propiciação - b) propiciação - c) propiciação 9. Propiciação 10. justa 11. ira - Deus - pecado 12. a) Ira justa - b) Propiciação 13. a) Deus - b) Pai 14. castigo - pecado 15. a) Ira justa - b) Propiciação 16. Não 17. Não 18. a) Não - b) pecador 19. justificados - pecado 20. justificado 21. b 22. Tratado como justo 23. Justificado 24. fé - a 25. agora - tratada 26. b - c - e - f 27. justificado - justo - Cristo - castigo - pecados 28. a) Ira justa - b) Propiciação 29. a) Justificado - b) Propiciação - c) Justificado - d) Ira justa 30. castigo - pecado 31. Conquistou a vitória - Redimiu-nos da escravidão - Ofereceu-se como sacrifício - Levou o castigo do pecado 32. a) Filho - propiciação - b) ira justa 33. Que nos ama 34. a) amor - b) amar 35. c 36. a) Justificado - b) Tratado como justo

LIÇÃO 125

Análise comparativa dos quatro evangelhos

PASSOS		MATEUS	MARCOS	LUCAS	JOÃO
Introdução		Anúncio a José Capítulo 1	X	Anúncio a Maria Capítulo 1	1.1 a 18
1. Infância		Magos Capítulo 2	X	Pastores 2.1-38	X
Juventude		X	X	2.39-52	X
		TRÊS PRIMEIROS EPISÓDIOS			SEIS EPISÓDIOS NOVOS
2. Preparação		3.1 a 4.11	1.1-13	3.1 a 4.30 Jesus expulso de Nazaré	1ª Páscoa 1.19 a 4.54
3. Popularidade		Expansão Estatutos Evidências Embaixadores Inimigos Exemplos	1.13 a 6.13	4.31 a 9.6	2ª Páscoa Betesda Capítulo 5
		4.12 – 13.58			
4. Paixão	SEMESTRE DAS RETIRADAS	Três viagens da Galileia Capítulos 14 a 18	6.14 a 9.50	9.7-50	3ª Páscoa Aliment. dos 5.000 Pão da Vida Capítulo 6
	SEMESTRE DE ENTREGA	Ministério: Pereia Sete episódios Capítulos 19 e 20	Capítulo 10	Ministério: Pereia Três viagens a Jerusalém 9.51 a 19.27	Ministério: Judeia Três festas 7.1 a 12.11
	ÚLTIMA SEMANA	Dias da última semana Capítulos 21 a 27	Caps. 11 a 15	19.28 a 23.56	4ª Páscoa Sermão do Cenáculo 12.12 a 19.42
5. Ressurreição		Capítulo 28	Capítulo 16	Capítulo 24	Capítulos 20 e 21

> Esta lição é o clímax de todos os seus estudos de Mateus, feitos até agora. Nela faremos um panorama global da vida de Jesus Cristo por meio de uma análise comparativa dos quatro evangelhos.
>
> Trabalhe:
> 1. Consultando constantemente sua Bíblia marcada e juntando a ela novas pontes.
> 2. Preenchendo os quadros dos apêndices 42, 43 e 44. Portanto, ponha marcadores em cada um dos quatro evangelhos, porque terá de folheá-los muito.

INTRODUÇÃO
(Leia: Mateus 1; Lucas 1; João 1.1-18)

1. Recorde bem *todos* os títulos em Mateus 1 e Lucas 1.
   Mesmo que os títulos em si não proporcionem *todo* o conteúdo desses dois capítulos, nos fazem lembrar o que aprendemos na Introdução no Livro 1 do nosso curso.

   Procure o Apêndice 42 e a coluna intitulada "Introdução". Como revisão, preencha os quadros 2, 3, 4, 5 e 6 (não o quadro 1, nem as referências) consultando sua Bíblia quando for necessário.

2. Qual das passagens, *Mateus* 1 ou *Lucas* 1, fornece os tópicos dos:
   a) Quadros 5 e 6 da coluna "Introdução"? (Escreva sua resposta no espaço correspondente ao lado esquerdo destes quadros.)
   b) Quadros 2, 3 e 4? (Escreva sua resposta ao lado deles.)

3. Lembre-se de que na Introdução vimos como Deus anunciou o nascimento de Jesus a *duas* pessoas:
   a) Primeiramente a Maria, como relata _____.
   b) Depois a José, como nos relata _____.

4. Esses dois anúncios foram feitos na mesma cidade de _____, mas foram separados por um período de *três* _____, durante os quais Maria fez uma viagem longa ao Sul à casa de _____, na província da _____, como relata _____. Ele também descreve o nascimento do filho de Isabel e Zacarias, a quem puseram o nome de _____.

5. Escreva ao lado de cada um dos seguintes dados o *nome do autor que o relata*, consultando o Apêndice 42 quando for necessário.
   a) Anúncio do nascimento de Jesus a Maria.
   b) Viagem de Maria à casa de Isabel na Judeia.
   c) Nascimento de João Batista.
   d) A genealogia de Jesus (José, seu pai terreno).
   e) Anúncio do nascimento de Jesus a José.

6. A introdução do evangelho de João é totalmente diferente da de Mateus e Lucas. Leia João 1.1 e responda:
   a) Que título é dado a Cristo? _____
   b) Com quem Cristo esteve? _____
   c) Desde quando? _____
   d) Quem era Cristo conforme essa passagem? _____
   e) A qual das etapas da vida humana de Jesus se refere João 1.14? _____
   _____

> Escreva e sublinhe de vermelho o título "Introdução" em cima de João 1.1.

7. João, em sua *introdução*, apresenta um esboço teológico do _____ de Jesus, ou seja, explica a doutrina da _____, que complementa maravilhosamente a simples narrativa do anúncio do nascimento de Jesus a Maria em _____ e a José em _____.

> 1. Agora termine a coluna "Introdução" preenchendo o quadro A.
> 2. Escreva em sua Bíblia, e sublinhe de vermelho, os seguintes títulos em Lucas:
>
>   "Introdução" em cima de Lucas 1.1.
>   "Infância" em cima de Lucas 2.1.
>   "Juventude" em cima de Lucas 2.39.

8. Escreva ao lado de cada um dos seguintes dados da Introdução o nome do autor que o relata:
   a) Pano de fundo teológico da *encarnação*. _____
   b) Anúncio do nascimento de Jesus a Maria. _____
   c) Viagem de Maria à casa de Isabel. _____
   d) Nascimento de João Batista. _____
   e) Genealogia de Jesus (José, seu pai terreno). _____
   f) Anúncio do nascimento de Jesus a José. _____

INFÂNCIA
(*Leia: Mateus 2; Lucas 2.1-38*)

9. A história da *infância* gira em torno das *duas visitas* ao menino Jesus: dos pastores e dos magos. Entre essas duas visitas, houve um período de pelo menos um _____.

10. Volte ao Apêndice 42. Na coluna intitulada "Infância", os principais acontecimentos relacionados a cada uma destas visitas são apresentados em ordem cronológica. Reavive sua memória a esse respeito, preenchendo os quadros 1 a 6 desta coluna (não as referências).

11. As duas passagens que relatam esses episódios da *infância* são: Mateus 2 e Lucas 2 (até o versículo 38). Para recordar o conteúdo dos dois capítulos, recorde bem os títulos dessas duas passagens em sua Bíblia (lembre-se: o texto-base é a *Almeida Atualizada*).
    Agora, responda: Qual dos dois capítulos acima relata os acontecimentos relacionados:
    a) À visita dos pastores? (Escreva a resposta ao lado do título "Pastores" no Apêndice 42.)
    b) À visita dos magos? (Escreva a resposta ao lado do título "Magos" no Apêndice 42.)

12. Qual dos evangelhos relata cada um dos seguintes acontecimentos? (Use a coluna "Infância" quando for necessário.)
    a) O recenseamento e a viagem de Maria e José a Belém. _____
    b) O nascimento de Jesus (manjedoura). _____
    c) A visita dos pastores (manjedoura). _____
    d) Os 40 dias da purificação de Maria, e a viagem, ida e volta, a Jerusalém. _____
    e) A visita dos magos (em casa particular). _____
    f) A fuga para o Egito. _____

13. Lembre-se, pois, se você quer ler a história da infância em ordem cronológica, deve ler primeiramente _____ ____, e depois _____ ____. Por outro lado, os evangelhos de _____ e _____ não relatam nada da infância.

JUVENTUDE
(*Leia Lucas 2.39-52*)

14. O único episódio da juventude de Jesus que aparece na Bíblia é relatado por Lucas. Preencha os espaços da coluna intitulada "Juventude", consultando a passagem anterior somente quando necessário.

15. Responda:
    a) Qual é o evangelho que relata o único episódio bíblico da juventude de Jesus?
    _____

b) Qual foi esse episódio? _____
c) Quais são os três evangelhos que não relatam nenhum episódio da juventude? _
_____

16. Escreva o evangelho que relata cada um dos seguintes acontecimentos ou tópicos:

    DA INTRODUÇÃO
    a) O princípio teológico da Encarnação. _____
    b) O anúncio do nascimento de Jesus a Maria. _____
    c) A viagem de Maria à casa de Isabel. _____
    d) O nascimento de João Batista. _____
    e) A genealogia de Jesus (José, seu pai terreno). _____
    f) O anúncio do nascimento de Jesus a José. _____

    DA INFÂNCIA
    g) O recenseamento e a viagem de Maria e José a Belém. _____
    h) O nascimento de Jesus (manjedoura). _____
    i) A visita dos pastores (à manjedoura). _____
    j) Os 40 dias da purificação de Maria e a viagem, ida e volta, a Jerusalém. _____
    k) A visita dos magos (em casa particular). _____
    l) A fuga para o Egito. _____

    DA JUVENTUDE
    m) O menino Jesus aos 12 anos, perdido em Jerusalém. _____

PREPARAÇÃO
(*Leia: Mateus 3.1—4.11; Marcos 1.1-13; Lucas 3.1—4.30; João 1.19—4.54*)

17. Embora Jesus tivesse seu lar em Nazaré da Galileia, durante o Ano da Preparação, a zona principal do seu ministério foi no Sul, ao lado do rio _____, onde acompanhou _____ Batista nas províncias da _____ e _____.

18. Faça os seguintes exercícios:
    a) Os três Sinóticos (Mateus, Marcos e Lucas) relatam os mesmos três episódios do Ano da Preparação. (Veja Mateus 3 e 4.)
       1. A _____ de _____ Batista.
       2. Jesus _____ no Jordão.
       3. Jesus _____ no deserto.

    b) João relata somente um desses três episódios em João 1.19-28. Qual é? (Cuidado! O título não é exatamente igual.) _____

19. Observe, pois, como é fácil identificar o início do Ano de Preparação em todos os evangelhos, uma vez que todos começam com o mesmo acontecimento, ou seja, a _____ de _____ Batista.

> VOCÊ JÁ MARCOU EM CIMA DE MATEUS 3.1 O PONTO QUE MARCA O PRINCÍPIO DO ANO DA PREPARAÇÃO. AGORA, RESTA-NOS VER COMO ESTE PONTO E OS DEMAIS APARECEM DO MESMO MODO NOS OUTROS EVANGELHOS.

TAREFA

Escreva e sublinhe de vermelho o título "Preparação" em cima do episódio "A pregação de João Batista" em:

- Marcos 1.1
- Lucas 3.1
- João 1.19

20. Além disso, João acrescenta vários novos acontecimentos do Ano de Preparação que não aparecem nos Sinóticos. Procure a coluna intitulada "João" no quadro "Ano de Preparação", no Apêndice 43, e depois de fazer uma revisão dos títulos na Bíblia desde João 1.35 até João 4, preencha os quadros 4, 5, 6, 7, 8 e 9 com os principais desses novos episódios em João, conforme as indicações.

21. Um dado muito importante que João fornece sobre o Ano de Preparação é que a primeira purificação do Templo (como a última) deu-se conforme João 2.13, próximo da festa da _____.

TAREFA

Sublinhe de vermelho a palavra "Páscoa" em João 2.13, e escreva "1ª Páscoa" na margem ao seu lado.

22. Lucas 4.16-36 acrescenta mais um acontecimento, o último, do Ano de Preparação, quando Jesus pregou na sinagoga da sua própria cidade, Nazaré, e os vizinhos o expulsaram dali. Agora, procure o quadro 10 na coluna "Lucas" e preencha com esse episódio.

23. Faça a revisão da coluna "Ano de Preparação", observando quais são os episódios que aparecem na coluna de cada evangelho.

Observação:

Os quadros *sombreados* numa coluna indicam que esse acontecimento *não* aparece naquele evangelho.

Conforme a lista:
a) Mateus relata "as bodas de Caná"? _____
b) Marcos relata "Jesus batizado"? _____
c) Lucas relata "Jesus expulso de Nazaré"? _____
d) João relata "Jesus tentado"? _____

24. Responda:
    a) Quais são os três episódios relatados por *todos os Sinóticos*?
       _____
       _____
       _____
    b) Qual desses episódios é também relatado por João?
       _____
    c) Qual dos evangelhos acrescenta vários novos episódios ao Ano de Preparação?
       _____
    d) Em quais capítulos os relata? _____
    e) Qual é o *último* acontecimento do Ano de Preparação (o décimo)?
       _____
    f) Qual dos evangelhos o relata? _____

POPULARIDADE
(*Mateus 4.12—13.58; Marcos 1.14—6.13; Lucas 4.31—9.6*)

25. No fim do Ano de Preparação, Jesus foi expulso por seus vizinhos do seu lar em _____ (1). No princípio do Ano de Popularidade, ele foi viver na cidade marítima de _____ (2), também na província da _____ (3), mas agora ao lado do mar da _____ (4). No princípio do mesmo Ano de Popularidade, Herodes, o _____ (5), que se chamava _____ (6), havia lançado _____ (7) na _____ (8). Por isso Jesus não voltou ao rio _____ (9), mas começou um ministério extensivo e extraordinariamente frutífero na província da _____ (10), onde grandes multidões chegavam para ouvir suas mensagens sobre o _____ dos _____ 11).

26. Lembre-se de que os dois acontecimentos que marcam o começo do Ano de Popularidade na *ponte* de Mateus 4.12-13 (Lição 9) são:
    A. A mudança do lar de Jesus de Nazaré para Cafarnaum.
    B. O encarceramento de João Batista.

    Qual desses, A ou B, aparece em:
    a) Marcos 1.14? _____
    b) Lucas 4.31? _____

    > Escreva e sublinhe de vermelho a palavra "Popularidade" em cima das duas referências em sua Bíblia.

27. É Mateus quem relata com mais detalhes o frutífero ministério de Jesus na Galileia durante o Ano de Popularidade, agrupando de uma maneira maravilhosa o ensino sobre o *reino dos céus*, como se vê na coluna "Ano de Popularidade" do Apêndice 43. Agora, reavive sua memória preenchendo os quadros 2, 3, 4, 5, 6 e 7 da coluna (ainda não o quadro) com os temas e os capítulos que correspondem a cada um.

28. A história do ministério na Galileia em Marcos e Lucas é muito parecida com a de Mateus. João, ao contrário, *não* relata *nada* desse frutífero ministério na Galileia. Contudo, informa algo acontecido no Sul, no começo do Ano de Popularidade. Conforme João 5.1:
    a) Aonde foi Jesus? _____
    b) Para quê? _____
    c) A festa é nomeada aqui ou não? _____

29. Geralmente se aceita que a festa *sem nome* de João 5.1 tenha sido a *segunda* Páscoa (ou um festa próxima) do ministério de Jesus que dá começo ao Ano de Popularidade. Responda: A quem Jesus curou nessa Páscoa? (Veja o título em cima de João 5.1 na Bíblia, mas cuidado com o nome; *não é Betsaida*.) _____

    > Complete a coluna "Ano de Popularidade" escrevendo sua resposta no quadro 1.

30. Responda:
    a) Em que passagem de João se encontra a festa *sem nome*? _____
    b) Essa festa corresponde à Páscoa (ou festa próxima) que deu começo ao Ano de _____.

31. *Revisão*: Escreva o nome do evangelho que relata os seguintes tópicos ou episódios:

    DA INTRODUÇÃO
    a) O princípio teológico da Encarnação. _____
    b) O anúncio do nascimento de Jesus e Maria. _____
    c) A viagem de Maria à casa de Isabel. _____
    d) O nascimento de João Batista. _____
    e) A genealogia de Jesus (José, seu pai terreno). _____
    f) O anúncio do nascimento de Jesus a José. _____

    DA INFÂNCIA
    g) O recenseamento e a viagem de Maria e José a Belém. _____
    h) O nascimento de Jesus (manjedoura). _____
    i) A visita dos pastores (à manjedoura). _____
    j) Os 40 dias da purificação de Maria e a viagem, ida e volta, a Jerusalém. _____
    k) A visita dos magos (em casa particular). _____
    l) A fuga para o Egito. _____

    DA JUVENTUDE
    m) O menino Jesus, aos 12 anos, perdido em Jerusalém. _____

    Agora, escreva ao lado dos próximos acontecimentos:

    "Todos" — caso se encontre em todos os evangelhos.
    "Sinóticos" — caso se encontre somente nos três Sinóticos.
    "João" — caso se encontre somente em João.
    "Lucas" — caso se encontra somente em Lucas.

    (Consulte o Apêndice apropriado quando necessário.)

    n) Pregação de João Batista. _____
    o) Jesus batizado e tentado. _____
    p) Jesus expulso de Nazaré. _____

    ANO DE POPULARIDADE
    q) O paralítico de Betesda. _____
    r) Ministério na Galileia. _____

PAIXÃO
(*Mateus 14—27; Marcos 6.14—15.14; Lucas 9.7—23.56; João 6—19*)

32. Lembre-se de que o Ano da Paixão se divide em *dois* semestres:
    a) Semestre das _____.
    b) Semestre da _____.

33. Durante os *primeiros* seis meses do Ano da Paixão, o lar de Jesus foi em _____, porém ele teve de retirar-se constantemente em três *viagens* da _____ a lugares afastados, para evitar maiores conflitos com seus inimigos, porque ainda não havia chegado a hora da sua morte. Por isso, esses *primeiros* seis meses chamam-se Semestre das _____.

34. No final dessas três *viagens* da Galileia, que se deram durante o Semestre das _____, Jesus se despediu definitivamente do seu lar em _____ da _____ e fez *três viagens* a Jerusalém, porque estava se aproximando a hora da sua morte. Por isso, os *últimos* seis meses do Ano da Paixão se chamam o Semestre da _____.

35. Escreva o nome do semestre correspondente a cada mapa abaixo e complete a descrição de cada um.

A. _____   Três jornadas da _____
B. _____   Três viagens a _____

A. SEMESTRE DAS RETIRADAS

> MATEUS 14 E 18 RELATA O SEMESTRE DAS RETIRADAS SEGUINDO AS PEGADAS DE JESUS EM SUAS TRÊS JORNADAS DA GALILEIA. AGORA PROCURE O APÊNDICE 32 "B" (DO LIVRO 4) E IDENTIFIQUE-AS NO MAPA. CADA UMA DEVE ESTAR PINTADA COM UMA COR DIFERENTE.

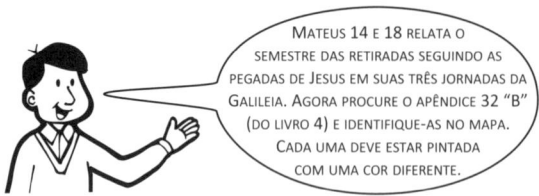

36. A *primeira jornada* (a mais curta) foi por causa da morte de João Batista quando Jesus se retirou, de barco, de Cafarnaum (letra D) para a região de Betsaida da Itureia, onde alimentou os 5.000. Depois voltou a Cafarnaum.
    a) De que cor está pintada a *primeira retirada*? _____
    b) Qual é a letra que marca Betsaida? _____

37. A *segunda retirada* foi por causa de um choque com os fariseus sobre o assunto das *traições humanas*. Dessa vez, Jesus se retirou para a região de Tiro e Sidom na Fenícia,

país estrangeiro na costa do mar Mediterrâneo, onde curou a filha da mulher sirofenícia. Voltou para a Galileia por Decápolis, atravessando o mar da Galileia num barco para Magdala.
a) De que cor está pintada a *segunda retirada*? _____
b) Qual é a letra que marca a Fenícia? _____

38. A *terceira retirada* começou depois de outro choque com os fariseus sobre *sinais*. Jesus se retirou para o norte da Itureia, para Cesareia de Filipe e monte Hermom, onde ficou uma semana, pelo menos, e se deram os três grandes acontecimentos:
    1. A confissão de Pedro.
    2. A transfiguração de Cristo.
    3. Jesus curou um menino endemoninhado.

    a) De que cor está pintada a *terceira retirada*? _____
    b) Quais letras marcam o local de Cesareia de Filipe e do monte Hermom? _____

39. Qual é a *retirada* relatada em todos os evangelhos?
    a) A primeira.
    b) A segunda.
    c) A terceira.
    d) Nenhuma delas.

> **TAREFA** — Procure o Apêndice 44 e preencha os espaços da coluna A "Semestre das retiradas: Três viagens à Galileia".

40. João somente relata a *primeira retirada* que dá começo ao Semestre das Retiradas, contudo ele acrescenta *quatro* pontos importantes sobre ela que não aparecem nos sinóticos.
    a) João 6.4 informa que se deu próximo à festa da _____.
    b) João 6.15 diz que o povo chegou para forçar Jesus a ser _____.
    c) João 6.35 relata o discurso que Jesus proferiu depois de voltar à cidade de Cafarnaum; na sinagoga, ele pregou sobre o _____ da _____.
    d) João 6.66 informa que naquele momento muitos dos seus discípulos voltaram _____.

41. Assim, das três *retiradas*, apenas uma se encontra nos quatro evangelhos, a *retirada* para _____, onde Jesus fez o milagre da _____, próximo à festa da _____.

> Verifique se a palavra "Páscoa" está sublinhada de vermelho em João 6.4. Escreva "3ª Páscoa" na margem ao lado.

42. Lembre-se de que os dois acontecimentos em Mateus 14 que marcam o começo da *primeira retirada* do Semestre das Retiradas (e, portanto, o Ano da Paixão) são:
    A. A morte de João Batista.
    B. A alimentação dos 5.000.

    Qual deles se encontra em:
    a) Marcos 6?
       i. A.
       ii. B.
       iii. Ambos.
       iv. Nenhum dos dois.

    > Verifique se já escreveu e sublinhou de vermelho "Paixão" e "Retiradas" em cima de Marcos 6.14.

    b) Lucas 9?
       i. A.
       ii. B.
       iii. Ambos.
       iv. Nenhum dos dois.

    > Verifique se já escreveu e sublinhou de vermelho "Paixão" e "Retiradas" em cima de Lucas 9.7.

    c) João 6?
       i. A.
       ii. B.
       iii. Ambos.
       iv. Nenhum dos dois.

> **TAREFA:** Verifique se já escreveu e sublinhou de vermelho "Paixão" e "Retiradas" em cima de João 6.1.

B. SEMESTRE DA ENTREGA

43. De igual maneira podemos ver onde começa o Semestre da Entrega em cada evangelho pelo lugar de onde Jesus começa suas viagens a Jerusalém, na província da Judeia, como em Mateus 19.1. A que cidade ou província Jesus se dirigiu em cada uma das seguintes passagens?
    a) Marcos 10.1. _____

> **TAREFA:** Escreva e sublinhe de vermelho "Paixão" > "Entrega" em cima de Marcos 10.1.

   b) Lucas 9.51. _____

> **TAREFA:** Escreva o mesmo sobre Lucas 9.51 e sublinhe de vermelho.

   c) João 7.10. _____

> **TAREFA:** Escreva o mesmo sobre João 7.10 e sublinhe de vermelho.

44. Abra o esboço do Semestre da Entrega no Apêndice 36 (Livro 4).
    a) Quantas viagens Jesus fez a Jerusalém durante o Semestre da Entrega? _____
    b) Qual dos evangelhos relata as três festas em Jerusalém, no ministério na Judeia? _____
    c) Qual dos evangelhos relata as três viagens a Jerusalém no ministério do outro lado do Jordão na Pereia? _____
    d) Durante qual dos semestres se deram essas três viagens a Jerusalém? _____ _____

MINISTÉRIO NA JUDEIA (JOÃO)

45. Cada uma das três viagens era para assistir a uma festa religiosa em Jerusalém, na província da Judeia, como João informa. Nomeie-as com o auxílio do Apêndice 36 (mais a viagem imprevista para ressuscitar Lázaro).
    1. _____.
    2. _____.
    Viagem imprevista a _____.
    3. _____.

46. Agora volte ao Apêndice 44 e procure a coluna "Semestre da Entrega: Três viagens a Jerusalém". Na primeira coluna, complete os nomes correspondentes às três festas que Jesus assistiu em Jerusalém e à visita imprevista (mas não as outras colunas ainda).

MINISTÉRIO NA PEREIA (LUCAS)

47. Em sua ampla descrição do ministério na Pereia, Lucas 9 a 19 destaca muitos episódios que *não* se encontram em nenhum dos demais evangelhos. Identifique, com a Bíblia, os episódios mais importantes:

    VIAGEM PARA A FESTA DOS TABERNÁCULOS
    a) Lucas 9.51-53. Jesus é rejeitado pelos _____.
    b) Lucas 10.25-37. A parábola do _____ _____.

    VIAGEM PARA A FESTA DA DEDICAÇÃO
    c) Lucas 15.11-32. A parábola do _____ _____.

    VIAGEM PARA A FESTA PÁSCOA
    d) Lucas 19.1-10. Jesus e _____ em _____.

48. Lembre-se de que somente Lucas relata esses episódios, e que aconteceram na Pereia durante as viagens a Jerusalém. João relata as mesmas festas uma vez chegada à capital. Escreva "Lucas" ou "João" ao lado dos seguintes acontecimentos, conforme corresponda em cada caso.
    a) Jesus rejeitado pelos samaritanos. _____

b) A parábola do bom samaritano. _____
  c) A festa dos Tabernáculos em Jerusalém. _____
  d) A parábola do filho pródigo. _____
  e) A festa da Dedicação em Jerusalém. _____
  f) Jesus com Zaqueu em Jericó. _____

49. Escreva qual dos evangelhos relata:
  a) As três festas em Jerusalém, isto é, o ministério na Judeia. _____
  b) As três viagens a Jerusalém, isto é, o ministério na Judeia. _____
  c) As três viagens a Jerusalém, isto é, o ministério na Pereia. _____
  d) Somente sete episódios do ministério na Pereia. _____

50. Procure o título desses sete acontecimentos em Mateus 19 e 20, e escreva-os ao lado das suas respectivas viagens na lista abaixo:

Viagens às festas		Episódios em Mateus
Dos Tabernáculos		Nenhum
Da Dedicação	1.	
Da Páscoa	2.	
	3.	
	4.	
	5.	
	6.	
	7.	

Agora no Apêndice 44 preencha os sete quadros na coluna "Mateus".

A ÚLTIMA SEMANA DO SEMESTRE DA ENTREGA

51. Todos os evangelhos descrevem detalhadamente a Páscoa que se celebrou durante a *última semana*. Podemos determinar onde começa com absoluta exatidão em todos os evangelhos por seu primeiro acontecimento: a _____ triunfal em _____, que se deu no dia de _____.

TAREFA: Assegure-se de ter o título "Última semana" escrito e sublinhado em cima de Mateus 21.1, Marcos 11.1, Lucas 19.28 e João 12.12.

52. Seguiremos o desenrolar de cada dia da última semana em Mateus, onde você os tem marcados na Bíblia. Agora, observe a lista de acontecimentos abaixo. (Atenção: os acontecimentos não estão em ordem cronológica.) Anote o dia em que ocorreram em seus respectivos quadros da coluna de Mateus do Apêndice 44. Consulte a sua Bíblia marcada se necessitar.
    - O dia do túmulo.
    - Controvérsia no Templo.
    - Última ceia; Getsêmani.
    - Descanso; traição de Judas.
    - Purificação do Templo.
    - Entrada triunfal.
    - Julgamento e crucificação.

53. João acrescenta o maravilhoso sermão do Senhor aos discípulos no _____ (João 13 a 17), que Jesus pronunciou na última ceia na _____-_____.

TAREFA: Anote-o na coluna "João" do quadro B.

54. O Ano da Paixão concluiu com a morte do Senhor Jesus Cristo em Jerusalém, e a vida ressuscitada começou com sua ressurreição, ambos na festa da _____.

TAREFA: Sublinhe em sua Bíblia, com lápis vermelho, a palavra "Páscoa" em João 19.14 e escreva a seu lado "4ª Páscoa".

VIDA RESSUSCITADA

Será estudada no Livro 6 do nosso curso.

> Mesmo assim, escreva o título "Vida ressuscitada" em cima de Mateus 28.1, Marcos 16.1, Lucas 24.1 e João 20.1.

REVISÃO GERAL

55. Observe como as *quatro páscoas* em João marcam os limites dos três anos de ministério de Jesus. Revise-os em sua Bíblia em João 2.13, 5.1, 6.4 e 19.14. Agora, responda: Qual dos *cinco passos* começa (aproximadamente) com cada uma das seguintes *páscoas* em João?

Quatro páscoas em João	Princípio de
Primeira Páscoa (Primeira purificação do templo)	Ano da _____
Segunda Páscoa (Sem nome)	Ano da _____
Terceira Páscoa (Alimentação dos 5.000)	Ano da _____
Quarta Páscoa (Morte e ressurreição)	Vida _____

> Agora você tem uma análise comparativa completa da vida de Jesus Cristo nos quatro evangelhos: é a base de um estudo para toda a vida. Aproveite-os, comparando-o mais e mais, ampliando seus conhecimentos com a leitura de outros livros, etc., pondo em prática em sua vida, ensinando e praticando tudo o que puder; completaremos nosso estudo da vida ressuscitada no livro 6, o último livro do nosso compêndio. Ali estudaremos os últimos capítulos dos evangelhos e Atos dos Apóstolos.

GABARITO

1. 2. Maria - 3. Maria, Isabel - 4. João Batista - 5. Genealogia - 6. José **2.** a) Mateus 1 - b) Lucas 1 **3.** a) Lucas - b) Mateus **4.** Nazaré - meses - Isabel - Judeia - Lucas - João **5.** a) Lucas - b) Lucas - c) Lucas - d) Mateus - e) Mateus **6.** Verbo - b) Com Deus - c) O princípio - d) Deus - e) Nascimento **7.** nascimento - encarnação- Lucas - Mateus **8.** a) João - b) Lucas - c) Lucas - d) Lucas - e) Mateus - f) Mateus **9.** mês **10.** Romano - Augusto - Belém - Nazaré — 2. Manjedoura — 3. Pastores - Manjedoura — 4. Purificação - Maria - Jerusalém — 5. Magos - Casa — 6. Egito - Herodes - Grande **11.** Lucas 2 - b) Mateus 2 **12.** a) Lucas - b) Lucas - c) Lucas - d) Lucas - e) Mateus - f) Mateus **13.** Lucas 2 - Mateus 2 - Marcos - João **14.** Nazaré - Galileia - Carpinteiro - Doze - Jerusalém - Páscoa - Templo **15.** a) Lucas - b) Jesus aos 12 anos perdido em Jerusalém - c) Mateus - Marcos - João **16.** a) João - b) Lucas - c) Lucas - d) Lucas - e) Mateus - f) Mateus - g) Lucas - h) Lucas - i) Lucas - j) Lucas - k) Mateus - l) Mateus - m) Lucas **17.** Jordão - João - Judeia - Pereia **18.** a) 1. pregação - João - 2. batizado - 3. tentado - b) Pregação de João Batista **19.** pregação - João **20.** 4. Discípulos - 5. Caná - 6. Templo - 7. Nicodemos - 8. Samaritana - 9. Nobre **21.** Páscoa **22.** Nazaré **23.** a) Não - b) Sim - c) Sim - d) Não **24.** a) Pregação de João - Jesus batizado - Jesus tentado - b) Pregação de João - c) João - d) 1 a 4 - e) Jesus expulso de Nazaré - f) Lucas **25.** 1. Nazaré - 2. Cafarnaum - 3. Galileia - 4. Galileia - 5. Tetrarca - 6. Antipas - 7. João Batista - 8. prisão - 9. Jordão - 10. Galileia - 11. reino - céus **26.** a) B - b) B **27.** 2. (4) Galileia - 3. 5, 6 e 7 Sermão do Monte - 4. 8 e 9 Milagres - 5. 10 Doze Apóstolos - 6. 11 e 12 Oposição Crescente - 7. 13 Parábolas **28.** a) Jerusalém - b) Para assistir a festa - c) Não **29.** Um paralítico **30.** a) João 5.1 - b) Popularidade **31.** a) João - b) Lucas - c) Lucas - d) Lucas - e) Mateus - f) Mateus - g) Lucas - h) Lucas - i) Lucas - j) Lucas - k) Mateus - l) Mateus - m) Lucas - n) Todos - o) Todos - p) Lucas - q) João - r) Todos **32.** a) Retiradas - b) Entrega **33.** Cafarnaum - Galileia - Retiradas **34.** Retiradas - Cafarnaum - Galileia - Entrega **35.** A: Retirada - Galileia - B: Entrega - Jerusalém **36.** a) Vermelho - b) E **37.** a) Azul - b) A **38.** a) Verde - b) C, B **39.** a **40.** a) Páscoa - b) rei - c) vida - d) atrás **41.** Betsaida - multiplicação - Páscoa **42.** a) iii - b) iii - c) ii **43.** a) Judeia - b) Jerusalém - c) Jerusalém **44.** a) Três - b) João - c) Lucas - d) Entrega **45.** 1. Tabernáculos - 2. Dedicação - Betânia - 3. Páscoa **46.** 1. Tabernáculos - 2. Dedicação - Betânia - 3. Páscoa **47.** a) samaritanos - b) bom samaritano - c) filho pródigo - d) Zaqueu - Jericó **48.** a) Lucas - b) Lucas - c) João - d) Lucas - e) João - f) Lucas **49.** a) João - b) Lucas - c) Lucas - d) Mateus **50.** 1. ensino sobre o divórcio - 2. abençoa as crianças - 3. jovem rico - 4. trabalhadores da vinha - 5. anuncia sua morte - 6. pedido de Tiago e João - 7. dois cegos curados **51.** entrada - Jerusalém - domingo **52.** DOMINGO: Entrada triunfal - SEGUNDA: Purificação do templo - TERÇA: Controvérsia - QUARTA: descanso - traição - QUINTA: Última ceia - SEXTA: Julgamento e crucificação - SÁBADO: dia no túmulo. **53.** cenáculo - quinta-feira **54.** Páscoa **55.** Preparação - Popularidade - Paixão - Vida ressuscitada

APÊNDICES

O evangelho de Mateus
LIVRO 5 — O EVANGELHO DE MATEUS

APÊNDICE 39

TEMPLO/LOCAL	CONSTRUINDO/HABILITADO	DATAS		
Monte Moriá Futuro local do Templo (Gênesis 14 e 22)				
Templo Ambulante O Tabernáculo (Êxodo 25 a 27)				
			Destruído/Contaminado	Datas
Primeiro Templo (1Reis 6)				
Segundo Templo (Esdras 6)				
Terceiro Templo (João 2.20; Mateus 21.12).				
Mesquita de Omar	(IDADE CONTEMPORÂNEA) **Nota:** A Mesquita de Omar, também chamada de "Cúpula da Rocha" ou "Domo da Rocha", é um santuário mulçumano e foi erigido por Abd al-Malik em 691 d.C.			

APÊNDICE 40

DIA	ACONTECIMENTOS
Sexta	Jesus chega à casa de _____.
Sábado	Os amigos de Jesus fizeram uma _____ em sua honra.
A SEMANA SANTA	
Domingo: Mateus _____	1. Jesus entrou na _____ montado num _____, que é símbolo de _____. Foi aclamado pela multidão cumprindo a profecia de _____ ____.____. 2. Os três ministérios de Jesus: R_____; _____ e _____.
Segunda: Mateus_____	1. Jesus amaldiçoa uma _____ que era símbolo da nação _____. 2. Jesus _____ o Templo como símbolo da necessidade de _____ de _____.
Terça: Mateus _____	1. Contro_____ no _____ com as autoridades. 2. A denúncia dos _____ e _____. 3. O lamento sobre _____. 4. A profecia da destruição do _____. 5. O Sermão do _____.
Quarta: Mateus _____	J _____ descansou. J_____ traiu.
Quinta: Mateus _____	1. A C_____ do S_____ e o sermão do C_____ (João 13 a 17). 2. Os acontecimentos no jardim do G_____.
Sexta: Mateus _____	1. O julgamento Re_____ ante A_____ e C_____ no palácio dos _____. 2. O julgamento Ci_____ ante P_____ P_____ na torre de _____ e ante An_____ no palácio dos M_____. 3. A crucificação de Jesus no C_____ e seu sepultamento.
Sábado: Mateus _____	No T_____.

APÊNDICE 41

Terça-Feira: "As controvérsias no Templo" (Mateus 21.23 a 22.46)

TÍTULO	REFERÊNCIA	TEMA	ENSINO PRINCIPAL
A autoridade de Cristo		Causa de todas as C_____	Jesus comparou seu ministério com o de _____
TRÊS PARÁBOLAS Os _____			_____
Os _____			_____
As _____			_____
QUATRO PERGUNTAS 1ª Pergunta: Discípulos dos f_____ e dos h_____		Sobre o T_____	"Devemos dar a _____ e _____".
2ª Pergunta: Dos _____		Sobre a R_____	"Deus é Deus dos _____ e não dos _____".
3ª Pergunta: Dos _____		Sobre o G M_____	"Amarás _____".
4ª Pergunta: De _____		Cristo é F_____ ou S_____ de Davi?	Jesus Cristo é S_____.

APÊNDICE 42

INTRODUÇÃO

REFERÊNCIAS	ACONTECIMENTOS E DATAS
João 1.1-18	1. Base teológica da En_____
	2. Anúncio do nascimento de Jesus a M_____
	3. Viagem de M_____ à casa de _____
	4. Nascimento de J_____
	5. Lista dos antepassados de Jesus: G_____
	6. Anúncio do nascimento de Jesus a J_____

INFÂNCIA

	1. PASTORES REFERÊNCIA _____
1.	Devido o *recenseamento* do imperador R_____, César A_____, José e Maria viajaram a B_____ de N_____.
2.	Como não havia lugar na estalagem, Jesus nasceu numa _____.
3.	Na mesma noite chegaram os P_____ para adorá-lo e o encontraram numa M_____.
4.	Depois dos 40 dias da pur_____ de M_____ fizeram a viagem, de ida e volta a J_____.
	2. MAGOS REFERÊNCIA _____
5.	Visita dos _____ a uma _____ particular.
6.	Viagem da família, ida e volta, ao país do _____ devido à ameaça de H_____, o _____

JUVENTUDE

LUCAS 2.39-52
Jesus viveu os anos de sua infância na cidade de N_____, na província da G_____, onde trabalhava como _____ (Marcos 6.3). Aos _____ anos, foi com os pais à cidade de _____ para assistir à festa da _____. Ali seus pais o perderam, achando-o depois de três dias, conversando no _____.

APÊNDICE 43

PREPARAÇÃO

	MATEUS 3.1—4.12	MARCOS 1.1-13	LUCAS 3.1—4.30	JOÃO 1.9—4.54
1.	Pregação de _____			
2.	Jesus _____			
3.	Jesus _____			
4.				Primeiros d_____
5.				Bodas de _____
6.				Purificação do T_____ (1ª)
7.				Com N_____
8.				Com a mulheres_____
9.				Cura do filho de um _____
10.			Jesus expulso de _____	

ANO DE POPULARIDADE (MINISTÉRIO NA GALILEIA)

			O P_____ DE B_____	
1.	1. João 5			
	Mateus (4)-13	**Títulos**	**Temas**	
2.	(_____)	Expansão	Princípio do ministério na G_____	
3.	_____, _____ e _____	Estatutos	O s_____ do _____	
4.	_____ e _____	Evidências	Os m_____	
5.	_____	Embaixadores	A eleição dos d_____ a_____	
6.	_____ e _____	Inimigos	Opos_____ cr_____	
7.	_____	Exemplos	As p_____	
	Marcos 1.14 a 6.13 Lucas 4.31 a 9.6			

APÊNDICE 44

PAIXÃO

	SEMESTRE DAS RETIRADAS: TRÊS VIAGENS À GALILEIA			
Idas	Mateus 14.1—18.35	Marcos 6.14-9.50	Lucas 9.7-50	João 6
A 1.	A B_____ (Alimentação dos 5.000)			
A 2.	A T_____		X	
A 3.	O f_____ dos f_____ e o m_____		X	

	SEMESTRE DE ENTREGA: TRÊS VIAGENS A JERUSALÉM			
	João 7 a 19	Lucas 9.51—23.56	Mateus 19.1—27.66	Marcos 10.1-15
B 1.	Ministério na Judeia Aos _____	Ministério na Pereia 1ª Viagem a Jerusalém	X	
B 2.	À _____ Visita imprevista a _____ À P_____	2ª Viagem a Jerusalém 3ª Viagem a Jerusalém	1. _____ X 2. _____ 3. _____ 4. _____ 5. _____ 6. _____ 7. _____	Parecido com Mateus Parecido com Mateus
B 3.	A última semana (ministério na Judeia)			
	Sermão do A_____ A_____	Parecido com Mateus	Domingo _____ Segunda _____ Terça _____ Quarta _____ Quinta _____ Sexta _____ Sábado _____	Parecido com Mateus

PROVAS DAS LIÇÕES

O evangelho de Mateus
LIVRO 5 — O EVANGELHO DE MATEUS

PROVA 101

1. Quais são os símbolos da morte de Cristo apresentados no antigo local de Jerusalém no tempo de Abraão, 2.000 anos antes de Cristo:
   a) Que Melquisedeque ofereceu a Abraão?
      Símbolos: _____
   b) Que Deus ofereceu a Abraão para tomar o lugar de seu filho Isaque?
      Símbolos: _____

2. Responda:
   a) Quem havia sacrificado o primeiro cordeiro sobre o monte de Jerusalém? _____
   b) Em que data? _____
   c) Como se chamava o monte naquele tempo? _____
   d) Escreva resumidamente esse episódio. _____

3. Sobre o Templo, responda:
   a) Como se chamava o Templo Ambulante que depois foi substituído pelo Templo?
   b) Quem o construiu? _____
   c) Quando? _____

4. Responda:
   a) Quais são as três partes em que se dividia o Tabernáculo e o Templo de Salomão? _____
   b) O que dividia o Lugar Santo do Lugar Santíssimo? _____

5. Quais eram os móveis do Tabernáculo que estavam no:
   a) Lugar Santíssimo? _____
   b) Lugar Santo? _____
   c) No Pátio? _____

6. Responda:
   a) Qual foi o rei judeu que conquistou a cidade de Jerusalém pela primeira vez? __
   b) Como a conquistou? _____
   c) Em que ano? _____

7. De que lado de Jerusalém fica:
   a) O vale de Hinom?
   b) O vale de Cedrom?

8. Quais dos seguintes nomes correspondem à cidade do Templo?
    a) Sião.
    b) Jericó.
    c) Betânia.
    d) Cidade de Davi.
    e) Monte Moriá.
    f) Monte Sinai.
    g) Jerusalém.

9. Responda:
    a) Quem edificou o primeiro Templo em Jerusalém? _____
    b) Quem era seu pai? _____

10. Responda:
    a) Quando desapareceu a Arca do Concerto? _____
    b) Quais dos templos tinham o Lugar Santíssimo vazio? _____

11. Responda:
    a) Em qual dos templos apareceu pela primeira vez o Pátio dos Gentios? _____
    _____
    b) Por que puseram esse pátio? _____
    _____

12. Responda:
    a) Que móvel simbolizava a presença de Deus entre seu povo? _____
    b) Em que parte do Templo estava colocado? _____
    c) O que separava o Lugar Santo do Lugar Santíssimo nos três templos e no Tabernáculo? _____

13. Responda:
    a) O que aconteceu com o véu do Templo? _____
    b) O que isto significa para nós? _____
    _____

14. Quem foi a pessoa responsável por construir:
    a) O Tabernáculo e em que ano? _____
    b) O 1.° Templo e em que ano? _____
    c) O 2.° Templo e em que ano? _____
    d) O 3.° Templo e em que ano? _____

15. Qual dos templos foi destruído ou contaminado por:
    a) Nabucodonosor e em que ano? _____
    b) Antíoco Epifânio e em que ano? _____
    c) O general Tito e em que ano? _____

16. O templo de Herodes, o Grande, era totalmente novo ou uma modificação extensiva do de Zorobabel? _____

17. Na Jerusalém moderna:
    a) Qual é o único fragmento do Templo que permanece? _____
    b) Qual é o edifício que ocupa o lugar do Templo? _____
    c) Como se pode distinguir esse edifício de qualquer dos templos? _____
    _____

PROVA 102

1. Responda:
   a) Onde Jesus e seus discípulos se alojaram durante toda a Semana Santa? _____
   _____
   b) Em que dia da semana chegaram lá? _____
   c) Onde foram cada dia durante a semana (menos quarta)? _____

2. Desde a encosta do monte das Oliveiras, olhando até Oeste:
   a) Sobre qual vale Jesus olhou? _____
   b) Que cidade viu do outro lado do vale? _____

3. Responda:
   a) Em que estação do ano cai a Páscoa? _____
   b) Como se apresentava o campo por ocasião da Páscoa? _____
   c) Como era o vale de Cedrom por ocasião da Páscoa? _____
   d) Como se poderia atravessar o rio no vale de Cedrom? _____
   e) Como passaram os muros de Jerusalém? _____

4. Responda:
   a) Quantas pessoas havia em Jerusalém durante a Páscoa? _____
   b) De onde havia chegado tantas pessoas? _____
   c) Onde ficavam as muitas famílias que não conseguiam lugar em uma casa? ____
   _____

5. Responda:
   a) Quantos cordeiros eram sacrificados no dia da Páscoa? _____
   b) Onde eram sacrificados? _____
   c) Para quantas pessoas serviam cada cordeiro? _____
   d) Onde eram comidos na festa da Páscoa? _____

6. Observe o mapa de Jerusalém na página seguinte e escreva a letra maiúscula que marca o local de cada um dos seguintes lugares ou edifícios.
   a) O Templo. ____
   b) A Torre Antônia. ____
   c) O Palácio de Herodes, o Grande. ____
   d) O Palácio dos Macabeus. ____
   e) O Palácio dos Sumo Sacerdotes. ____
   f) O cenáculo. ____
   g) O monte Calvário. ____
   h) Betânia. ____
   i) Getsêmani. ____
   j) Vale de Cedrom. ____
   k) Vale de Hinom. ____

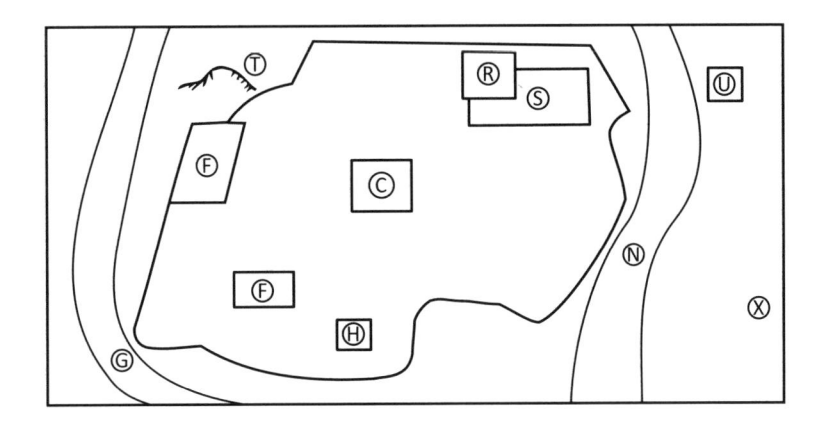

7. Qual é a letra que marca o edifício onde ficava cada uma das seguintes pessoas em Jerusalém durante a Páscoa?
   a) Caifás. ____
   b) Anás. ____
   c) Antipas. ____
   d) Pilatos. ____

8. Responda:
   a) Quais eram as três ordens de ministério que serviam no Templo? ____
   b) Quantos sacerdotes serviam no Templo durante Páscoa? ____

9. Qual era o trabalho:
   a) Do sacerdote? ____
   b) Do levita? ____

10. Oficialmente, quantos sumos sacerdotes podiam reinar cada vez em Israel? ____

11. Responda:
    a) Quem era o sumo sacerdote oficial? ____
    b) Como se chamava o outro que atuava com ele? ____
    c) Que parentesco tinha com Caifás? ____
    d) Por que se fala de dois sumos sacerdotes? ____

12. Responda:
    a) Mencione as duas residências de Pilatos em Jerusalém. ____
    b) Em qual delas ele ficava durante a Páscoa? ____

13. Mencione a pessoa (ou pessoas) autorizadas a ocupar cada um dos três palácios em Jerusalém durante o tempo da Páscoa?
    a) Palácio de Herodes, o Grande? ____
    b) Palácio dos Macabeus? ____
    c) Palácio dos sumo sacerdotes? ____

14. Responda:
    a) Que fazia Pilatos em cada Páscoa para assegurar a tranquilidade de Jerusalém? _____

15. Responda:
    a) Mencione o palácio que ficou desocupado durante essa Páscoa. _____
    b) Quem tinha o direito de ocupá-lo? _____

16. Quais foram os três símbolos da Páscoa que cumpriram o que se havia prefigurado na experiência de Abraão 2.000 anos antes? _____

17. Em que dia da semana santa ocorreram os seguintes acontecimentos?
    a) A crucificação. _____
    b) A última ceia. _____
    c) O dia de descanso; Judas trai a Jesus. _____
    d) Entrada triunfal em Jerusalém. _____
    e) Purificação do Templo; maldição da figueira. _____
    f) Controvérsia no Templo; mensagem sobre os sinais do fim. _____

PROVA 103

1. Quais foram os dois acontecimentos que marcaram a apresentação oficial de Jesus como rei em Jerusalém; e em que dia se deu cada acontecimento?
   Acontecimento: Dia:
   a) _____   _____
   b) _____   _____

2. Responda:
   a) Sobre que animal montava Jesus quando entrou em Jerusalém? _____
   b) De que lugar o conseguiu? _____
   c) Que tipo de reino simbolizava este animal? _____
   d) Que profeta havia predito que Jesus chegaria assim em Jerusalém? _____

3. Quais são os três ministérios do Antigo Testamento que Jesus veio cumprir perfeitamente quando se apresentou no Templo de Jerusalém? _____
_____

4. Responda:
   a) Sobre o trono de que antepassado se sentaria Jesus? _____
   b) Sobre que monte? _____
   c) Por quanto tempo reinaria? _____
   d) Onde terá esta profecia perfeito cumprimento? _____

5. Localize no mapa ao lado o local de:
   a) Betfagé.
   b) Jerusalém.
   c) Betânia.
   d) Jericó.

6. Quantas vezes Jesus purificou o Templo? _____

7. Que interpretação errônea tem sido dada à ação violenta de Jesus de purificar o Templo? _____

8. Escreva três coisas que demonstram que a intenção de Jesus não era levar a cabo uma revolução violenta com propósitos políticos, mas um ato de significação espiritual.
   a) Teria montado em um _____ em vez de um _____.
   b) Teria atacado a _____ em vez de _____.
   c) Teria recrutado em suas fileiras _____ em vez de _____.

9. Qual era o significado espiritual da purificação do Templo? _____
_____

10. Descreva o ministério de:
    a) Um profeta. _____
    b) Um sacerdote. _____
    c) Um rei. _____

PROVA 104

1. Responda:
   a) O que aparece primeiro na figueira, o fruto ou as folhas? _____.
   b) Por isso a presença de _____ deveria indicar que haveria também _____.

2. A maldição da figueira é o único milagre de Cristo que é de _____. Encontra-se em Mateus _____.

3. Uma parábola sobre o tema da figueira se encontra em _____ capítulo _____.

4. Escreva *três* plantas que são símbolos bíblicos da nação judaica. _____
   _____

5. Responda:
   a) Que esperava João Batista dos candidatos para o batismo? _____
   b) Que esperava Cristo da figueira? _____
   c) De que nação Deus havia esperado fruto? _____

6. Que quer dizer "fruto"? _____

7. O povo assemelhava-se à _____ em que havia muita _____ (como as muitas) _____ da figueira, porém, não havia o _____ duma vida _____.

8. O que fará Deus com a nação judaica nos últimos tempos? _____
   _____

9. Quando algo parece impossibilitar o cumprimento da vontade de Deus, quais são as duas coisas que devemos fazer para que nossa oração seja eficaz? _____
   _____

10. Na parábola dos dois filhos, qual deles representa a nação judaica? _____

PROVA 105

1. Nas lições 105 e 104 estudamos três parábolas com o mesmo tema. Que tema é esse? _____

2. Quais são os títulos das três parábolas? _____
   _____
   _____
   _____

3. Na parábola dos *lavradores maus*, quem são representados por:
   a) Dono da vinha? _____
   b) Os servos? _____
   c) Os lavradores? _____
   d) O filho? _____

4. Qual foi o destino dos lavradores e dos que rejeitaram o convite do rei?

5. Que símbolo Cristo usa aqui para falar de si mesmo? Uma _____ que foi _____ porém chegou a ser _____.

6. Dê a referência do Antigo Testamento onde isto é profetizado. _____

7. Responda:
   a) Quem mais no Novo Testamento cita a mesma profecia? _____
   b) Em que livros e capítulos? _____

8. Qual é o único tropeço que não devemos evitar? _____

9. Na parábola da *festa de bodas*:
   a) Quem são os representados pelos primeiros convidados (os que recusaram a ir)? _____
   b) Quem são representados pelos segundos (os trazidos dos caminhos)? _____

10. Responda:
    a) Qual dessas parábolas fala principalmente dos judeus? _____
    b) Qual inclui uma grande esperança para os gentios? _____

11. Que representa as vestes de bodas? _____

12. Quanto Deus tem feito para que lhe demos fruto? _____

PROVA 106

1. Responda:
   a) Qual é o termo no primeiro mandamento que Jesus usa para referir-se à personalidade humana na sua totalidade? _____
   b) Em quantas partes se divide? _____

2. Dos três termos que Cristo usa no grande mandamento qual corresponde:
   a) Às emoções. _____
   b) Ao intelecto. _____
   c) À vontade. _____

3. A que parte da personalidade humana referem-se os seguintes termos de Cristo? Dê os termos em cada caso.
   a) O coração _____.
   b) A mente _____.
   c) As forças _____.
   d) A alma _____.

4. Tiago descreve o homem que "é ouvinte da palavra, porém não praticante". Que parte da sua personalidade, seu intelecto ou sua vontade:
   a) Esse homem está usando? _____
   b) Esse homem está descuidando? _____

5. Responda:
   a) Que tipo de conversões devemos desejar em nosso ministério? _____
   b) Que tipo de conversões devemos tratar de evitar a todo o custo? _____

6. Descreva em suas próprias palavras as três ênfases que devemos incluir na mensagem evangelística. _____
   _____
   _____
   _____
   _____

7. Responda:
   a) Como Deus criou as três partes da personalidade humana? _____
   b) Como ficaram as três partes depois da queda do homem? _____
   c) Quantas das partes da personalidade ficaram afetadas pelo pecado? _____

8. Como descreve Cristo a personalidade consagrada novamente em amor total a Deus no primeiro mandamento? Aquele que ama a Deus com _____.

9. Dê um exemplo da vida de Jesus para mostrar como ele consagrou cada parte de sua personalidade totalmente em amor ao Pai:
   a) Seu intelecto. _____
   b) Suas emoções. _____
   c) Sua vontade. _____

PROVA 107

1. Qual é a descrição bíblica da mente sem Cristo? _____

2. Qual é o duplo engano que Satanás faz à mente humana? _____
   _____

3. Responda:
   a) Quais são os assuntos das quatro perguntas que causaram controvérsia entre Cristo e seus inimigos? _____
   _____
   b) Onde aconteceram? _____
   c) Em que dia da semana? _____

4. Qual era o propósito das perguntas que os inimigos de Jesus lhe fizeram? _____
   _____

5. Qual é o desejo de Deus para a mente de cada crente? _____
   _____

6. Quem tem de agir na renovação de sua mente? _____
   _____

7. Como se pode efetuar a renovação da mente? _____
   _____

PROVA 108

1. Responda:
   a) Quais eram as três coisas que os escribas e fariseus gostavam de ostentar? _____
   _____
   b) Por que motivo? _____

2. Que propósito tem a Técnica da Avaliação? _____

3. Com qual das três partes da personalidade humana se desenvolve a avaliação?
   _____

4. Responda:
   a) Qual é a estrutura do discurso de avaliação que Jesus fez aos escribas e fariseus?
   _____
   b) Em quantas partes se divide esse discurso? _____

5. Que é:
   a) Filactério? _____
   b) Prosélito? _____

6. Responda:
   a) Em que dia da semana santa Jesus fez sua denúncia dos escribas e fariseus? _____
   b) Onde a pronunciou? _____

7. Em Mateus 23.24, que significa o símbolo:
   a) Mosquito? _____
   b) Camelo? _____

8. Termine a lista abaixo, fazendo uma análise do discurso de Cristo no qual fez uma avaliação da hipocrisia dos escribas e fariseus. Anote as referências de cada parte e para cada exemplo a fachada com que encobriam seu erro, e escreva em seguida o erro encoberto.

Análise: avaliação dos escribas e fariseus

	Referência	Fachada	Erros encobertos
1.			
2.			
3.			
4.			
5.			
6.			
7.			

PROVA 109

1. Por que é mais difícil para o homem discernir entre o bem e o mal? _____
   _____

2. De onde pode o homem tirar sua Escala de Valores para avaliar:
   a) Ideias sobre a doutrina e conduta cristã? _____
   b) Ideias sobre qualquer habilidade ou ciência? _____

3. Brigham Young, um dos profetas fundadores dos mórmons, disse que Jesus nasceu da virgem Maria, porém seu pai foi Deus-Adão. Faça uma análise desse ensino à luz do que ensina Mateus 1.18-25. _____
   _____
   _____
   _____
   _____
   _____

4. Qual é a técnica que você deve usar continuamente para discernir o que é doutrina pura e o que é doutrina falsa e para ajudar e melhorar seu aproveitamento nas habilidades pastorais que aprendeu neste curso? Técnica de _____.

5. Os testemunha-de-jeová afirmam que Jesus não é Deus, mas o arcanjo Miguel. Faça uma avaliação dessa doutrina à luz dos nove versículos que você escreveu na página em branco em frente de Mateus 1 em sua Bíblia. _____
   _____
   _____
   _____
   _____
   _____

PROVA 110

1. Responda:
    a) Como criou Deus as emoções do primeiro homem e mulher? _____
    b) Como ficaram as emoções depois da queda? _____
    c) Com que pareceria o homem se não tivesse emoções? _____

2. Como devemos andar para experimentar estabilidade emocional? _____
_____

3. Escreva a característica das emoções:
    a) Descontroladas. _____
    _____
    b) Que estão sob o controle de Deus. _____
    _____

4. Responda:
    a) Em que o crente deve descarregar todas as suas emoções? _____
    b) Que não deve fazer com suas emoções? _____

5. Responda:
    a) Com que ações o povo de Jerusalém manifestou suas emoções para com:
        i. Os profetas do Antigo Testamento? _____
        ii. Jesus? _____
    b) Com que ação manifestou Jesus suas emoções? _____

6. Conforme a profecia pronunciada por Jesus ao sair do Templo, que desastre viria como consequência da persistência na emoção descontrolada do povo de Jerusalém?
_____
_____

7. Descreva com suas próprias palavras alguns passos práticos que você poderia tomar para conseguir a estabilidade emocional quando é sacudido por um forte desequilíbrio emocional? _____
_____
_____
_____
_____

PROVA 111

1. Em que monte estava Jesus quando pregou acerca dos últimos dias e da sua segunda vinda? _____

2. A que profecia se referiram os discípulos quando perguntaram sobre "estas coisas"? _____

3. Quantos Sermões do Monte relata Mateus? _____

4. Com que nome se pode distinguir o segundo Sermão do Monte do primeiro? _____

5. Quais são os dois capítulos em que Mateus relata o segundo Sermão do Monte? ___ _____

6. Quais são seus dois temas principais? _____
   _____
   _____
   _____

7. Faça uma análise dos sinais do fim com o título de cada grupo: _____
   _____
   _____
   _____
   _____
   _____

8. Quanto à destruição de Jerusalém, que sinais Jesus predisse que advertiriam o desastre iminente?
   a) Em Mateus. _____
      _____
   b) Em Lucas. _____
      _____

9. No Antigo Testamento, que termo é usado para indicar ídolos ou objetos relacionados com a idolatria? _____

10. Os estandartes romanos, além de serem usados para reunir as tropas em batalha, para que mais serviam? _____

11. De que maneira Pilatos demonstrou sua falta de sensibilidade diante das crenças dos judeus? _____

12. A que se refere Mateus 24.15? (Pode usar sua Bíblia.) _____
_____

13. Responda:
    a) Que fez a maioria dos judeus crentes no começo do cerco? _____

    b) Quais eram os problemas graves dentro de Jerusalém durante o tempo do cerco que fizeram o povo sofrer muito? _____
    _____

    c) Em comparação com os sobreviventes, houve muitas mortes? _____

PROVA 112

1. Responda:
   a) Qual é a referência no evangelho de Mateus que nos ensina sobre a segunda vinda do Filho do Homem? (Pode usar sua Bíblia.) _____
   b) Quem havia predito a segunda vinda do Filho do Homem no Antigo Testamento? _____
   c) Qual é a referência em seu livro? _____

2. Quais são os três tremendos sinais que serão vistos nos céus imediatamente antes da vinda do Filho do Homem? _____

3. Responda:
   a) Quem é a única pessoa que sabe a hora da vinda de Jesus Cristo? _____
   b) Qual o versículo que nos diz isto? _____

4. Nestes últimos dias antes da vinda do Filho do Homem, qual é o dever de todo o crente? _____

5. Responda:
   a) Que estará fazendo a maioria das pessoas quando vier o Senhor? _____
   b) Que feito histórico usou Jesus para ilustrar isto? _____

6. Leia a citação seguinte tirada de uma revista publicada por uma das seitas: "Quando Jesus vier, aparecerá em Jerusalém. Naquele momento poucas pessoas presenciarão sua vinda, porém ao saberem que Jesus está em Jerusalém sentado em seu trono, todas as nações irão e lhe renderão culto na Santa Cidade". Se alguém lhe dissesse isto, como você responderia? (Dê referências bíblicas para apoiar sua resposta.) _____

7. Responda:
   a) Que farão os anjos no dia em que vier o Senhor? _____
   b) Que se passará com os crentes que tiverem morrido antes da vinda do Senhor? _____

c) Que se passará com os verdadeiros crentes que estiverem vivos no dia da vinda do Filho do Homem? _____

d) Que se passará com a terra e com os céus que conhecemos? _____
_____
_____

8. Por que existem crenças distintas quanto à ordem dos acontecimentos do tempo da vinda de Jesus? _____
_____
_____
_____

9. O que significa a palavra "milênio"? _____

10. Quais são os nomes das três crenças diferentes sobre o tempo do fim? Descreva cada crença em suas próprias palavras: _____
_____
_____

PROVA 113

1. Qual é a referência da parábola das *dez virgens*? _____

2. Por que há algumas parábolas que nos soam um pouco estranhas? _____
   _____

3. Responda:
   a) Quando se celebram as bodas da Palestina? _____
   b) Em que casa se celebra...
      i. A cerimônia religiosa? _____
      ii. A festa das bodas? _____
   c) A que hora podia chegar o noivo à casa da noiva? _____
   d) Quando o noivo havia chegado à casa, que aviso era dado? _____
      _____
   e) Qual era a reação da noiva e de suas amigas quando ouviam o aviso? _____
      _____
   f) Qual era o requisito importante que se exigia de alguém que queria participar das festas? _____

4. Qual era a verdade principal dessa parábola? _____
   _____

5. Responda:
   a) Na parábola, que diferenciou as virgens prudentes das insensatas? _____
      _____
      _____
   b) Quando veio o noivo, qual foi a sorte das insensatas? _____
      _____

6. Responda:
   a) A quem representa o noivo? _____
   b) A quem corresponde o grupo das dez virgens? _____
   c) Na parábola, o azeite é um símbolo de quê? _____
   d) A quem correspondem as cinco virgens prudentes? _____
   e) A quem correspondem as cinco virgens insensatas? _____

7. Responda:
   a) No último dia, qual será a sorte das pessoas que, embora sejam religiosas, não encontraram a Cristo em suas vidas e não possuem o Espírito Santo? _____
      _____
   b) Quem são os que são rejeitados no reino dos céus? _____
      _____

8. Há uma segunda oportunidade de receber Cristo como Salvador e Rei?
   a) Depois da morte _____
   b) Depois da segunda vinda _____

9. Que texto nos ensina que não há outra oportunidade de receber a Cristo depois da morte? _____

PROVA 114

1. O que era um talento no tempo de Jesus? _____

2. O que simbolizava um talento na parábola? _____

3. Deus requer o que, em relação aos talentos? _____

4. Escreva quatro exemplos das *coisas que todos têm*, incluídos no que simboliza um talento. (Atenção: *não* as suas distintas capacidades.) _____
   _____
   _____
   _____

5. Conforme essa parábola, que características no crente o Senhor recompensará? ___
   _____
   _____

6. Por que foi julgado o terceiro servo? _____
   _____

7. Que versículo bíblico diz que também é pecado não fazer o bem que deveríamos fazer? _____

PROVA 115

1. Quem será o juiz no último dia? _____

2. Quantos terão de ser julgados? _____

3. Em quantos grupos será dividida a raça humana? _____

4. Quais serão os destinos destes grupos? _____
   _____
   _____

5. Que relação tem as boas obras com a salvação? _____
   _____

6. Que motivo se dá em Mateus 25 para ajudar aos necessitados? _____
   _____

7. Escreva duas maneiras principais de se poder ajudar aos necessitados. _____
   _____

8. Escreva um exemplo concreto de cada uma dessas maneiras principais de ajudar aos necessitados.
   Problema: _____
   _____.
   1ª maneira de tratá-lo: _____
   _____.
   2ª maneira de tratá-lo: _____
   _____.

9. Faça uma análise simples do Sermão Profético com as referências de cada divisão. (Pode usar a Bíblia.)
   _____   _____
   _____   _____
   _____   _____
   _____   _____
   _____   _____
   _____   _____

PROVA 116

1. O que os líderes judaicos planejavam fazer a Jesus? _____

2. Quem ungiu a Jesus em Betânia? _____

3. Responda:
    a) Quando aconteceu isto? _____
    b) Por que Mateus e Marcos relatam isto aqui? _____
    _____

4. Responda:
    a) Que discípulo se opôs mais à ação de Maria? _____
    b) Com que motivo? _____

5. Que grande contraste de atitude se encontra nessa história? _____
_____
_____

6. O que deve fazer o crente para expressar seu amor a Jesus? _____
_____

7. Quais devem ser as duas características da administração dos fundos da igreja? _____
_____
_____

8. Indique uma das possíveis tentações para o tesoureiro. _____
_____

9. Escreva as regras de contribuição para a honestidade que também serão uma proteção contra a tentação.
    1. _____
    2. _____
    3. _____
    4. _____
    5. _____

10. Quem deve ser informado sobre como se está usando a oferta? _____

11. Use os dados abaixo para completar a 1ª folha 5 da Introdução com as datas, detalhes e quantia de dinheiro nas colunas correspondentes.
    • 6 de março: Oferta R$ 2.500,00
    • 6 de março: Dízimos R$ 800,00

- 7 de março: Pagar luz R$ 510,00
- 14 de março: Cont.p/ Soc. Bib. R$ 50,00
- 15 de março: Compra mat.p/ EBD R$ 10,225

12. Anote na *folha 5* os resultados dos processos necessários para calcular o *saldo*.

13. Calcule num papel ao lado o *saldo*, e anote-o na *folha 6* da Introdução.

14. O que sempre deve fazer o tesoureiro, depois de anotar o *saldo* na *folha* seguinte? __
_____
_____

PROVA 117

1. O que os judeus recordavam na festa da Páscoa? _____
   _____

2. Escreva outro nome para festa da Páscoa. _____

3. Por que lhe deram este último nome em primeiro lugar? _____
   _____

4. Em que noite da semana Jesus comeu a última ceia? _____

5. A que tempo se referia Jesus quando disse "meu tempo é chegado"? _____
   _____

6. Que tipo de mesa seria onde comiam? _____

7. De que maneira "se sentou" Jesus para comer? _____
   _____

8. Como devem ser entendidas as palavras de Jesus "Isto é o meu corpo" e "Isto é o meu sangue"?
   a) "Este _____ meu corpo".
   b) "Este _____ meu sangue".

9. O que é um pacto? _____

10. Entre quem se fez o pacto da Bíblia? _____

11. A quem se refere Jesus nas palavras de Mateus 26.29, acerca de não beber mais do fruto da vinha ante que o beba com eles no reino de seu Pai? _____

12. Com base na profecia de Mateus 26.31, "ferirão o pastor, e as ovelhas do rebanho serão dispersas", responda:
    a) Quem era o "pastor"? _____
    b) Quem eram as "ovelhas"? _____

13. Quais foram os três erros que prepararam o caminho para que Pedro negasse a Cristo? _____
    _____
    _____

PROVA 118

1. Quem simbolizam na Ceia do Senhor:
   a) O uso dos comestíveis? _____
   b) As ações do ministro, partindo o pão e distribuindo o vinho? _____
   c) As ações de cada participante, recebendo o pão e o vinho? _____
   d) O participar juntamente com os outros? _____

2. Como se deve participar da Ceia do Senhor? _____
   _____
   _____

3. Quando se celebra a Ceia do Senhor, e um irmão sabe que pecou, quais são as duas coisas que ele deve fazer? _____
   _____
   _____

4. Que diferença há entre a Missa na Igreja Católica Romana e a Ceia do Senhor evangélica quanto à direção em que são dirigidas?
   a) Na Missa. _____
   b) Na Ceia do Senhor. _____

PROVA 119

1. Anote abaixo as principais divisões de João, capítulos 13 a 17, dando os capítulos e o título de cada divisão.
   _____   _____
   _____   _____
   _____   _____

2. Qual é o assunto principal da passagem inteira? _____

3. Com quem os discípulos teriam de se relacionar? _____

4. Quais são os dois significados principais da palavra "mundo"? _____
   _____

5. Qual seria a atitude do mundo para com os discípulos? _____

6. Os discípulos seriam _____ para o mundo para _____.

7. Como deveria ser sua relação de uns para com os outros? _____

8. Como teriam de expressar seu amor para com Jesus? _____
   _____

9. Que experimentariam ao amar e obedecer a Jesus? _____

10. Por meio de quem irão experimentar a presença de Jesus? _____

11. Mencione duas bênçãos das quatro passagens que falam do Espírito Santo. (Pode usar a Bíblia marcada.) _____
    _____

12. No discurso de Cristo em João 13-16, dê as referências dos versículos que falam do Espírito Santo. _____

PROVA 120

1. Responda:
   a) Em que dia da semana se deu o acontecimento no jardim do Getsêmani? _____
   b) Durante que parte do dia? _____

2. Sobre que monte estava localizado o jardim do Getsêmani? _____

3. Como se chamavam os três apóstolos que acompanharam Jesus para dentro do jardim? _____

4. Defina a palavra "vontade". _____
_____
_____

5. Como era a vontade humana quando Deus a criou? _____

6. Responda:
   a) Conforme o exemplo de Jesus, o que é que o irmão buscará quando tiver sua vontade consagrada? _____
   b) O que não buscará? _____

7. Responda:
   a) Em Hebreus há o exemplo de alguns que tinham ou criaram o costume de não fazer a vontade de Deus. De que maneira especial eles desobedeciam à vontade do Senhor? _____
   b) Dê um exemplo de alguém que se acostumou a fazer a vontade de Deus. _____
   _____

8. Qual é a dupla bênção que o Pai deu a Jesus, e dará aos que se acostumam a fazer sua vontade? _____

9. Responda:
   a) Por que meio Jesus conseguiu no Getsêmani vencer a tentação de não fazer a vontade do Pai? _____
   b) Que meio não foi usado pelos discípulos? _____

10. No Getsêmani:
    a) Qual seria a vontade própria de Jesus, sendo ele verdadeiro homem? _____
    b) Qual era a vontade de Deus para ele? _____
    _____

11. Que exemplo temos no Getsêmani:
    a) Da vontade consagrada a Deus? _____
    b) Da vontade enfraquecida? _____

12. Que manifestação física evidencia a tremenda força espiritual que Jesus gastou em fazer a vontade do Pai de que ele morresse na cruz? _____
_____

13. Por que Jesus se entregou pacificamente aos seus inimigos no Getsêmani? _____
_____

PROVA 121

1. Responda:
   a) Quantos julgamentos Jesus sofreu? _____
   b) Quais foram? _____

2. Por que foi necessário efetuar esse duplo julgamento? _____
_____

3. Durante o tempo do ministério público de Jesus:
   a) Quem era o sumo sacerdote? _____
   b) Que império o havia nomeado sumo sacerdote? _____
   c) Havia outro sumo sacerdote ao mesmo tempo, que era reconhecido pelo povo como sumo sacerdote. Como ele se chamava? _____
   d) Por que o povo reconhecia essa pessoa como sumo sacerdote, embora os romanos houvessem nomeado outra pessoa? _____
   _____
   e) Escreva algumas maneiras pelas quais Pedro mostrou coragem durante a prisão e julgamento de Jesus. _____
   _____

4. Diante de que duas pessoas Jesus compareceu:
   a) Em seu julgamento civil? _____
   b) Em seu julgamento religioso? _____

5. Responda:
   a) Por que Pedro negou a seu Senhor? _____
   b) Dê dois exemplos de como podemos negar ao Senhor. _____
   _____

6. Escreva a referência da profecia que Jesus disse que cumpriria em sua pessoa e pela qual foi condenado à morte no julgamento religioso. _____

7. Responda:
   a) Por qual afirmação Jesus foi condenado:
      i. No julgamento religioso? _____
      ii. No julgamento civil? _____
   b) Qual era a sentença em ambos os casos? _____

8. Responda:
   a) Qual era o privilégio dado ao povo judeu uma vez por ano? _____
   _____
   b) Dado esse privilégio, por quem pediu o povo ao governador? _____

c) Por qual crime esse réu estava preso? _____
d) Que pena o povo pediu para Jesus? _____
e) Quem persuadiu o povo a pedir por ele outro réu em vez de Jesus? _____
_____

9. Quais foram as duas pessoas que testificaram que Jesus era justo? _____
_____

10. No mapa da Introdução 121, qual das letras marca o local:
    a) De Betânia? ____
    b) Do Cenáculo? ____
    c) Do Getsêmani? ____
    d) Do Palácio do Sumo Sacerdote? ____
    e) Da Torre Antônia? ____
    f) Do Palácio dos Macabeus? ____
    g) Do Calvário? ____

11. Preencha a lista abaixo com os nomes dos lugares visitados por Jesus e o acontecimento ocorrido em cada um em sua ordem cronológica, começando com a saída de Betânia, na quinta-feira à tarde, e terminando com a morte na cruz, na sexta-feira à tarde. (Atenção: repita o nome de um lugar se for necessário.)

    Lugar   **Acontecimento**
    1. Betânia   Jesus saiu de casa com alguns apóstolos
    2. _____   _____
    3. _____   _____
    4. _____   _____
    5. _____   _____
    6. _____   _____
    7. _____   _____
    8. _____   _____

PROVA 122

1. Para que se tomava vinagre com fel? _____

2. Por que Jesus o recusou? _____

3. Que título foi posto sobre a cruz? _____

4. Em que sentido:
   a) Pilatos pensou nisto? _____
   b) Muitos judeus pensaram? _____
   c) Era certo? _____

5. Os judeus referiam-se mal às palavras de Jesus acerca de derrubar o Templo e reedificá-lo em três dias.
   a) A que templo se referia Jesus? _____
   b) As palavras originais de Jesus eram de que profecia? _____

6. Quando diziam "a si mesmo não pode salvar".
   a) Estavam certos? _____
   b) Por que Jesus não se salvou? _____
   _____

7. Por que Jesus disse: "Deus meu, por que me desamparaste"? _____
   _____

8. O que simbolizava o véu do Templo? _____
   _____

9. O que simbolizava o fato do véu se rasgar? _____
   _____

10. De que maneira José de Arimateia é um exemplo para nós? _____
    _____

PROVA 123

1. Escreva três coisas que Jesus fez por nós na cruz.
   _____
   _____
   _____

2. Contra quem Cristo lutou na cruz? _____

3. Qual foi o preço do nosso resgate? _____

4. Como éramos antes de sermos resgatados? _____
   _____

5. Agora que fomos resgatados, como ficamos diante do nosso antigo Senhor? _____
   _____

6. Quem é o nosso novo Senhor? _____

7. Qual é a obrigação da pessoa resgatada, diante do seu novo dono? _____
   _____

8. Responda:
   a) Quem se ofereceu em sacrifício por nós? _____
   b) Quem foi o sacerdote que ofereceu este sacrifício? _____

9. Quantas vezes foi necessário oferecer este sacrifício? _____

10. Por quanto tempo este sacrifício é eficaz? _____

11. Por isto, que tipo de salvação o Senhor nos oferece? _____

12. Qual livro do Novo Testamento trata especialmente do significado verdadeiro do sacerdócio e sacrifícios do Velho Testamento? _____

PROVA 124

1. Escreva quatro coisas que Jesus fez na cruz.
   _____
   _____
   _____
   _____

2. Qual é a atitude de Deus para com o pecado? _____

3. Que palavra o Novo Testamento usa para dizer que na cruz Cristo removeu a justa ira de Deus para com o pecado? _____

4. Que palavra descreve a situação legal do pecador salvo diante de Deus? _____
   _____

5. O que significa essa palavra? _____
   _____

6. O que podemos aprender do fato de que Cristo se dispôs a morrer em propiciação por nossos pecados? _____
   _____

PROVA 125

ANÁLISE DOS QUATRO EVANGELHOS

Qual é o evangelho ou evangelhos que destacam cada um dos seguintes dados ou acontecimentos?

1. **Introdução**
   a. Nascimento de João Batista. _____
   b. Genealogia de José, marido de Maria. _____
   c. Profundidade teológica da encarnação. _____
   d. Anúncio do nascimento de Jesus à Maria. _____
   e. Viagem de Maria à casa de Isabel. _____
   f. Anúncio do nascimento de Jesus a José. _____

2. **Infância**
   a. Viagem de Maria e José a Belém (manjedoura). _____
   b. Visita dos pastores (manjedoura). _____
   c. 40 dias de purificação e viagem, ida e volta a Jerusalém. _____
   d. Visita dos magos (casa particular). _____
   e. Viagem ao Egito (fuga). _____

3. **Juventude**
   a. Jesus se perde em Jerusalém na Páscoa. _____

4. **Ano de Preparação**
   a. Quais são os três acontecimentos do Ano de Preparação relatados por todos os sinóticos? _____
   b. Qual dos três João também relata? _____
   c. Que evangelho relata vários novos acontecimentos que não se encontram nos outros? _____
   d. Qual foi o único acontecimento do Ano de Preparação? _____
   e. Qual (ou quais) dos evangelhos o relatam? _____

5. **Ano da Popularidade**
   Em que capítulos Mateus relata as seguintes partes do ministério na Galileia no Ano de Preparação?
   a) Expansão do reino. _____
   b) Estatutos do reino. _____
   c) Evidências do reino. _____

d) Embaixadores do reino. _____
   e) Inimigos do reino._____
   f) Exemplos do reino. _____

6. **O Ano da Paixão**
   Complete a seguinte análise:
   A. Semestre de Retiro – Três idas à Galileia
   1. A _____
   2. A _____
   3. A _____
   B. Semestre de Entrega – Três viagens e visitas a Jerusalém
      A festa de:
   1. _____
   2. _____ Visita imprevista de _____
   3. _____

7. Qual dos evangelhos relata cada um dos seguintes acontecimentos do semestre de entrega?
   a) Assistência à festa dos Tabernáculos em Jerusalém. _____
   b) A parábola do bom samaritano. _____
   c) Lázaro ressuscitado em Betânia. _____
   d) A parábola do filho pródigo. _____
   e) O Sermão do Cenáculo. _____
   f) Zaqueu em Jericó. _____

8. **A Última Semana**
   Escreva os seguintes acontecimentos na lista abaixo na ordem *cronológica*, com o *dia da semana* em que ocorreu cada um.
   • O dia do sepulcro.
   • A purificação do Templo.
   • Os julgamentos e a crucificação.
   • A última Ceia e o Getsêmani.
   • A controvérsia no Templo.
   • Descanso e Judas trai a Jesus.
   • Entrada triunfal em Jerusalém.

ÚLTIMA SEMANA	
Dia da semana	Acontecimento

ANOTAÇÕES

ANOTAÇÕES

ANOTAÇÕES

ANOTAÇÕES

ANOTAÇÕES

ANOTAÇÕES

ANOTAÇÕES

ANOTAÇÕES

ANOTAÇÕES

ANOTAÇÕES

Esta obra foi composta por Assisnet Design Gráfico,
usando a fonte Adobe Caslon e Calibri,
capa em cartão 250 g/m²,
miolo em off-set 70 g/m²,
Impressa pela Imprensa da Fé em Junho de 2011.